O acontecimento da literatura

FUNDAÇÃO EDITORA DA UNESP

Presidente do Conselho Curador
Mário Sérgio Vasconcelos

Diretor-Presidente / Publisher
Jézio Hernani Bomfim Gutierre

Superintendente Administrativo e Financeiro
William de Souza Agostinho

Conselho Editorial Acadêmico
Luís Antônio Francisco de Souza
Marcelo dos Santos Pereira
Patricia Porchat Pereira da Silva Knudsen
Paulo Celso Moura
Ricardo D'Elia Matheus
Sandra Aparecida Ferreira
Tatiana Noronha de Souza
Trajano Sardenberg
Valéria dos Santos Guimarães

Editores-Adjuntos
Anderson Nobara
Leandro Rodrigues

Terry Eagleton

O acontecimento da literatura

Tradução
Thomaz Kawauche

Título original: *The Event of Literature*

© 2012 by Terry Eagleton
Originalmente publicado pela Yale University Press

© 2024 Editora Unesp

Direitos de publicação reservados à:
Fundação Editora da Unesp (FEU)
Praça da Sé, 108
01001-900 – São Paulo – SP
Tel.: (0xx11) 3242-7171
Fax: (0xx11) 3242-7172
www.editoraunesp.com.br
www.livrariaunesp.com.br
atendimento.editora@unesp.br

Dados Internacionais de Catalogação na Publicação (CIP) de acordo com ISBD
Elaborado por Odilio Hilario Moreira Junior – CRB-8/9949

E11a   Eagleton, Terry

            O acontecimento da literatura / Terry Eagleton; traduzido por Thomaz Kawauche. – São Paulo: Editora Unesp, 2024.

            Tradução de: *The Event of Literature*
            Inclui bibliografia.
            ISBN: 978-65-5711-240-3

            1. Crítica literária. 2. Estudos literários. 3. Teoria literária. 4. Estética. 5. Leitura. 6. Filosofia analítica. 7. Teoria crítica. I. Kawauche, Thomaz. II. Título.

2024-1919   CDD 809
                                                                               CDU 82.09

Editora afiliada:

Asociación de Editoriales Universitarias de América Latina y el Caribe

Associação Brasileira de Editoras Universitárias

Para David Bennett

Sumário

Prefácio 9

1. Realistas e nominalistas 15
2. O que é literatura? (1) 37
3. O que é literatura? (2) 85
4. A natureza da ficção 143
5. Estratégias 217

Referências bibliográficas 289
Índice remissivo 301

Prefácio

A teoria literária esteve bastante fora de moda nas últimas décadas, de tal maneira que livros como este são cada vez mais raros. Há aqueles que serão eternamente gratos por isso, a maioria dos quais não lerá este prefácio. Teria sido difícil prever, nas décadas de 1970 ou 1980, que, de modo geral, a semiótica, o pós-estruturalismo, o marxismo, a psicanálise e coisas parecidas se tornariam, trinta anos mais tarde, línguas estrangeiras para estudantes. A mudança ocorreu, *grosso modo*, devido a um quarteto de preocupações: pós-colonialismo, etnicidade, sexualidade e estudos culturais. Não se trata exatamente de uma notícia animadora para os oponentes conservadores da teoria – esses, sem dúvida, esperavam um declínio que pudesse anunciar o regresso ao *status quo ante*.

O pós-colonialismo, a etnicidade, a sexualidade e os estudos culturais não são, é claro, insuspeitos em relação à teoria. Tampouco surgem simplesmente a partir de seu declínio. Na verdade, seu surgimento com força total ocorreu no despertar da teoria "pura" ou "alta", e muitas pessoas veem o fenômeno como uma superação. Na verdade, não apenas uma superação, mas também um deslocamento. De certa forma, estamos falando de uma evolução digna de boas-vindas. Várias formas de teorismo (embora não de obscurantismo) foram postas de lado. O que ocorreu, em linhas gerais, foi uma mudança: do discurso para a cultura, das ideias em estado mais ou menos abstrato ou virginal para uma investigação daquilo que, nas décadas de 1970 e 1980, teria sido imprudente chamar de mundo real. Como sempre, porém, há perdas e ganhos. Analisar vampiros ou *Family Guy*[1] provavelmente não é tão gratificante do ponto de vista intelectual quanto estudar Freud e Foucault. Além disso, a constante perda de popularidade da "alta" teoria, como argumentei em *Depois da teoria*, está intimamente ligada à decadência da sorte da esquerda política.[2] Os anos em que tal pensamento estava no seu apogeu correspondem àqueles em que a esquerda também era próspera e robusta. À medida que a teoria foi perdendo altura, com ela desaparecia silenciosamente a crítica radical. No seu auge, a teoria cultural apresentou algumas questões surpreendentemente ambiciosas à ordem social que confrontava. Hoje, quando o referido regime é ainda mais global e poderoso do que o era, é raro que a própria palavra "capitalismo" suje a boca daqueles que estiverem ocupados celebrando a diferença, abrindo-se à alteridade ou dissecando os mortos-vivos. Esse estado de coisas é testemunho do poder do sistema, e não da sua irrelevância.

No entanto, em certo sentido, este livro é também uma repreensão implícita à teoria literária. Grande parte de meu argumento, com exceção do capítulo final, baseia-se não na teoria literária, mas naquele animal muito diferente que é a filosofia da literatura. Os teóricos da literatura têm ignorado frequentemente esse tipo de discurso e, ao fazê-lo, desempenham o seu papel estereotipado na velha disputa entre os europeus continentais e os anglo-saxões. Se a teoria literária brota em larga escala entre os primeiros, a filosofia da

---

[1] Série de animação norte-americana criada por Seth MacFarlane e transmitida pela Fox entre 1999 e 2002; no Brasil, recebeu o título *Uma família da pesada*. (N. T.)
[2] Eagleton, *After Theory*, cap. 2.

literatura surge em grande parte junto aos últimos. Entretanto, o rigor e a *expertise* técnica da melhor filosofia da literatura contrastam favoravelmente com a frouxidão intelectual de algumas teorias literárias, sem contar a abordagem de questões (a natureza da ficção, por exemplo) praticamente deixadas de lado por aqueles do outro campo.

Em contrapartida, a teoria literária contrasta favoravelmente com o conservadorismo intelectual da filosofia da literatura e, em muitos aspectos, com sua timidez e sua falta – por vezes fatal – de talento crítico e ousadia imaginativa. Se os teóricos andam de camisa aberta, os filósofos da literatura (que, de todo modo, são quase todos homens) raramente aparecem sem gravata. Um campo se comporta como se nunca tivesse ouvido falar de Frege, enquanto o outro age como se nunca tivesse ouvido falar de Freud. Os teóricos da literatura tendem a dar pouca atenção a questões como verdade, referência, estatuto lógico da ficção etc., enquanto os filósofos da literatura demonstram frequentemente uma notável insensibilidade à textura da linguagem literária. Hoje em dia, parece haver uma relação curiosa (e bastante desnecessária) entre a filosofia analítica e o conservadorismo cultural e político, o que certamente não era o caso de alguns dos principais praticantes desse estilo de pensamento no passado.

Os radicais, por sua vez, tendem a suspeitar que questões como "Pode haver uma definição de literatura?" sejam aridamente acadêmicas e a-históricas. Mas nem todas as tentativas de definição precisam ser assim – tanto é que, no campo radical, muitos podem concordar quando se trata de definir o modo de produção capitalista ou a natureza do neoimperialismo. Wittgenstein sugere que às vezes precisamos de uma definição e às vezes não. Há uma ironia em jogo aqui também. Muitos dos membros da esquerda cultural, para os quais as definições são assuntos obsoletos a serem deixados para os acadêmicos conservadores, provavelmente desconhecem que, de fato, quando se trata de arte e literatura, a maioria desses acadêmicos argumenta *contra* a possibilidade de tais definições. O que acontece é que os mais perspicazes dentre eles dão razões mais convincentes e sugestivas para o que fazem, e assim se distinguem daqueles que consideram as definições fúteis por definição.

Os leitores ficarão surpresos, e talvez consternados, ao se verem mergulhados desde o início numa discussão marcada por uma escolástica medieval. Talvez seja o meu próprio fedor da escolástica, para usar uma expressão de Joyce, que ajuda a explicar o interesse pelas questões abordadas neste livro. Há certamente uma ligação entre o fato de ter sido criado católico – fui, portanto, ensinado a não desconfiar dos poderes da razão analítica, entre outras coisas – e a minha carreira posterior como teórico da literatura. Alguns poderão também atribuir o meu interesse pela filosofia da literatura ao fato de ter desperdiçado tempo demais nas cidadelas flagrantemente anglo-saxônicas de Oxford e Cambridge.

No entanto, ninguém precisa ser ex-papista ou ex-professor de Oxbridge para perceber a estranheza de uma situação em que professores e estudantes de literatura têm o hábito de usar palavras como "literatura", "ficção", "poesia", "narrativa" e assim por diante sem estarem totalmente bem equipados para iniciar uma discussão sobre o que elas significam. Os teóricos da literatura são aqueles que acham isso tão estranho ou tão alarmante quanto encontrar médicos que, embora capazes de reconhecer um pâncreas visualmente, fossem incapazes de explicar o seu funcionamento. Além disso, há muitas questões importantes que o fenômeno de afastamento da teoria literária deixou em suspensão, e este livro tenta abordar algumas delas. Começo avaliando a questão de as coisas terem ou não naturezas gerais, o que tem uma óbvia relação com a questão de ser ou não possível falar sobre "literatura". Em seguida, observo como o termo "literatura" é geralmente empregado hoje e, para tanto, examino cada uma das características que considero centrais para o significado da palavra. Uma dessas características, a ficcionalidade, é tão complexa que requer um capítulo especial. Finalmente, passo à questão da teoria literária, perguntando se é possível demonstrar que as suas diversas formas têm atributos centrais em comum. Se eu fosse imodesto, diria que este livro oferece um relato sensato do que a literatura (ao menos no presente) realmente significa, além de chamar atenção, pela primeira vez, para o que quase todas as teorias literárias têm em comum. Mas não o sou, então não direi isso.

Sou grato a Jonathan Culler, Rachael Lonsdale e Paul O'Grady, que apresentaram críticas e sugestões inteligentes. Também estou em dívida com meu filho Oliver Eagleton, que falou comigo sobre a ideia do fingimento e me esclareceu vários pontos vitais.

T. E.

1.
Realistas e nominalistas

Comecemos com o que pode parecer uma diversão sem sentido. Assim como muitos de nossos embates teóricos, a disputa entre realistas e nominalistas tem origem antiga.[1] No entanto, ela floresce mais vigorosamente no final da Idade Média, quando vários escolásticos eminentes e de convicções conflitantes se alinham para a batalha. Serão reais, em algum sentido, as categorias gerais ou universais, como afirmam os realistas – na esteira de Platão, Aristóteles e Agostinho –, ou serão, como insistem os nominalistas, conceitos que nós próprios impomos em um mundo onde tudo o que é real é irredutivelmente particular? Existe um sentido em que a literatura ou a "girafalidade" existem no mundo atual, ou essas noções são inteiramente dependentes da mente? Será a girafalidade simplesmente uma abstração mental que parte de uma multidão de criaturas singularmente individuais, ou serão essas espécies tão reais quanto esses indivíduos, talvez até necessariamente do mesmo modo?

---

[1] Para uma visão geral do debate, ver Carré, *Realists and Nominalists*; Armstrong, *Universals and Scientific Realism*, v.1; ver ainda Williams, "Realism: What's Left?".

Para o campo nominalista, tais abstrações são posteriores às coisas individuais, ou seja, são ideias que derivam delas; para os realistas, as abstrações, em certo sentido, antecedem as coisas, como o poder que faz de uma coisa individual o que ela é. Ninguém jamais olhou para a crocodilidade, mas, em vez disso, avistamos esta ou aquela fera escamosa tomando sol na lama; no entanto, da mesma maneira, como os individualistas metodológicos se apressam em nos lembrar, ninguém jamais olhou para uma instituição social, o que não significa sugerir que o canal de televisão Fox ou o Banco da Inglaterra não existem.

Meios-termos são possíveis aqui. O grande teólogo franciscano Duns Escoto propôs uma forma moderada ou limitada de realismo para a qual as naturezas têm existência real fora da mente, mas se tornam completamente universais apenas por meio do intelecto.[2] Tomás de Aquino teria concordado. Os universais não eram substâncias, como considerava um realista extremo como Roger Bacon, mas também não eram meras ficções. Mesmo que não tivessem existência real como tal fora da mente, eles permitir-nos-iam, no entanto, compreender as naturezas comuns das coisas, as quais estavam, em certo sentido, "nas" próprias coisas. Uma posição mais radical do que a de Escoto é adotada por Guilherme de Ockham, para quem os universais têm um estatuto meramente lógico.[3] Nada de universal existe fora da mente, e as naturezas comuns são apenas nomes. Embora Escoto não leve seu próprio argumento a esse limite, ele tem uma tendência notável ao particular, e isso ficou mais conhecido no mundo das letras graças ao seu discípulo Gerard Manley Hopkins, que adotou a noção

---

[2] Para Escoto, ver Ingham e Dreyer, *The Philosophical Vision of John Duns Scotus*. Estudos mais avançados podem ser encontrados em: Williams (ed.), *The Cambridge Companion to Duns Scotus*; Vos, *The Philosophy of John Duns Scotus*. Ver também MacIntyre, *God, Philosophy, Universities*, cap.12.

[3] Para um estudo magistral, ver Leff, *William of Ockham*. Uma discussão igualmente informativa pode ser encontrada em Adams, *William Ockham*. Há ainda material útil em Weinberg, *Ockham, Descartes, and Hume*.

de "isto-idade" [*thisness*], ou hecceidade, de Escoto. Enquanto Tomás de Aquino se contentava em considerar a matéria como o princípio de individuação de uma coisa, em contraposição à forma partilhada com outras entidades, o doutor sutil[4] discernia em cada peça da criação um princípio dinâmico que a tornava única e intrinsecamente ela mesma. Seu grande interesse pela particularidade se deve em parte à sua devoção peculiarmente franciscana à pessoa de Jesus Cristo.

A hecceidade diferencia uma coisa de outra da mesma natureza (nenhum floco de neve ou sobrancelha é igual a outro) e, como tal, representa a realidade última de um ser, que somente Deus pode conhecer plenamente. É, por assim dizer, o excesso de uma coisa sobre seu conceito ou natureza comum – uma especificidade irredutível que pode ser apreendida não pela reflexão intelectual sobre o que é um objeto, mas apenas por uma apreensão direta da sua luminosa presença. Numa verdadeira revolução do pensamento, o singular se torna agora inteligível *per se* à mente humana. Escoto, observa um dos seus comentadores, é um "filósofo da individualidade".[5] O filósofo norte-americano Charles Sanders Peirce, que considera o franciscano medieval um dos maiores de todos os metafísicos, elogiou-o como o pensador que "primeiro elucidou a existência individual".[6] Colocamos o pé na longa estrada que leva ao liberalismo, ao romantismo, à doutrina de Theodor Adorno sobre a não identidade entre um objeto e seu conceito, à suspeita pós-moderna dos universais como armadilhas para apanhar os politicamente incautos e muito mais. Como observa Charles Taylor, podemos reconhecer, em retrospecto, a paixão nominalista pelo particular como "um importante ponto de virada na história da civilização ocidental".[7]

---

[4] *Doctor Subtilis* era o apelido de João Duns Escoto. (N. T.)
[5] Vos, *The Philosophy of John Duns Scotus*, p.402.
[6] Hartshorne e Weiss (eds.), *Collected Papers of Charles Sanders Peirce*, v.1, parágrafo 458. Ver também Feibleman, *An Introduction to the Philosophy of Charles S. Peirce*, p.55.
[7] Taylor, *A Secular Age*, p.94.

Em contrapartida, os realistas tendem a considerar que o intelecto é incapaz de compreender os particulares individuais. Não pode haver ciência de um repolho individual, em oposição a uma ciência do gênero como tal. Na visão de Tomás de Aquino, a mente não pode se apoderar da matéria, princípio de individuação das coisas. Isso não quer dizer, entretanto, que uma compreensão das coisas individuais seja impossível. Para Tomás de Aquino, essa é a função da *phronesis*, responsável pelo conhecimento não intelectual de particulares concretos e linha mestra de todas as virtudes.[8] Trata-se de uma espécie de interpretação sensorial ou somática da realidade, um ponto relevante para o que comentarei logo adiante em relação às reflexões de Tomás de Aquino sobre o corpo. Bem mais tarde, no coração do Iluminismo europeu, nascerá uma ciência do particular sensorial para contrariar um universalismo abstrato – seu nome é estética.[9] A estética inicia sua vida em termos que formam um oximoro: ciência do concreto que investiga a estrutura interna de nossa vida corpórea de um ponto de vista lógico. Quase dois séculos depois, a fenomenologia lançará um projeto semelhante.

Para um filósofo realista como Tomás de Aquino, a natureza de uma coisa é o princípio da sua existência e, mediante sua existência, ela participa na vida de Deus. Para uma teologia realista, a assinatura de Deus pode ser encontrada no âmago dos seres. Ao distribuir o infinito desse jeito, uma coisa paradoxalmente é capaz de ser ela mesma. Mais tarde, Hegel dará a essa doutrina um toque secular: *Geist* é o que permite aos seres serem plenamente eles mesmos, de modo que o infinito é constitutivo do finito. Há ainda uma crença romântica de que, se uma coisa deve ser absolutamente autônoma e autoidêntica, então o que mais se assemelha a ela é, paradoxalmente, o infinito, que não reconhece nada além de si mesmo pela razão óbvia de que nada mais existe.

---

8 Ver Cervantes, "*Phronêsis* vs Scepticism: An Early Modernist Perspective".
9 Ver Eagleton, *The Ideology of the Aesthetic*, cap.1.

Existem muitos fenômenos diferentes no mundo e, portanto, muitas maneiras diferentes de falar, de modo que é preciso conhecer a natureza de uma coisa para, como Wittgenstein diria mais tarde, saber que jogo de linguagem jogar numa determinada situação. Pluralismo e essencialismo andam juntos. Contudo, se as coisas possuem naturezas dadas, é fácil ver como isso pode estabelecer um limite ao poder da divindade que as criou. Deus, em sua sabedoria, sempre poderia ter escolhido não criar tartarugas ou triângulos, pois, se ele é livre, não pode haver necessidade naquilo que ele cria. Tudo o que existe é puramente gratuito (no sentido de ser algo que simplesmente poderia nunca ter surgido) e permanece ofuscado por essa perturbadora possibilidade. Isso é verdade sobretudo para os seres humanos, cujo sentimento da sua possível inexistência é geralmente conhecido como medo da morte. Mas essa verdade se estende à obra de arte modernista, amaldiçoada pela sensação doentia ou deliciosa de sua própria contingência. O fato de uma coisa vir a existir era, para Tomás de Aquino e outros, uma questão de dádiva e gratuidade da parte de Deus, e não de inferência lógica ou necessidade férrea. Uma questão de amor, não de necessidade. Eis o que a doutrina da Criação tenta capturar. Não há nenhuma relação com a forma como o mundo decolou, que é uma questão para cientistas, e não para teólogos. Na verdade, Tomás de Aquino pensava ser possível o mundo não ter origem alguma, tal como fez Aristóteles, o seu mentor.

Uma vez que tartarugas e triângulos venham a existir, existem, no entanto, de uma maneira determinada, e Deus é obrigado a reconhecer esse fato, assim como nós mesmos o devemos fazer. Ele não pode decidir por capricho que $2 + 2 = 5$, como Descartes pensava que poderia. Tendo feito o seu cosmos, ele é forçado a se colocar nele. Quando se trata da forma como as coisas são, ele não pode se comportar como um monarca excêntrico ou como uma estrela do rock mimada. Deus é realista, não nominalista. Ele é limitado pelas próprias essências que criou.

É provável que uma era empirista seja cética em relação a essas naturezas comuns por várias razões. De um lado, uma vez que são inteligíveis, e não sensíveis, elas ofendem o preconceito empirista de que apenas o que é perceptível é verdadeiramente real. Contudo, se não existirem tais essências, a soberania de Deus está assegurada. Ele pode fazer uma tartaruga cantar "Pennies from Heaven" se quiser. A única razão de uma coisa é *quia voluit* (porque ele a quis). Ao descrever essa visão, Carl Schmitt parafraseia o pensamento do filósofo Malebranche, "Deus é a autoridade final e absoluta, e o mundo inteiro, incluindo tudo o que nele existe, nada mais é do que a ocasião para a sua ação única".[10] O problema, no entanto, é que esse poder arbitrário torna a divindade obscuramente enigmática e impenetrável. Ele se torna um Deus oculto cujos caminhos, inescrutáveis pela razão, não são os nossos; um Deus que existe a uma distância infinita de suas criaturas, tão distante delas quanto uma celebridade dos seus fãs. Ele é o Deus do protestantismo radical, não o Deus do Novo Testamento, que, na frase joanina, arma a sua tenda entre nós.[11]

Ao eliminar essências ou naturezas comuns da realidade, você pode suavizar as coisas, tornando-as mais maleáveis ao toque do poder. Existem, sem dúvida, formas mais progressistas de antiessencialismo do que essa, mas os seus defensores em geral não têm consciência de que a doutrina também serviu, no seu tempo, para legitimar o domínio humano. Se Deus (ou a Humanidade, que na plenitude dos tempos virá o assassinar e usurpar o seu trono) quiser ser onipotente, as essências terão de desaparecer. Somente drenando o mundo de seus significados inerentes é que se pode tentar solapar sua resistência aos desígnios que o subjugam. O verdadeiro domínio sobre as coisas, como Francis Bacon sabia, envolve o conhecimento das suas propriedades inerentes, mas isso também pode entrar em desacordo com um respeito à sua especificidade, ou melhor, àquilo que Marx denomina valor de uso.

---

10 Schmitt, *Political Romanticism*, p.17.
11 Há um debate útil sobre essa visão teológica em Blumenberg, *The Legitimacy of the Modern Age*, p.152-5.

Se conseguirmos moldar a Natureza em qualquer forma barroca que desejemos, é provável que venha daí uma arrogância perigosa, à medida que o Ser Humano começa a fantasiar que seus poderes são divinamente inesgotáveis. Numa fase posterior da modernidade, a humanidade será, por sua vez, expulsa pelos códigos, estruturas, forças e convenções que a estabelecem, e estes, e não o Ser Humano, passarão a atuar como doadores supremos de significado. Apesar de todo o fervor antifundacionalista dos seus apologistas, eles passam a atuar como uma nova espécie de fundacionalismo, indicando, ao fazê-lo, um solo (que podemos chamar de Cultura, Estrutura, Linguagem etc.) que nossas espadas não podem penetrar. Tendo arrancado a soberania de Deus, a Humanidade será, por sua vez, derrubada de seu trono pelo Discurso.

Voltemos, por ora, ao momento da modernidade. É somente pela redução de suas texturas sensoriais e densidades específicas a uma magreza matemática, pela definição de seus vários atributos mediante nossas próprias estratégias de medida e cálculo, pela diminuição da espessura do mundo às nossas próprias representações mentais dele que será possível despojar a Criação de sua Alteridade recalcitrante e entregá-la inteiramente em nossas mãos. As coisas devem agora ser definidas em termos de como respondem aos nossos procedimentos e técnicas, enquanto a forma como são em si mesmas escapa do horizonte da nossa cognição. Podemos não conhecer as coisas como Deus as conhece, mas pelo menos podemos conhecer os objetos que nós mesmos produzimos, o que confere ao ato do trabalho uma nova importância. Ele diz respeito tanto ao otimismo protestante, segundo o qual podemos exercer poderes transformadores desse tipo, quanto à angústia protestante, pelo fato de tais poderes serem exercidos num mundo que, tal como o oceano no *Solaris*, de Lem, torna-se inexpressivo, evasivo e, enfim, ininteligível. O preço da liberdade é a perda da realidade? Se o eu também não tem essência – se é apenas uma função de poder, um amontoado de impressões sensoriais, uma entidade puramente fenomenal, um processo descontínuo, um afloramento do inconsciente –, então, quem é o agente dessa transformação mundial e a quem ele serve?

Nesse cenário sombrio, um sujeito absoluto confronta um mundo puramente contingente. A outra face do antiessencialismo é o voluntarismo – a flexibilização de um poder que, tal como o sujeito que o exerce, é, em última análise, o seu próprio fim e a sua própria razão, carregando consigo os seus fundamentos e motivos. No entanto, se o mundo deve ser indeterminado para que tal poder floresça, como pode ele fornecer fundamentos determinados para os usos apropriados do poder? Se a realidade é fluida e arbitrária, como pode ela permanecer imóvel tempo suficiente para realizarmos os nossos projetos e, por conseguinte, para sermos livres no sentido positivo do termo? Que alegria há em exercer a soberania sobre uma onda de matéria intrinsecamente sem sentido? Quanto mais ganhamos domínio e autoridade, maior será o vazio interior que esses poderes parecerão ter. Visto que a realidade deixa de ser significativamente estruturada e densamente sedimentada com atributos e funções significativos, ela não mais cerceia a nossa liberdade de ação como o fazia antes; entretanto, da mesma forma, mais vazia essa liberdade aparenta ser agora. Não há algo absurdamente tautológico num animal que, com uma mão, concede o sentido ao mundo e, com a outra, retira dele esse mesmo sentido?

Nominalistas como Guilherme de Ockham pensavam que os realistas confundiam palavras com coisas, de maneira semelhante ao que pensam teóricos da literatura como Paul de Man. Pelo fato de podermos dizer "alameda" ou "faia", tendemos a supor que existe alguma substância identificável que corresponde a esses termos. O realismo, segundo essa visão, é uma forma de reificação. Além disso, como nunca poderemos realmente conhecer as coisas no seu ser singularmente individual, o realismo também pode ser visto como uma forma de ceticismo. Ockham, em contrapartida, acredita que conhecemos entidades específicas por intuição intelectual direta, abolindo, assim, toda mediação conceitual entre sujeito e objeto. Entre as entidades que podemos conhecer dessa maneira – na verdade, aquela que podemos apreender de forma mais segura e instantânea – está o eu. Os universais, como no empirismo tardio, são meras generalizações feitas com base em particulares distintos. Eles não representam mais a verdade interna de um objeto, o que significa que o modo como tais objetos se comportam não pode mais ser deduzido de sua natureza divinamente concedida. Em vez disso, precisamos de um discurso que investigue o comportamento das coisas sem recorrer a tais concepções metafísicas improváveis. Esse discurso viria a ser conhecido como ciência.

Tomás de Aquino, à maneira de Abelardo e Karl Marx, é mais insistente no fato de que todo pensamento pressupõe universais. O doutor angélico[12] é antiempirista pelo menos nesse sentido, mas talvez em mais um ou dois sentidos. Nos *Grundrisse*, Marx fala sobre a necessidade de empregar conceitos abstratos ou gerais para "se elevar" ao concreto. Na sua visão, o concreto não é uma questão empírica e autoevidente, e sim o ponto de encontro de diversos determinantes, alguns deles gerais e outros específicos. É o concreto que, segundo Marx, é ricamente complexo; contudo, para construí-lo no pensamento, os conceitos gerais, que ele considera mais simples do que os concretos, devem inevitavelmente ser desdobrados. Não se trata aqui de simplesmente deduzir o particular do geral, à maneira dos racionalistas, ou de derivar o geral do particular, ao estilo dos empiristas.

Além disso, Marx acredita que os universais são, na verdade, parte da mobília do mundo, e não apenas formas convenientes de vê-lo. O Marx maduro, por exemplo, considera o que chama de "trabalho abstrato" como um componente real da produção capitalista, sem o qual esta não poderia funcionar. Não há dúvida de que isso é simplesmente um jeito de olhar as coisas. O jovem Marx dos *Manuscritos econômico-filosóficos* defende que os humanos são os indivíduos distintos que existem em virtude da sua participação numa forma

---

12 Tomás de Aquino. (N. E.)

específica de "ser-espécie" e que o processo de individuação é, em si mesmo, um poder ou uma capacidade dessa natureza comum. Nessa versão materialista da natureza humana, o individual e o universal não são tratados como antitéticos.

A batalha corrente entre realistas e nominalistas é, entre outras coisas, uma questão de o quão seriamente se leva aquilo que é sensorialmente específico. Essa é uma questão política, mas também ontológica e epistemológica. É também uma questão do estatuto do raciocínio abstrato num mundo cada vez mais empirista. Qual é o delimitador do real? A realidade é apenas o que está provado em nossos batimentos cardíacos? Abelardo afirma que o realismo, em sua ênfase nas naturezas gerais, destrói todas as distinções entre as coisas. Na noite do realismo, todas as vacas são cinzentas. Anselmo, em contrapartida, repreende o nominalismo por estar "tão envolvido em imaginações materiais que não consegue se livrar delas".[13] Nessa visão platônica, os nominalistas estão atolados demais em seus sentidos, muito extasiados pela imediação sensorial, incapazes de ver a floresta por causa das árvores. O seu pensamento se apega como um míope às texturas dos fenômenos, em vez de se elevar acima deles para obter uma visão mais abrangente. Foi por esses motivos, entre outros, que o vigoroso essencialista Platão expulsou os poetas da sua república. Apanhados pela música sensual, eles não conseguiram se elevar à dignidade de uma ideia abstrata. O mesmo raciocínio se aplica a muitos tipos[14] literários dos tempos modernos. Isso explica grande parte de sua hostilidade frente à teoria literária.

Os nominalistas, por sua vez, respondem que o pensamento deve permanecer próximo à verdade, em vez de interpretar o mundo a partir dos primeiros princípios racionalistas ou das essências metafísicas.

---

13 Citado por Carré, *Realists and Nominalists*, p.40.
14 Eagleton utiliza *type* para se referir à caracterização de um personagem da literatura (daí, *literary types*) pela reunião de determinados traços da natureza humana na figura de um indivíduo singular. (N. T.)

Realistas e nominalistas

Para eles, é como se os racionalistas e essencialistas pudessem saber como é a realidade antes mesmo de a terem inspecionado. É preciso submeter a mente ao atual, seguindo o estilo baconiano, extraindo leis científicas gerais a partir de fatos individuais, e não (seguindo o estilo altamente racionalista) o contrário. As categorias gerais ou universais dissolvem e diluem a vívida hecceidade das coisas. Há aqui um caminho tortuoso que vai de Duns Escoto e Guilherme de Ockham até Gilles Deleuze, um escotista cuja aversão libertária por categorias gerais anda de mãos dadas com uma espécie de anarquismo político. À maneira nietzschiana, tal pensamento categórico só pode ser visto como opressivo e restritivo, atropelando as identidades singulares dos objetos. O pós-modernismo herda esse preconceito. É, entre outras coisas, teologia deslocada, cujas origens obscuras se encontram no culto medieval tardio da vontade arbitrária.

Para Hegel e Lukács, por sua vez, o conhecimento das essências pode libertar o objeto individual para a sua verdadeira natureza, revelando o que ele é secretamente. Em termos estéticos, isso envolve uma curiosa operação dupla, na qual primeiro se extrai o tipo ou a essência de uma série de particularidades empíricas para depois a revestir mais uma vez com um brilho de especificidade. De modo semelhante, o papel da imaginação romântica é transformar os fenômenos na imagem das suas essências, porém preservando a plenitude da sua presença sensorial. Essa dupla operação é, de certa forma, preocupante, uma vez que, se a realidade empírica é organizada no texto literário de acordo com um paradigma fantasmagórico das coisas, secretamente influenciado pelo típico ou pelo essencial, essa realidade está claramente imbuída de certa necessidade. Talvez fosse isso que Paul Valéry tinha em mente quando observou que a arte é "a passagem do arbitrário ao necessário". Ao suprimir a contingência, a obra parece afirmar que, sob a compulsão de suas naturezas interiores, as coisas simplesmente tinham de assumir determinada forma particular e nenhuma outra. Essa negação tácita de outras possibilidades é um gesto caracteristicamente ideológico. De modo semelhante, a ideia de que a poesia incorpora certo desenho verbal inelutável – uma questão de "as palavras certas na ordem certa", das quais nenhuma letra pode ser alterada sem transfigurar o todo – pareceria correr o risco de suprimir a contingência do signo, outro gesto tipicamente ideológico. A linguagem é "essencializada" ou "fenomenalizada", tornada icônica, não semiótica, ligada por um vínculo inquebrável a uma realidade que, ao que parece, só pode ser significada de forma particular.

*

O nominalismo, como argumentou Frank Farrell, representa uma espécie de desencanto com o mundo, que prefigura vagamente as dificuldades da modernidade.[15] A criação já não é tão sagrada como outrora. Não é difícil ver como uma era moderna secular, empirista, individualista e científico-racionalista, com a sua crença na vontade soberana como agente da história humana, tem algumas de suas fontes no mundo medieval tardio. Vejamos brevemente um sentido em que isso se verifica. Para Tomás de Aquino, Deus não é um ser na mesma escala dos humanos e dos cogumelos, sendo incomparavelmente superior. Se ele de fato é um ser, o que por si só já é duvidoso para muitos teólogos, isso ocorre de modo totalmente incomensurável em relação às coisas criadas. O Criador, segundo essa visão, é a profundidade insondável em que todas as coisas têm o seu ser, o fundamento de sua possibilidade, o amor que as sustenta na existência. Ele não pode ser considerado uma entidade particular entre eles. Há muitos fundamentos pelos quais o(a) crente religioso(a) pode estar enganado(a), mas a acusação de que ele ou ela tem dificuldade em contar, sustentando que há um objeto a mais no mundo do que realmente existe, não é um deles.

Duns Escoto, ao contrário de Tomás de Aquino, vê Deus como um ser no mesmo sentido que as lesmas e os oboés o são, porém

---

15 Ver Farrell, *Subjectivity, Realism and Postmodernism*.

infinitamente diferente e superior. Isso tem, então, o efeito paradoxal de afastar o Criador do mundo no ato de reivindicar certo parentesco entre os dois. Embora Deus esteja na mesma escala ontológica que nós, ele se encontra inconcebivelmente acima nela. Por conseguinte, abre-se uma divisão entre essa divindade sublimemente remota e sua Criação. O Deus de Tomás de Aquino é, ao mesmo tempo, imanente e transcendente, o que significa que ele pode ser abordado até certo ponto por intermédio da razão humana. Significa, também, como vimos, que as coisas do mundo trazem a sua marca no mais íntimo do seu ser. O mundo, em suma, é sacramental; é o texto eminentemente legível do seu Autor. Entretanto, à medida que esse Autor sublime se eleva além do alcance de sua obra, tornar-se-á gradualmente inacessível à razão humana, cognoscível apenas pela fé; ademais, as coisas finitas, que são puramente contingentes, não falam dele como falam para Tomás de Aquino. No que concerne às insinuações da divindade, o texto da realidade se tornou ilegível.

Há um paradoxo aqui. Se Deus exerce soberania absoluta sobre a sua Criação, ele elimina desta a vida independente, deixando-a incapaz de dar testemunho de sua glória. Assim, o mundo é esvaziado da sua presença precisamente à medida que cai inteiramente sob o seu domínio.[16] Não há agora nada na razão ou na natureza humana que possa sugerir a origem divina e o fim da humanidade e do mundo, uma verdade que podemos derivar apenas da revelação. Porém, como as coisas agora existem por si mesmas, em vez de serem alegorias obscuras do Todo-Poderoso, elas podem se tornar objeto do conhecimento humano comum. Se Deus for removido para o âmbito remoto da fé, dissociando o valor dos fatos, é possível que nasça um mundo completamente secular. O sacramental se dobra perante o científico.

Em certo sentido, trata-se de uma emancipação emocionante. A investigação racional não é mais limitada pela reverência às essências

---

16 Um paradoxo observado por Conor Cunningham em "Wittgenstein after Theology", p.82.

divinamente concedidas. A filosofia é capaz de cortar o cordão que a liga à teologia. E uma vez que o próprio Ser Humano é igualmente livre de restrições por uma natureza tão imutável, ele pode evoluir para o agente histórico, automodelado e autodeterminado da modernidade. As coisas são despojadas de suas auras mistificadoras e, em vez disso, submetidas ao uso e ao bem-estar da humanidade. A ideia de progresso não é mais ímpia. Podemos intervir nas leis da Natureza, que já não precisam ser tratadas como sacrossantas, e podemos agir assim em benefício da nossa espécie. Agora, nada está, em princípio, fora dos limites da investigação humana. O mundo material pode ser afirmado em sua plena autonomia, não como um símbolo sombrio de um domínio alhures; ele não precisa mais ser visto como um texto sagrado, um conjunto de hieróglifos ou significantes enigmáticos cujo sentido se encontra fora de si mesmo.

Ao mesmo tempo, esse movimento em direção à modernidade representa uma longa catástrofe. O Deus arbitrariamente absoluto de um pensamento medieval tardio qualquer se torna, na época moderna, um modelo para a vontade autodeterminada. Tal como o Todo-Poderoso, essa vontade se comporta como uma lei voltada para si mesma; mas, ao contrário dele, ela ameaça destruir a vida das coisas no ato de exercer domínio sobre elas. Já está presente em Escoto a ideia de uma vontade que carrega em si os seus fundamentos e fins, um poder anterior à razão, muito embora (uma vez que possui uma inclinação intrínseca para fazer o que deve ser feito) em nenhum sentido arbitrário ou irracionalista. Também para Ockham a vontade reina soberana. Não se trata de uma submissão servil à razão, visto que algum ato de vontade já deve ser exercido na nossa escolha de razões para o que fazemos. Contudo, uma vez que a vontade se torna todo-poderosa, a razão deixa de ser uma faculdade moral e se vê reduzida a uma condição puramente instrumental. Ela já não passa de uma humilde serva da paixão, do interesse, do apetite e do desejo. A estrada aberta por Escoto e Ockham chegará a seu término modernista na vontade de potência nietzschiana; depois disso, na era da cultura pós-moderna, o sujeito estará realmente esgotado e descentralizado demais para ter qualquer vontade.[17] Mesmo assim, são os interesses, o poder e o desejo que permanecem fundamentais para o pensamento pós-modernista, e a capacidade da razão de se envolver numa reflexão crítica sobre eles é notavelmente restrita. Para os pós-modernistas, assim como para alguns escolásticos, o raciocínio ocorre no âmbito de tais interesses e desejos e, portanto, não pode emitir julgamentos fundamentais sobre eles. Veremos algumas das implicações desse caso para a teoria literária mais tarde, na obra de Stanley Fish.

Tomás de Aquino tem uma visão bem diferente da vontade. Aos seus olhos, não se trata de um poder a ser exercido de forma arbitrária ou autônoma, mas uma alegre aquiescência ao bem, uma suscetibilidade para ser atraído pelo valor inerente de algo. Ela contém, portanto, um elemento vital de abertura, uma prontidão para ser posta em prática, o que tem pouca relação com a maneira como a vontade foi retratada no pensamento ocidental posterior. Fergus Kerr escreve:

> O exercício da vontade [para Tomás de Aquino] está mais próximo do ato de consentir com o bem que mais profundamente se deseja do que da autoimposição de algo indiferente ou recalcitrante... [Ele] está alinhado conceitualmente com o desejo, o consentimento, a aquiescência agradável, em suma, com o amor.[18]

A estimulante preocupação dos nominalistas com o indivíduo também desempenha o seu papel ruinoso numa história de individualismo possessivo. Segundo tal maneira de ver as coisas, os indivíduos são autônomos e as relações entre eles são externas, contratuais e não constitutivas. Uma vez que as relações não são perceptíveis como

---

17 Para um excelente estudo sobre a importância de Escoto na contemporaneidade, ver Pickstock, "Duns Scotus: His Historical and Contemporary Significance".
18 Kerr, *Thomas Aquinas*, p.69; 48.

os rabanetes, não se pode dizer que elas existem no sentido mais forte da palavra. Como escreve John Milbank: "É na teologia voluntarista que a filosofia-chave do 'individualismo possessivo' tem as suas origens".[19] Para que essa condição pudesse ser transformada, seria necessário um sentimento de totalidade social; entretanto, como o nominalismo é avesso a universais e abstrações, isso também deve ser censurado. Margaret Thatcher, uma ockhamista involuntária, observou: isso que se chama de sociedade não existe.

A libertação das coisas em relação às categorias restritivas da escolástica se revelou, até certo ponto, autodestrutiva. Embora a ciência possa negociar as particularidades empíricas, ela normalmente pouco se preocupa com os corpos sensíveis. Ao emancipar as coisas do domínio das essências metafísicas, submete-as a um conjunto igualmente abstrato de leis gerais. Aquilo que é recuperado com uma mão é removido com a outra. Pensa-se que, na resistência contra essa abstração, destaca-se um fenômeno moderno cujo nome é arte.[20] Sendo um preciso legado romântico, a arte existe para nos lembrar da especificidade sensorial que nos foi roubada.

Essa é uma das razões pelas quais os tipos literários tendem a ser defensores militantes do particular. Para a maioria deles, as abstrações são instintivamente desagradáveis. A única categoria geral que consegue manter um pouco o seu entusiasmo é a da própria literatura. Só quando se sente que a literatura está sob ataque é que os apologistas do indivíduo singular recorrem instantaneamente ao pensamento abstrato.[21] O que torna a teoria literária tão escandalosa

---

19 Milbank, *The Future of Love*, p.62. Para Milbank e os seus colegas da ortodoxia radical, Escoto representa realmente o momento da queda, uma leitura que tem sido fortemente contestada por outros estudiosos. Ele está à beira de um declínio desastroso em direção à modernidade – um declínio que, para esses estudiosos, não é uma *felix culpa* ou uma queda feliz, como o é para o marxismo.
20 Ver Eagleton, *The Ideology of the Aesthetic*, cap.1.
21 Nem todos eles, no entanto. Graham Hough afirma que todos sabem o que querem dizer com literatura, mesmo que não possam defini-la (*An Essay on Criticism*, p.9).

é que a frase anterior é quase um oximoro. Como pode algo tão irredutivelmente concreto como a literatura ser objeto de investigação abstrata? Não é a arte o último refúgio do acaso particular, do detalhe deliciosamente excêntrico, do impulso rebelde, do gesto idiossincrático, enfim, de tudo o que derrota dogmas restritivos e visões unitárias? Não será o seu objetivo último escapar à tirania do doutrinário, à visão esquematizada da realidade, ao programa de ação política, ao fedor azedo das ortodoxias, às agendas destruidoras de almas dos burocratas e dos assistentes sociais?

A maioria dos tipos literários são, nesse sentido, nominalistas natos, numa tipologia que vai do liberal de estilo antigo até o pós-modernista moderno. "O movimento que se afasta da teoria e da generalidade", observa Annandine no romance *Sob a rede*, de Iris Murdoch, "é o movimento em direção à verdade. Toda teorização é fuga. Devemos ser governados pela própria situação, e isso é indescritivelmente particular." Trata-se de um caso que pode ser reproduzido milhares de vezes nos anais do comentário literário moderno. Até Lênin criou uma versão disso: teoria é uma coisa; arte, ou vida, é outra. Não é necessário salientar que a afirmação de Annandine é, em si, uma afirmação teórica. Na verdade, a ficção de Murdoch contém uma quantidade incomum de reflexão abstrata, colocada na boca de vários santos mimados, boêmios de Oxford, visionários arruinados e metafísicos da classe média alta. Seria também interessante saber como qualquer situação humana poderia ser indescritivelmente particular e, ainda assim, revelar-se inteligível. Como poderíamos falar em uma identidade absoluta, inteiramente sem relações com o que está fora de si mesma? Por que meios conceituais (e todos os conceitos são inevitavelmente gerais, incluindo "isto", "único", "inimitável", "indescritivelmente singular" etc.) poderíamos identificar tal estado de coisas?

Os ingleses não precisam se preocupar com definições, pois para eles esse conhecimento é natural.

Deve-se notar que tal visão da arte é consideravelmente recente. Samuel Johnson, que se entusiasmava com o geral e se entediava com o individual, certamente a teria achado estranha, assim como muitos artistas pré-românticos. Trata-se de uma ideologia da arte com pouco mais de dois séculos de existência que, no entanto, não consegue dar muito sentido a diversos artefatos preciosos desse período. Não é fácil perceber como ela lança luz sobre, digamos, Samuel Beckett, cujo trabalho parece afrontar deliberadamente tais devoções liberais e humanistas. Também não está claro até que ponto ela pode recorrer a uma espécie de prestidigitação ou *trompe l'œil* a fim de iluminar a grande linhagem do realismo literário, na qual aquilo que parece flutuante e particularizado é secretamente ordenado num conjunto mais "típico", ou genérico, de fábulas, personagens e situações. Uma autora conhecida por adotar tais estratégias é Iris Murdoch. No *Ulisses*, de Joyce, os dois textos colocados lado a lado – um dia aparentemente aleatório em Dublin e o subtexto homérico sub-reptício e rigorosamente esquematizador – constituem uma paródia desse realismo clássico, em que a contingência dispersa e o esquema conceitual se encontram separados e transformados em caricaturas de si mesmos; o tipo de unidade alcançada por esses dois textos é apenas irônico e conscientemente sintético. Essa propriedade formal do romance é, em si, um enunciado de moral. Se o realismo parece apaixonado pelo particular perdido, isso só é possível porque alguns aspectos bastante vitais da forma são ignorados.

Depois que a onda do existencialismo recuara, o último capítulo da história do nominalismo foi escrito pelo pós-estruturalismo e pelo pós-modernismo. Pensadores como Foucault, Derrida e Deleuze, que manifestavam aversão ao conceito geral, ao princípio universal, à essência influenciadora e ao programa político totalizante, são, entre outras coisas, os herdeiros improváveis de certos escolásticos medievais tardios. Quando Tony Bennett escreve que o que é necessário não é "uma teoria da *Literatura*, mas uma teoria das *literaturas*: concreta, historicamente específica e materialista", ele fala como um nominalista de esquerda.[22] Devemos então supor que não existem relações significativas entre esses diferentes corpos de trabalho? Eles devem ser tratados como rigorosamente distintos e autônomos? Se sim, por que chamamos todos eles de literatura? E, de um jeito ou de outro, não pode haver uma investigação concreta, historicamente específica e materialista de universais como a morte, a tristeza e o sofrimento? (Alguns poderão considerar que de fato existe uma investigação dessa forma, generalizada e persistente, se não exatamente universal, conhecida como tragédia.)[23]

Bennett quer abandonar completamente o discurso da estética, acusando-o de ser idealista e a-histórico. Ele parece ignorar os vários filósofos da arte que apoiariam alegremente a sua visão da literatura, e que o fariam precisamente como estetas. Ele também parece não ver que, embora a categoria de literatura possa ser historicamente mutável, alguns dos seus componentes – ficção, por exemplo, ou poesia – pareceriam ser universais para as culturas humanas. O que, afinal de contas, é mais surpreendente: a diferença entre aquilo que os Nuer e os Dinka conhecem como narrativa e aquilo que Peacock ou Saul Bellow conhecem como narrativa, ou o fato de ambos os campos compartilharem uma forma reconhecidamente comum, apesar da vasta diferença cultural? As continuidades e as características compartilhadas podem ter tanta força histórica quanto a diferença e a descontinuidade. Até mesmo as épocas históricas mais turbulentas revelam permanência e persistência ao lado da ruptura e da revolução – "universal" não significa necessariamente "atemporal", como nominalistas como Bennett tendem a suspeitar. Os universais têm uma história material específica tanto quanto os indivíduos.

---

22 Bennett, *Formalism and Marxism*, p.174.
23 A tragédia, no sentido artístico conhecido no Ocidente, parece não ter um equivalente preciso nas civilizações orientais e, por essa razão, não seria universal em termos de escopo. De todo modo, sua presença em uma vasta gama de culturas ocidentais durante um longo período não deixa de ser notável. Ver Eagleton, *Sweet Violence: The Idea of the Tragic*, p.71.

Há uma ironia extraordinária em jogo aqui. A teoria pós-modernista lança um olhar preconceituoso sobre a ciência, o racionalismo, o empirismo e o individualismo da era moderna. Porém, ela permanece profundamente em dívida para com essa época no que diz respeito ao seu nominalismo desenfreado, parecendo ignorar a história dessa doutrina. Nesse sentido, rompe apenas parcialmente com o que imagina ter abandonado. Essa teoria tampouco capta as afinidades secretas entre o nominalismo e a insolência do poder. Não vê como o essencialismo serviu, entre outros propósitos (alguns mais sombrios), para proteger a integridade das coisas frente à insistência da vontade soberana para que elas fossem covardemente domáveis por suas exigências. Em vez disso, sustenta, com espírito universalista, que a doutrina das essências é sempre e em toda parte repreensível. Jeremy Bentham, que não é exatamente um dos ícones culturais do pós-modernismo, teria concordado enfaticamente.

Vale a pena recordar que os esquemas de classificação variam de cultura para cultura. Em *Pensamento selvagem,* Claude Lévi-Strauss explica que os objetos nas sociedades tribais podem ser atribuídos a determinada categoria não simplesmente por terem propriedades que definem essa classe, mas também com base em associações simbólicas com membros existentes da espécie. Simon Clarke afirma:

> Uma classificação [em tais sociedades] não tem uma lógica global, e sim uma série de "lógicas locais", uma vez que os itens podem ser associados uns aos outros de acordo com critérios muito diferentes. As regras em questão são muitas e variadas, podendo diferir de sociedade para sociedade.[24]

Não somos obrigados a escolher entre um esquema de classificação universalmente restritivo e a diferença pura, qualquer que seja a

---

[24] Clarke, *The Foundations of Structuralism,* p.191.

sua aparência. Esse ponto tem influência no relato da literatura que estou prestes a oferecer.

Nem todos os universais ou categorias gerais precisam ser opressivos, assim como nem todas as diferenças e especificidades estão do lado dos anjos. Seria de se esperar que aqueles que não gostam de universais fossem um pouco menos grandiosamente universalizantes nessas questões. Para um arquinominalista como Michel Foucault, toda classificação pareceria uma forma insidiosa de violência. Para almas mais sensatas, como socialistas e feministas, agrupar indivíduos segundo certos aspectos para determinados fins pode contribuir para a sua emancipação. Não se deve entender aqui que, por implicação, eles também sejam semelhantes em todos os outros aspectos.

Outro ponto pode ser levantado. O essencialismo quase sempre foi tratado pelos filósofos em termos ontológicos – como uma questão sobre a natureza do ser de uma coisa. Contudo, e se, em vez disso, abordássemos a questão de forma ética? E se a "essência" de um ser humano fosse algo qualquer que alguém ama nele? Poderíamos acrescentar, uma vez que estamos agora na iminência de abordar o problema da diferença e da identidade, que o amor também tem sido visto como uma solução para essa aparente oposição, pelo menos quando ele surge no âmbito do ser humano. Entretanto, como a palavra "amor" normalmente não é admissível na discussão teórico-literária e é claramente indecorosa em tal contexto, deixarei de lado essas sugestões de forma tão abrupta quanto a maneira como as abordei. De qualquer forma, a questão não tem muita utilidade quando se trata de considerar a essência de fenômenos desagradáveis, como lesmas ou chaves de fenda.

2.
O que é literatura? (1)

1

É possível agora descer do Ser Supremo para a questão mais profana de saber se aquilo que chamamos de literatura realmente existe. Esta breve digressão tem como objetivo demonstrar o que está em jogo, dos pontos de vista intelectual e político, na questão aparentemente misteriosa de saber se realmente existem coisas como naturezas comuns no mundo.

Há quase trinta anos, em *Teoria literária: uma introdução*, defendi uma posição fortemente antiessencialista sobre a natureza da literatura.[1] A literatura, insisti, não possui essência alguma. Esses textos apelidados de "literários" não têm propriedade singular, assim como não têm um conjunto de propriedades em comum. Embora eu ainda defenda essa visão, entendo melhor agora do que naquela época que o nominalismo não é a única alternativa ao essencialismo. O fato de a

---

1 Ver a introdução de Eagleton, *Literary Theory: An Introduction*.

literatura não ter uma essência não implica que a categoria não tenha qualquer legitimidade.

Stanley Fish escreve que "a categoria 'obra de ficção', no final das contas, não tem conteúdo [...] não há nenhum traço ou conjunto de traços que todas as obras de ficção tenham em comum e que possam constituir as condições necessárias e suficientes para serem uma obra de ficção".[2] A escolha é clara: ou uma obra de ficção tem uma essência ou o conceito é vazio. Fish, em suma, é um essencialista invertido. Ele acredita, como Tomás de Aquino, que as coisas sem essência não têm existência real; Tomás de Aquino acredita que as coisas têm de fato essências, ao passo que Fish pensa que não. No restante, eles estão em perfeito acordo. Na mesma linha, E. D. Hirsch argumenta que "a literatura não tem essência independente, estética ou não. É uma classificação arbitrária de obras linguísticas que não apresentam traços distintivos comuns e que não podem ser definidas como uma espécie aristotélica".[3] Mais uma vez, é-nos oferecida uma escolha de Hobson entre o essencialista e o arbitrário.

A alternativa mais persuasiva a esse falso dilema continua sendo a teoria de Ludwig Wittgenstein das chamadas semelhanças de família, apresentada pela primeira vez nas suas *Investigações filosóficas*. É uma das soluções mais sugestivas para o problema da diferença e da identidade que a filosofia já apresentou; e se não se abrisse esse fosso formidável entre a filosofia anglo-saxônica e a da Europa continental, ele poderia muito bem ter protegido o culto pós-estruturalista da diferença contra alguns dos seus excessos mais extravagantes. Num movimento célebre, Wittgenstein nos convida a considerar o que todos os jogos têm em comum e conclui que não existe um elemento único que compartilham. O que temos, em vez disso, é "uma

---

2 Fish, *Is There a Text in This Class?*, p.236. Para a questão geral de Fish, ver também seus ensaios "What Is Stylistics and Why Are They Saying Such Terrible Things About It?" e "Literature in the Reader: Affective Stylistics".
3 Hirsch Jr., *The Aims of Interpretation*, p.135.

complicada rede de similaridades que se sobrepõem e se entrecruzam".[4] Em seguida, ele compara essa emaranhada teia de afinidades às semelhanças entre os membros de uma família. Esses homens, mulheres e crianças podem parecer iguais, mas não porque todos têm orelhas peludas, nariz inchado, boca babosa ou um traço de petulância. Alguns terão um ou dois desses atributos, mas os outros não; alguns combinarão vários deles, talvez junto com outro traço físico ou de temperamento, e assim por diante. Segue-se daí que dois membros da mesma família sem qualquer atributo em comum ainda assim estão ligados entre si por meio de itens intervenientes na série.

Os teóricos da literatura não demoraram a identificar a influência desse modelo nas suas próprias preocupações. Apenas quatro anos após o aparecimento das *Investigações*, encontramos Charles L. Stevenson recorrendo a elas para lançar luz sobre a natureza da poesia.[5] Morris Weitz também se baseia nessa ideia no processo de rejeitar a visão de que a arte pode ser definida.[6] Robert L. Brown e Martin Steinmann Jr. apelam à noção de semelhanças de família para reforçar o postulado antiessencialista de que "não existem condições necessárias e suficientes para considerar um trecho de discurso como uma obra de arte".[7] Colin Lyas argumenta que existe um conjunto de propriedades que definem a literatura, de modo que qualquer obra definida como literária deve exemplificar pelo menos algumas delas. Mas nem todas as chamadas obras literárias exibirão todas elas, e não é necessário que duas dessas obras tenham qualquer uma delas

---

4 Wittgenstein, *Philosophical Investigations*, §66. Poderíamos afirmar que o que todos os jogos têm em comum é o fato de serem jogados. Haveria a objeção de que alguns jogos, como o futebol, são disputados com fins lucrativos. Mas esse não é um atributo necessário do futebol, assim como o fato de alguns volumes de poesia gerarem lucro não é um atributo necessário da poesia.
5 Stevenson, "On 'What Is a Poem?'".
6 Weitz, "The Role of Theory in Aesthetics".
7 Brown Jr. e Steinmann Jr, "Native Readers of Fiction: A Speech-Act and Genre-Rule Approach to Defining Literature", p.142.

em comum.[8] O motivo pelo qual rotulamos uma obra como literatura pode não ser o motivo pelo qual atribuímos o elogio a outra. Em *Expressão e significado*, John R. Searle observa que a literatura é uma "noção de semelhança de família".[9] Mais recentemente, o caso apareceu mais uma vez num ensaio de Christopher New; em sua opinião, "todos os discursos literários assemelhar-se-iam a algum outro discurso literário de certa forma, mas não se assemelhariam todos reciprocamente de um mesmo modo".[10] Por sua vez, Peter Lamarque salienta que não existe um conjunto de propriedades que todas as obras devam manifestar para conquistarem o título honorífico de literatura.[11]

É difícil negar a desenvoltura desse modelo, e não apenas quando se trata de literatura. O que nos inspira a agrupar obras tão diversas como *A república*, de Platão, *Além do bem e do mal*, de Nietzsche, *Ser e tempo*, de Heidegger, *Linguagem, verdade e lógica*, de Ayer, e *Teoria da ação comunicativa*, de Habermas, sob a mesma rubrica? O que Kierkegaard e Frege têm em comum? A resposta da semelhança de família a essa questão não apela nem a uma essência permanente nem a algum efeito arbitrário de poder. As semelhanças entre as coisas são consideradas porque dizem respeito a atributos reais no mundo. As orelhas peludas e os narizes inchados não são apenas "construtos", meras funções de poder, desejo, interesses, discurso, interpretação, o inconsciente, estruturas profundas etc. No entanto, ainda é possível que Frege e Kierkegaard sejam ambos chamados de filósofos sem apresentarem quaisquer atributos inerentes em comum. Isso não ocorre porque chamar ambos de filósofos é uma decisão independente dos atributos, mas porque, como acabamos de ver, um membro de uma classe pode estar ligado a outro por meio de uma gama de casos intermediários.

---

8 Lyas, "The Semantic Definition of Literature".
9 Searle, *Expression and Meaning*, p.59.
10 New, *Philosophy of Literature: An Introduction*, p.19.
11 Lamarque, *Fictional Points of View*, p.215.

O que é literatura? (1)

Mesmo assim, Stanley Cavell argumentou que Wittgenstein não pretende de fato colocar em descrédito a noção de essência, mas sim a recuperar.[12] A essência é explicada na gramática, observa Wittgenstein nas *Investigações filosóficas*: isso significa que quem nos diz o que uma coisa é são as regras que governam a maneira como aplicamos as palavras. Trata-se, sem dúvida, de uma concepção de essência muito diferente daquela das naturezas divinamente fabricadas de Tomás de Aquino. Formas intransigentes de essencialismo afirmam que uma coisa passa a fazer parte de uma classe particular devido a certa propriedade ou conjunto de propriedades que ela possui, o que é ao mesmo tempo necessário e suficiente como critério de pertencimento a essa classe. Para um essencialismo forte, essas qualidades determinam e podem explicar todas as outras qualidades e comportamentos de uma coisa.[13] Porém, de fato, não existem tipos ou espécies cujos membros sejam todos idênticos no que diz respeito a todas as suas propriedades. É possível defender uma versão mais branda do essencialismo, como fiz em *As ilusões do pós-modernismo*, mas essa versão obstinada do credo é muito difícil de engolir.

As definições do literário ou do ficcional também dependeram, em alguma medida, daquilo que são considerados os seus opostos, mais ou menos da mesma forma que as noções de ócio são parasitas das concepções de trabalho. Contudo, isso também tem se mostrado notavelmente instável ao longo dos séculos. O oposto da literatura pode ser a escrita factual, técnica ou científica, a escrita considerada

---

12 Cavell, *The Claim of Reason*, p.186. Cavell também afirma que Wittgenstein não propõe a ideia da semelhança de família como uma alternativa àqueles que acreditam em naturezas universais (já que, antes de mais nada, um universalista poderia perguntar sobre o significado essencial dessa mesma ideia). Tampouco postula que esse modelo seja suficiente para explicar a nomeação, o significado e assim por diante. Na opinião de Cavell, ele quer antes nos afastar dos universais e persuadir-nos de que eles não são nem úteis nem necessários (ibid., p.186-7). Não é preciso endossar essa visão mais geral a fim de apreciarmos a força do conceito de semelhança de família.
13 Ver Dupré, *The Disorder of Things*, p.64.

de segunda categoria, obras que não nos inspiram em termos de imaginação, textos que não provêm de determinado ambiente "polido" ou gentil, aqueles que não nos fornecem indícios da divindade e assim por diante.

Nem todos os filósofos da literatura anseiam por endossar a teoria da semelhança de família. Peter Lamarque salienta, corretamente, que podem existir semelhanças entre dois objetos quaisquer e que, portanto, o que deve estar em jogo são similaridades "significativas". No entanto, suspeita ele, isso envolve certa circularidade, uma vez que o que conta como uma similaridade significativa "parece pressupor, em vez de esclarecer, a ideia de literatura".[14] Não está claro se esse é o caso. Stein Haugom Olsen, numa obra cujo título, pode-se dizer, reflete certo pensamento ilusório, rejeita o modelo de semelhança de família com base no argumento conservador de que isso seria admitir demais – que a treliça de elementos sobrepostos que constitui a literatura se estende até aquilo que ele considera não literário (a ficção popular, por exemplo), comprometendo, assim, a noção de literatura como escrita, que é especialmente valiosa.[15] Examinaremos essa concepção duvidosa mais tarde. Nesse entretempo, vale a pena notar que as definições do tipo semelhança de família são de fato fugazes nos casos limítrofes, de maneiras tais que o purista da literatura pode não considerar desejável.

Lamarque está certo ao insistir que as afinidades em questão devem ser significativas e também ao ficar alerta para o perigo de uma petição de princípio. Existem inúmeros atributos partilhados pelas chamadas obras literárias (assonância, reversões narrativas ou suspense dramático, por exemplo) que dificilmente parecem constitutivas da própria categoria de literatura. Há, além disso, uma objeção

---

14 Lamarque, *The Philosophy of Literature*, p.34. Para outras críticas do conceito, ver Mandelbaum, "Family Resemblances and Generalization Concerning the Arts", e Manser, "Games and Family Resemblances".
15 Olsen, *The End of Literary Theory*, p.74.

notória ao modelo de semelhança de família. Trata-se de afirmar que se não explicitarmos as afinidades em questão, o conceito é simplesmente vazio, uma vez que se pode dizer que qualquer objeto é semelhante a qualquer outro em vários aspectos.[16] Uma tartaruga se assemelha a uma cirurgia ortopédica na medida em que nenhuma das duas pode andar de bicicleta. Se, no entanto, as semelhanças em jogo são nomeadas, parece que estamos de volta à questão das condições suficientes e necessárias para uma coisa ser o que é, algo que podemos pensar que a noção de semelhança de família teria eliminado. Em vez disso, tudo o que fizemos foi reposicionar esse tipo de discurso no nível de categoria geral em vez de entidade individual. As coisas individuais, por exemplo, não precisam ter todas o mesmo atributo específico em comum para pertencer a determinada espécie de coisas; no entanto, existem atributos que são constitutivos da própria espécie, e a entidade individual deve apresentar pelo menos um deles se quiser ser considerada membro dessa espécie. Nem todos os membros da família Smith precisam sofrer de nariz inchado, mas um nariz inchado é um jeito de reconhecermos os Smiths como uma família.

No caso de certos fenômenos, a ideia da semelhança familiar não é nada esclarecedora. Tomemos, por exemplo, a categoria arte. Vimos que, do ponto de vista da semelhança de família, não há necessidade de cada objeto que chamamos de obra de arte exibir a mesma propriedade ou conjunto de propriedades. Haverá um cruzamento e uma sobreposição de tais atributos. Contudo, para se chegar a uma definição de arte como tal, deve ser possível especificar quais desses atributos comuns são considerados constitutivos da própria classe; e o fato é que a arte é constituída por um conjunto demasiado amorfo de objetos para que isso possa ser feito com grande plausibilidade. Poucos filósofos da arte hoje em dia argumentariam que ela pode ser definida por certas propriedades intrínsecas ou que qualquer propriedade desse tipo é necessária e suficiente para que algo seja classificado

---

16 Ver Stecker, *Artworks: Definition, Meaning, Value*, p.22.

como uma obra de arte. Como afirma Stephen Davies: "As obras de arte não formam um tipo natural".[17] Eis uma das razões pelas quais a maioria daqueles que, apesar de tudo, pensam que uma definição de arte é possível tende a olhar, em vez disso, para a natureza funcional ou institucional da arte.

Qualquer definição funcional de arte levará naturalmente em conta a assustadora diversidade dos seus usos e efeitos. Algumas coisas, como colheres e saca-rolhas, podem ser bem facilmente definidas por suas funções, que, do ponto de vista histórico, permaneceram bastante estáveis. Contudo, a literatura teve uma história de funções muito mais variegada, desde a consolidação do poder político até a glorificação do Todo-Poderoso, passando pelo fornecimento de instrução moral até a exemplificação da imaginação transcendente, servindo como uma forma de simulacro de religião para aumento dos lucros de grandes corporações comerciais. Uma das funções mais vitais da obra de arte desde o romantismo tem sido a de servir como exemplo daquilo que, de modo glorioso e quase exclusivo, é livre de uma função, e, assim, em virtude do que mostra e não do que diz, atuar como uma repreensão implícita a uma civilização dependente da utilidade, do valor de troca e da razão calculista. A função da arte, segundo esse ponto de vista, é não ter uma função.

É concebível que um haicai, uma máscara de guerreiro decorada, uma pirueta e o blues de doze compassos tenham em comum certos efeitos ditos estéticos, mas é difícil ver qualidades intrínsecas muito distintas que eles compartilhem. Talvez todos eles revelem o que ocasionalmente é chamado de "forma significante" ou plano integral. Todavia, mesmo que o façam, há muitos fenômenos de vanguarda e pós-modernos que não o fazem, ainda que, de maneira semelhante, recebam o nome de arte. Há também muitos objetos como pás e tratores que apresentam forma significante, mas geralmente não são vistos como obras de arte, exceto talvez pelos realistas socialistas.

---

[17] Davies, *Definitions of Art*, p.37.

O que é literatura? (1)

A literatura, entretanto, é um fenômeno menos amorfo do que a arte em geral. É difícil ver similaridade entre um *thriller* policial e um soneto petrarquiano, mas eles parecem ter mais em comum do que o impasto, um solo musical de fagote ou um movimento de *glissade* no balé. Assim, talvez as semelhanças de família possam ser mais facilmente identificadas no caso de obras que as pessoas chamam de literárias. Minha impressão é que, quando as pessoas chamam um texto de literário, elas geralmente têm uma de cinco coisas em mente, ou alguma combinação delas: entendem por "literário" uma obra que é ficcional; que leva a percepções significativas sobre a experiência humana, em oposição ao relato de verdades empíricas; que usa a linguagem de uma maneira peculiarmente elevada, figurativa ou autoconsciente; que não é prática como listas de compras, por exemplo; que é altamente valorizada como uma produção textual.

Essas são categorias empíricas, não teóricas. Derivam de julgamentos cotidianos, não de uma investigação da lógica do próprio conceito. Podemos chamar esses fatores de ficcionais, morais, linguísticos, não pragmáticos e normativos. Quanto mais desses atributos forem combinados em uma produção textual específica, mais provável será, em nosso tipo de cultura, que alguém a rotule como literária. Podemos notar que nem todos os aspectos que listei estão em pé de igualdade. Falar do valor de uma obra literária é apenas falar, de certa maneira, sobre sua linguagem, sua visão moral, sua credibilidade ficcional e assim por diante. O valor da obra não é dissociável dessas características. Veremos mais tarde que os outros aspectos da literariedade também interagem de maneiras importantes e apresentam alguns paralelos significativos entre si.

Os textos que combinam todos esses fatores – *Otelo*, por exemplo, ou *Luz em agosto*[18] – são geralmente vistos como paradigmaticamente literários, mas nenhuma obra classificada como literária

---

18 *Otelo*: peça teatral de William Shakespeare escrita no início do século XVII. *Luz em agosto*: romance de William Faulkner publicado em 1932. (N. T.)

precisa atender a todos esses critérios, e a ausência de qualquer uma dessas características não precisa ser suficiente para a desqualificar da categoria. Nesse sentido, nenhum dos atributos é condição necessária para o estatuto literário. Às vezes, mas nem sempre, a simples presença de um deles pode ser suficiente para considerarmos uma produção textual como literatura. Entretanto, nenhuma dessas qualidades será suficiente para garantir o estatuto literário de uma obra, o que significa que nenhuma delas é condição suficiente para tanto.

As pessoas podem chamar uma obra de literária porque ela é ficcional e verbalmente inventiva, ainda que seja moralmente superficial; porque ela gera percepções morais significativas e é escrita "com elegância", mesmo que não seja ficcional; ou porque é não ficcional e moralmente trivial mas sua escrita é admirável e ela não serve a nenhum propósito prático imediato etc. Algumas pessoas podem considerar como literatura um texto pragmático mas verbalmente opulento (um feitiço verbal recitado ritualmente para expulsar espíritos malignos, por exemplo), enquanto outros podem considerar a função prática do feitiço como um fato que sobrepuja sua sedução retórica. Um diário pessoal escrito por um sobrevivente da Alemanha nazista pode ser classificado como literatura devido ao seu valor histórico, bem como por conta da profundidade e pungência da sua visão moral, apesar de ser não ficcional e pragmático (foi mantido, digamos, para informar o público sobre essa história) e de ter sido escrito de forma terrível. E assim por diante. Muitas permutações são possíveis, mas nem tudo é válido, embora Shelley desejasse incluir estatutos parlamentares na categoria de poesia porque eles criavam harmonia a partir da desordem. Essa pareceria uma razão mais convincente para os incluir sob a rubrica de ideologia.

Há, portanto, muitos usos diferentes da palavra "literatura", o que não quer dizer que ela possa ser empregada de qualquer maneira. Um sanduíche de presunto não é literatura nem mesmo para o mais generosamente pluralista dos pós-modernistas. No entanto, o fato de

O que é literatura? (1)

a palavra ter vários usos sobrepostos, à maneira das semelhanças de família, explica por que obras como *A gente de Smiley*, de John le Carré, *Apologia pro Vita Sua*, de Newman, *Pseudodoxia*, de Thomas Browne, os ensaios morais de Sêneca, os sermões de Donne, a *História da rebelião*, de Clarendon, os quadrinhos do Super-Homem, as reflexões de Herder sobre as culturas nacionais, as *Laws of Ecclesiastical Polity*, de Hooker, os discursos fúnebres de Bossuet, o tratado de poesia de Boileau, o anuário *Beano*, os *Pensamentos*, de Pascal, as cartas de Madame de Sévigné para sua filha, e *Sobre a liberdade*, de Mill, foram todas incluídas na categoria de literatura de tempos em tempos, junto com Pushkin e Novalis. Quando a polícia fala sobre ter removido algumas obras literárias dos estabelecimentos, por vezes inclui nessa categoria pornografia ou folhetos que incitam ao ódio racial. Além disso, como acontece com qualquer classe de coisas, sempre haverá híbridos, anomalias, casos liminares, zonas crepusculares e instâncias indecidíveis. Dado que os conceitos emergem do terreno acidentado das nossas práticas sociais, não é surpreendente que sejam irregulares nas fronteiras – se não o fossem, eles seriam bem menos úteis para nós. O próprio Tomás de Aquino permite casos híbridos e indeterminados. Ele não é um essencialista linha-dura.

A noção de semelhanças de família é dinâmica, no sentido de que contém uma capacidade intrínseca de expansão e transformação. Eis uma das razões pelas quais alguns críticos conservadores são tão cautelosos a esse respeito. Imaginemos que, numa determinada cultura, o literário significa principalmente o ficcional. A dificuldade é que, devido a certas crenças mitológicas, muitas obras literárias tendem a combinar o estatuto ficcional com imagens de elefantes caindo de alturas imensas. Depois de um tempo, tais imagens poderão se tornar um dos constituintes da própria literatura. Pode haver controvérsias acaloradas sobre classificar como literatura os textos que não apresentam o céu com chuva de elefantes. Então, depois de algum tempo, a expectativa de que as obras literárias deveriam ser ficcionais poderia desaparecer gradualmente, e a imagem do elefante poderia vir a se associar a algum outro atributo, de modo que essa combinação, por sua vez, se tornasse típica do literário.

Aqui está, então, outra razão para a aspereza do modelo de semelhança de família. Em um sentido, ele é autodesconstrutivo. Ele aponta para além de si mesmo, tanto do ponto de vista temporal quanto do espacial. E essa capacidade de proliferação é parte do que deixa o conservador vigilante. As relações, como observa Henry James, não param em lugar nenhum. Uma obra pode ser lançada pelos critérios existentes de literariedade e acabar questionando toda aquela ortodoxia prevalecente, inaugurando, de forma vanguardista, não apenas um novo artefato, mas uma nova versão da própria arte.

Uma boa dose de controvérsia crítica e trabalho interpretativo está presente no processo de se estabelecer o que, em qualquer contexto, deve ser considerado ficcional, valioso, ricamente figurativo, não pragmático e moralmente significativo. Todas essas categorias são cultural e historicamente variáveis. No século XVIII, por exemplo, apenas um desses critérios – o de que uma produção textual deveria ser altamente estimada – era essencial para que uma obra fosse classificada como literária, e mesmo então a estima em questão era tanto social (uma questão de "letras polidas") quanto estética. Ao mesmo tempo, porém, existe um grau impressionante de continuidade nesse assunto através de diferentes histórias e culturas. A *Odisseia*, *The Changeling* e *As aventuras de Augie March* são obras chamadas de literatura pelos mesmos motivos, a despeito de como tenham sido rotuladas em sua própria época.[19] Todas elas são investigações morais fictícias, não pragmáticas e verbalmente inventivas e todas são muito bem avaliadas. Tais continuidades devem alarmar somente os pós-modernistas, que, por alguma razão surpreendente, veem qualquer

---

19 *Odisseia*: poema épico da Grécia Antiga atribuído a Homero. *The Changeling*: peça teatral escrita por Thomas Middleton e William Rowley, publicada em 1652; a tradução literal do título seria "A criança trocada". *As aventuras de Augie March*: novela picaresca de Saul Bellow, publicada em 1953. (N. T.)

O que é literatura? (1)

mudança ou descontinuidade como radical e qualquer continuidade como reacionária. Também não se trata simplesmente de a nossa própria instituição literária escolher os atributos das obras mais antigas que melhor se adequam ao seu próprio sentido de literatura. De qualquer forma, os atributos literários em questão são centrais para esses textos como tais. Isso não altera o fato de que o que é considerado ficcional, não pragmático, verbalmente inventivo etc. pode mudar de lugar para lugar e de tempos em tempos.

Todas essas facetas da literatura, como espero demonstrar, são porosas, instáveis, têm contornos pouco definidos e tendem a se fundir em seus opostos ou umas nas outras. Não é preciso defender que o significado da ficção ou do não pragmático para Philip Roth é exatamente o mesmo que para os autores das sagas da Islândia. Na verdade, tendo identificado essas cinco dimensões da literatura, passarei bastante tempo mostrando quão facilmente elas podem se desfazer nas mãos de alguém – um fato que, acredito, fará os comentaristas ansiosos por concluir que agora abandonei minha visão radical anterior da natureza da literatura em prol de uma abordagem típica de meia-idade se questionarem. A maior parte do restante deste estudo será dedicada a ilustrar como esses fatores *fracassam* na tarefa de fornecer uma definição de literatura; espero que, nesse processo de autodesconstrução, alguma luz seja lançada sobre as produções que as pessoas chamam de textos literários. Aliás, quando uso expressões como "textos literários" e "literatura" neste livro, refiro-me àquilo que as pessoas hoje em dia geralmente consideram como tais.

O erro de alguns teóricos modernos é imaginar que categorias como essas não têm nenhuma força pelo fato de serem fugazes e instáveis, como é o caso da grande maioria dos conceitos humanos. Uma vez apresentada a ideia de uma classe ou conceito em um nível idealizado impraticável, considera-se inútil tudo o que estiver aquém disso. Como não temos uma definição precisa de fascismo ou patriarcado, a noção vira pó. A crença de que as definições devem, por natureza, ser exatas é um dos vários sentidos em que o tipo mais selvagem de desconstrucionista é o filho pródigo do pai metafísico. Este teme que, sem definições inequívocas, mergulhemos no caos; o filho desconstrucionista selvagem compartilha a ilusão de que as definições precisam ser inequívocas para não cairmos em pura indeterminação, mas, ao contrário do seu pai austero, deleita-se com a indeterminação. Para Derrida, é na indeterminação que as coisas se desmancham; para Wittgenstein, é o que faz as coisas funcionarem. Como ele pergunta nas *Investigações*, uma fotografia indistinta de alguém ainda não é uma fotografia daquela pessoa? Precisamos medir nossa distância em relação ao Sol até o milímetro mais próximo? Não faz sentido dizer "Fique exatamente aí"? Um campo sem fronteira exata ainda não é um campo? E a imprecisão conceitual não é, às vezes, exatamente aquilo de que necessitamos?

Acontece que vários dos atributos literários que listei ocupam um lugar central na evolução da vida humana. As crianças aprendem a falar ensaiando primeiro toda a gama de sons humanos no seu balbucio. Os poetas são simplesmente aquelas criaturas emocionalmente presas que continuam a investir as suas energias libidinais em palavras e não em objetos, regredindo, assim, ao estado infantil de erotismo oral que Seamus Heaney chamou de "música bucal". Nesse sentido, o "desviante" (balbucio infantil) é a condição do não desviante (linguagem adulta), assim como o brincar é a condição do não brincar, e o não pragmático é a condição do pragmático. A ficção, a fantasia, a fala, a mimese e o faz de conta das crianças não são aberrações cognitivas, mas a própria sementeira do conhecimento e do comportamento no adulto. Aprender a falar é também aprender a imaginar. Uma vez a linguagem não poderia funcionar sem a possibilidade de negação e inovação, a imaginação, que cancela o indicativo em nome do subjuntivo, é intrínseca à sua própria natureza.

Quanto à mimese, as crianças aprendem a pensar, sentir e agir porque imitam os modos característicos da forma de vida social em que nascem, até que essas coisas lhes pareçam naturais. Essa é uma das razões pelas quais Bertolt Brecht via a atuação teatral como a

O que é literatura? (1)

nossa condição natural.[20] Não pode haver realidade humana sem mimese. Entre outras coisas, então, o literário nos leva de volta às raízes lúdicas do conhecimento e da atividade em nosso cotidiano. Permite-nos vislumbrar como as nossas maneiras distintas de sentir e de agir constituem uma seleção semiarbitrária de toda uma gama de possibilidades incorporadas em nossa linguagem e nossas fantasias infantis. (Digo "semiarbitrária" porque algumas dessas formas de sentimento e comportamento também são baseadas na espécie. É natural chorar pela morte de um ente querido, e não apenas uma "construção social". Lenços encharcados são culturais, mas a tristeza é natural.) Esse é um dos motivos pelos quais escritores criativos e críticos literários são mais comumente liberais do que conservadores. Há algo na imaginação que resiste ao *status quo*.

Chegamos, então, ao ponto em que podemos dizer o que é e o que não é literatura? Infelizmente, não. Um dos motivos é que nenhum dos atributos que listei acima é peculiar àquilo que as pessoas chamam de literatura. Existem, por exemplo, muitas formas não literárias de ficção: piadas, mentiras, anúncios, declarações de porta-vozes das Forças de Defesa de Israel e assim por diante. Às vezes, a única distinção entre uma obra literária e uma história fantástica contada de maneira soberba é o fato de a primeira ser escrita. Uma piada pode ser rica em jogos de palavras e intuições morais, pode funcionar de forma não pragmática, apresentar uma narrativa ficcional repleta de personagens fascinantes e ainda ser muito apreciada como obra inventiva. Nesse caso, não há nada, do ponto de vista formal, que distinga a piada de um texto literário tal como acabo de descrevê-lo. Alguém pode desabafar com admiração dizendo "Isso é pura literatura!" ao ouvir uma história tão cômica.

É claro que isso não significa que poemas e piadas são a mesma coisa. Do ponto de vista social, são práticas claramente distintas. As diferenças e semelhanças dependem de elementos que vão muito

---

20 Ver Eagleton, "Brecht and Rhetoric", em *Against the Grain: Essays, 1975-1985*.

além das qualidades formais. É o contexto material ou a situação social que frequentemente impõe uma distinção entre o que é e o que não é literatura. O objetivo de uma piada é ser engraçada, o que não acontece com grande parte do que chamamos de literatura. Certamente isso não vale para *The Malcontent*, *John Gabriel Borkman* ou *Electra e os fantasmas*, exceto aos olhos daqueles com senso de humor peculiarmente perverso.[21] Até mesmo as obras literárias cômicas raramente são *apenas* engraçadas, e algumas obras de comédia renomadas, assim como algumas piadas, não são nada engraçadas. Em geral, não saímos das comédias de Shakespeare carregados por nossos companheiros convulsionando em risadas incontroláveis.

A diferença entre uma piada e uma obra literária pode ser simplesmente funcional, ou seja, situacional ou institucional. Uma piada não costuma ser encadernada em um volume com capa de couro e colocada na prateleira de uma biblioteca, mesmo que um comediante realmente vaidoso sempre consiga fazê-lo. Pode haver momentos em que achamos difícil distinguir uma piada de um poema, mas isso não significa que não possamos distinguir *O barco ébrio*[22] de uma piada barata sobre a sogra de alguém. Excetuando anomalias estranhas, as piadas obviamente não são poemas. O contexto social sugere isso. As pessoas não recebem o Prêmio Nobel por piadas sobre sogras. Eles não leem suas piadas para públicos extasiados e sem fôlego de tantos sentimentos bons. Eles não escrevem "piadista" nos seus passaportes, não são comparados com Stevens ou Neruda nem publicam volumes intitulados *Piadas reunidas 1978-2008*. Piadas e poemas são instituições sociais diferentes, quaisquer que sejam as propriedades formais que tenham em comum. Podemos chamar um poema de

---

21 *The Malcontent*: peça teatral escrita por John Marston e publicada em 1604. *John Gabriel Borkman*: peça teatral escrita por Henrik Ibsen e publicada em 1896. *Electra e os fantasmas*: trilogia teatral escrita por Eugene O'Neill e publicada em 1931; é inspirada na trilogia *Oresteia*, de Ésquilo. (N. T.)

22 *O barco ébrio* (1871), de Arthur Rimbaud. (N. T.)

piada de mau gosto, mas isso é como chamar um advogado inepto de comediante. Mesmo assim, há momentos em que o contexto não será suficiente para determinar a diferença. Pode haver casos (*Tristram Shandy*, de Sterne, talvez seja um deles) em que não haja uma distinção clara entre uma troça e uma obra literária.

Como distinguir romances de sonhos, dado que um sonho pode ser cheio de imagens, abarrotado de jogos de palavras, repleto de acontecimentos dramáticos emocionantes, rico em visão moral, equipado com personagens fascinantes e alimentado por um enredo convincente? Em certo sentido, isso é como perguntar se as máquinas que distribuem barras de chocolate podem pensar. Elas sabem que você busca freneticamente uma barra de Mars? É óbvio que não, assim como os sonhos obviamente não são romances, mesmo que ambos compartilhem as mesmas qualidades formais. As pessoas não acordam em pânico de seus romances, nem colocam marcadores de página em seus sonhos para se lembrarem do quão longe chegaram neles. Mesmo assim, um relato escrito de determinado sonho pode apresentar todas as qualidades que associamos à literatura, ao mesmo tempo que faz parte dos registros clínicos de um psicanalista.

Portanto, esses cinco atributos não são suficientes para uma definição precisa de literatura, no sentido de garantir as fronteiras entre ela e outros fenômenos. Por vezes, podemos apelar para o contexto institucional, mas isso nem sempre é decisivo.[23] Em muitos casos, simplesmente não conseguimos decidir; em outros, o fato de não podermos decidir não importa. Uma definição exata de literatura é algo que não existe. Todas essas tentativas de definição exclusiva são vulneráveis a um triunfante "Mas e quanto a...?". Os atributos que estabeleci são simplesmente diretrizes ou critérios para ajudar a lançar luz sobre a natureza do discurso literário e, assim como todos esses critérios, carregam uma qualidade grosseira a seu respeito.

---

23 Para considerações institucionais da arte, ver Dickie, *Art and the Aesthetic*, e Davies, *Definitions of Art*.

Porém, definições grosseiras podem servir tanto às definições platonicamente precisas como ao vale-tudo.

O vale-tudo nesse contexto é questionável, entre outras razões, por motivos democráticos. Ele parece sugerir que, quando as pessoas usam a palavra "literatura", não têm ideia do que dizem: imaginam que estão discutindo um fenômeno relativamente determinado, mas na verdade não estão. Tendo a dar mais crédito ao discurso corriqueiro que a isso. As pessoas têm sim uma noção do que entendem por literatura e de como esta difere de outras formas sociais, e muito do que estou fazendo aqui é simplesmente tentar dar mais nitidez a esse sentido. Contudo, tal como acontece com todos os esforços no sentido de uma formulação mais exata (e, portanto, talvez mais frutífera), surgem problemas que não eram óbvios de antemão. Mudanças trazem ganhos e perdas.

2

Como a ficcionalidade é provavelmente o mais espinhoso dos fatores que abordei, dedicarei um capítulo separado ao assunto mais adiante. Enquanto isso, vamos dar uma olhada em alguns outros critérios, começando pelo linguístico. René Wellek e Austin Warren insistem, na sua *Teoria da literatura*, que existe um uso literário especial da linguagem, uma afirmação que, embaraçosamente, acabou tendo poucos adeptos.[24] Os teóricos da literatura de hoje são quase unânimes na convicção de que não existem fenômenos linguísticos – semânticos, sintáticos ou de qualquer outro tipo – peculiares à literatura e afirmam que, se era nisso que acreditavam os formalistas russos, os estruturalistas de Praga e a Nova Crítica norte-americana, então estavam todos gravemente enganados.

---

24 Ver Wellek e Warren, *Theory of Literature*, p.25.

O que é literatura? (1)

Se eles realmente acreditavam nessas coisas, isso é outra questão. O argumento formalista de que todos os dispositivos literários funcionam por uma forma de estranhamento ou "desautomatização", em que o leitor se torna novamente consciente da matéria da linguagem, parece bastante essencialista, como se toda a literatura mundial pudesse ser resumida numa estratégia singular. Na verdade, o formalismo pretende ser classificado como o programa crítico mais surpreendentemente ambicioso da era moderna, um programa que se acredita ter encontrado ao acaso a chave de todas as mitologias literárias, capaz de revelar o segredo há muito preservado da poesia, da narrativa, do folclore e da prosa ficcional por meio de um dispositivo único e extremamente versátil.

Os formalistas, no entanto, querem definir a "literariedade", e não a literatura; eles consideram a literariedade como um fenômeno relacional, diferencial e dependente do contexto.[25] O sinal de "autofoco" de uma pessoa ou o tropo autoconsciente mais extravagante podem ser lugares-comuns para outrem. De qualquer forma, a produção do estranhamento não esgota o repertório de táticas literárias. Os formalistas caracterizam o processo principalmente em termos de poesia. Em geral, seu tratamento de gêneros não poéticos inclui encontrar também versões de tais dispositivos, embora geralmente de um tipo estrutural, e não semântico. Cometem, assim, o erro de tantas escolas de teoria literária, privilegiando um gênero literário específico e depois definindo outros nos termos dele. Veremos mais tarde que os teóricos dos atos de fala atribuem à narrativa realista um privilégio injustificável semelhante. Os estruturalistas de Praga também veem a poesia como algo que envolve aquilo que Jan Mukařovský chama de "o primeiro plano máximo do enunciado",[26] embora para eles, assim como para os formalistas, as deformações e desvios

---

25 Ver Bennett, *Formalism and Marxism*.
26 Mukařovský, "Standard Language and Poetic Language", em *A Prague School Reader on Esthetics, Literary Structure, and Style*, p.19.

verbais sejam perceptíveis apenas em relação a um contexto linguístico normativo que se altera de acordo com o contexto.

Vale a pena acrescentar que, embora as teorias formalistas da literatura sejam notavelmente tímidas em relação à história, elas próprias tendem a surgir sob condições históricas distintas. Uma dessas condições se verifica quando as obras literárias já não mais parecem servir a qualquer função social muito definida, caso em que é sempre possível extrair uma virtude da necessidade e afirmar que sua função, seu fundamento e seu propósito se encontram representados nelas mesmas. Daí a visão formalista da obra literária autônoma. Outra condição aparece quando se sente que a matéria básica da literatura – a linguagem – tornou-se manchada e degenerada, de modo que as obras literárias têm de exercer certa violência sistemática sobre o material impróprio, alienando-o e transformando-o a fim de recuperar algum valor dele. A poética é, portanto, uma espécie de alienação ao segundo poder, desfazendo a familiaridade de um meio já distorcido. A escrita dos formalistas russos, dos estruturalistas de Praga, dos novos críticos norte-americanos e dos leavistas[27] ingleses acontece em civilizações que vivem o impacto inicial da chamada cultura de massa, juntamente com os avanços científicos e tecnológicos acelerados, e na linguagem cotidiana que constitui a matéria-prima do artista literário. Ao mesmo tempo, essa linguagem vai sendo esmagada por novas pressões urbanas, comerciais, técnicas e burocráticas, além de se abrir forçosamente cada vez mais às contracorrentes cosmopolitas. Nessa situação, resta o caminho rumo a uma crise para que a saúde possa ser restaurada.

Em *The Phenomenon of Literature*, Bennison Gray acredita ter compreendido a essência de seu assunto. Uma ficção literária deve constituir uma afirmação coerente (exigência que parece deliberadamente concebida para excluir a maior parte da escrita modernista e experimental da categoria de literatura), envolvendo um uso

---

[27] Termo que designa os seguidores do crítico literário britânico F. R. Leavis. (N. T.)

particular da linguagem no sentido de que deve apresentar um acontecimento reproduzindo-o passo a passo, em vez de simplesmente descrevê-lo. Assim, *"Pussy cat, pussy cat, where have you been?"* [Gatinha, gatinha, onde você esteve?] é literatura, mas *"Thirty days hath September..."* [Setembro tem trinta dias...] não é (esses são os exemplos do próprio Gray, não caricaturas sardônicas minhas).[28] Algumas décadas atrás, Thomas C. Pollock argumentou, com uma imprecisão portentosa, que a literatura consiste em certo uso da linguagem que evoca a experiência do autor. Seja lá o que isso signifique, ele hoje estaria praticamente falando sozinho,[29] pois geralmente se concorda que não existe nenhum tipo de linguagem, nenhum dispositivo verbal ou estrutural, que as obras literárias não compartilhem com outros escritos, e há uma abundância dos chamados escritos literários (ficção naturalista, por exemplo) nos quais a linguagem não é usada de maneira especialmente dissidente, ambígua, figurativa, desautomatizadora, autorreferencial ou autofocada. *Nana*, de Émile Zola, ou *The Nether World*, de George Gissing, não são notáveis pela forma como ostentam a materialidade do significante. Também é verdade que há tantas metáforas no Bronx como em Balzac. Jan Mukařovský fala de uma "estética não estruturada", referindo-se a provérbios, metáforas, invectivas, arcaísmos, neologismos, expressões importadas etc. que podem ser encontrados como recursos vivificantes na fala corriqueira.[30] Jacques Rancière vê o conceito de literatura, tal qual emerge no final do século XVIII, como certo uso autorreferencial ou não representacional da linguagem, com o propósito de mostrar um tipo particular de obra literária exemplar do

---

28 Gray, *The Phenomenon of Literature*, p.80. [A primeira citação remete a uma cantiga inglesa muito conhecida e a segunda consiste em um recurso mnemônico usado para ajudar a lembrar a quantidade de dias que cada mês tem. (N. E.)]
29 Pollock, *The Nature of Literature*, passim.
30 Mukařovský, "The Esthetics of Language", em *A Prague School Reader on Esthetics, Literary Structure, and Style*.

fenômeno como um todo.³¹ De forma bastante semelhante, Philippe Lacoue-Labarthe e Jean-Luc Nancy afirmam que o conceito de literatura tal como a conhecemos, no sentido de uma espécie de escrita criativa na sua própria essência, foi inventado pelos românticos de Jena no final do século XVIII, junto com a noção de teoria literária. Apesar de toda a sugestividade, isso consiste, mais uma vez, em confinar o conceito de literatura a uma versão específica dela.³²

No que diz respeito à autorreferencialidade, o British Banking Act de 1979, nem sempre aclamado como uma obra-prima poética, contém a seguinte frase: "Qualquer referência nestes regulamentos a um regulamento é uma referência a um regulamento nestes regulamentos". Uma vez que a frase atrai atenção para si mesma como um trava-língua ou um jogo de palavras, ela pode ser vista como um exemplo da autorreferencialidade sobre a qual ela fala, e isso a qualifica, portanto, para o estatuto literário segundo uma visão formalista do assunto. Um ou dois críticos de mentalidade mais tradicional, entretanto, consideram os efeitos verbais intensificados como inimigos do mérito literário. "Desde Flaubert", comenta o crítico norte-americano Grant Overton sem disfarçar muito o frisson de desgosto, "temos percebido aos poucos que o estilo literário – a prosa que de alguma forma se impede de ser prosa – não é a condição mais invejável do mundo num romance".³³ Os autores deveriam dizer o que querem dizer em uma prosa simples, verídica e tipicamente norte-americana, em vez de se entregarem a sofisticados floreios franceses.

Há uma diferença, não muito notada nos círculos teórico-literários, entre a escrita que é retoricamente elevada ou autofocada, à maneira de *Paraíso perdido* ou *The Wreck of Deutschland*,³⁴ e obras que

---

31 Rancière, *La parole muette: Essai sur les contradictions de la littérature*.
32 Lacoue-Labarthe e Nancy, *The Literary Absolute*, p.11.
33 Overton, *The Philosophy of Fiction*, p.23.
34 *Paraíso perdido*: poema épico de John Milton, publicado em 1667. *The Wreck of the Deutschland*: poema de Gerard Manley Hopkins sobre o naufrágio do navio SS Deutschland, ocorrido em 1866. (N. T.)

são simplesmente bem escritas de acordo com alguns critérios de boa escrita institucionalmente definidos. Você pode escrever com verve literária sem soar muito enjoativo, como as páginas iniciais de *O arco-íris*, de Lawrence, ou os trechos mais empolados de *Moby Dick*. As pessoas às vezes, de modo não consciente, concedem o título de literatura a obras que são bem escritas, e não àquelas que são explicitamente autocentradas. Elas podem admirar a linguagem econômica e lúcida, ou certa simplicidade vigorosa, mais do que um emaranhado de tropos exóticos. A boa escrita, tal como as boas maneiras, pode estar relacionada a certa discrição circunspecta – ainda que, se houver modéstia em demasia, como acontece com a escrita de "grau zero" de Roland Barthes, a obra novamente se torna chamativa. Hemingway é o exemplo padrão. A falta de estilo pode ser um estilo em si. De qualquer maneira, é inútil definir a literatura como boa escrita, uma vez que, como salienta Dorothy Walsh, toda escrita deve ser bem escrita.[35] Nem a "boa" escrita nem a escrita retoricamente polida servirão, então, para definir a categoria.

Monroe Beardsley afirma que existe de fato uma propriedade da literatura que é ao mesmo tempo necessária e suficiente, a saber, o fato de que "uma obra literária é um discurso no qual uma parte importante do significado está implícita".[36] Contudo, algumas obras enquadradas como não literárias são mais ricas em implicações do que alguns poemas e romances. Ademais, sem uma medida mínima de significado implícito, nenhuma produção textual poderia funcionar. O aviso de "saída" nos pede tacitamente que o tomemos como algo descritivo, e não como um imperativo; caso contrário, os teatros e os grandes armazéns ficariam permanentemente vazios. Há, sem dúvida, uma questão de grau aqui, porém é presumível que Swift – cujo estilo duro, musculoso e artisticamente sem profundidade foi

---

35 Walsh, *Literature and Knowledge*, p.33.
36 Beardsley, *Aesthetics*, p.126. O caso também é discutido em Beardsley, *Literary Theory and Structure*.

certa vez descrito pelo crítico Denis Donoghue como desprovido de raízes tentaculares – seja qualificado como literatura aos olhos de Beardsley, como se suspeita nos casos de Hemingway e Robbe-Grillet. De todo modo, um discurso pode estar carregado de implicações num contexto cultural e não em outro. As implicações são uma função das relações entre uma obra e seus contextos, e não de propriedades fixas atribuídas a ela.

Há um paradoxo na ideia do signo que ostenta a si mesmo. Em certo sentido, esse tipo de linguagem mantém o mundo à distância, chamando atenção para o fato de que o texto é uma escrita, e não uma coisa real; no entanto, o texto busca dar corpo a coisas reais recorrendo a uma gama de recursos que possui. O paradoxo do signo poético é que, quanto mais densamente textualizado ele se torna, mais expandido é o seu poder referencial; contudo, essa densidade também transforma o texto num fenômeno independente, realçando a sua autonomia e, assim, afrouxando o seu vínculo com o mundo real. Além disso, o signo apresenta som, textura, valor rítmico e tonal que o tornam palpável, permitindo-lhe estabelecer mais facilmente relações conotativas com os signos ao seu redor, em vez de apenas parecer denotar diretamente um objeto. "Trazer à tona" o signo é, portanto, "apagar" o seu referente, bem como, paradoxalmente, enxergá-lo de maneira mais nítida.

Quanto mais ocupado o signo, mais trabalho referencial ele realiza, porém, da mesma forma, mais o nosso olhar é atraído para ele, deslocando-se em relação àquilo que o signo denota. F. R. Leavis gosta de signos que lembrem a realidade material (Shakespeare, Keats, Hopkins), mas é severo com os signos autônomos, que parecem estar à deriva em relação ao real (Milton). Existe, no entanto, uma linha tênue entre as palavras que evocam na memória o sabor e a textura das coisas e aquelas que parecem ter se transformado em coisas por conta própria. Fredric Jameson vê o modernismo como algo que envolve uma reificação do signo, lembrando que se trata de uma reificação que emancipa o signo do seu referente num espaço livre próprio. Há, portanto, perda e ganho concomitantes. Em certo sentido, o mundo está completamente perdido, mas o preço que algumas obras modernistas são forçadas a pagar para se libertarem da importunidade do real é tão elevado que chega a ser alarmante.[37] Em contrapartida, o poeta que rejeita o signo autônomo e escolhe, em vez disso, uma linguagem cheia de sensações ligadas a (digamos) tangerinas e abacaxis estaria atuando como um bom quitandeiro. Palavras que realmente se fundissem com seus referentes deixariam de ser palavras.

Os teóricos podem ter abandonado em grande medida o argumento de que as obras literárias são verbalmente peculiares, mas eles demonstram relutância em rejeitar a ideia – pois insistem nela – de que há um grau peculiar de vigilância por parte do leitor. F. E. Sparshott declara que um discurso literário é aquele que consideramos pelas suas qualidades inerentes, e não pelo seu referente.[38] Entretanto, há também críticos para os quais essas qualidades inerentes não existem, a partir do que se conclui que o literário não pode ser distinguido por elas. Stanley Fish vê corretamente que não há diferença geral intrínseca entre a linguagem "literária" e a "corriqueira"; ele insiste que aquilo que chamamos de literatura é simplesmente uma linguagem em torno da qual traçamos uma moldura, indicando uma decisão de a tratar com atenção, com foco peculiar.[39] É esse ato de focalização que produzirá as chamadas qualidades inerentes da linguagem, que, para Fish, não existem independentemente do próprio ato.

Por que deveríamos querer fazer isso em primeiro lugar, se não há nada na própria obra que justifique isso? – a velocidade com que essa questão foi ultrapassada causa suspeita. Sobre quais bases tal decisão

---

37 Ver Jameson, *The Modernist Papers*, parte 1.
38 Sparshott, "On the Possibility of Saying What Literature Is", em *What Is Literature?*, p.5.
39 Fish, *Is There a Text in This Class?*, p.108. Ver também Fish, "How Ordinary Is Ordinary Language?".

foi tomada? Por que circundar este texto em vez de aquele outro? Não pode ser por causa das propriedades inatas de uma obra, uma vez que, como acabei de salientar, Fish não acredita que elas existam. "As unidades formais", escreve ele num estilo ousadamente contraintuitivo, "são sempre uma função do modelo interpretativo que se utiliza; elas não estão *no* texto".[40] A epistemologia de Fish o desqualifica, portanto, para aceitar que, em um contexto cultural específico, alguns textos, mais do que outros, apresentam propriedades consideradas gratificantes em se tratando de leitura baseada em sensações, e que essa é uma das razões pelas quais a instituição literária "decide" que tais escritos devem ser tratados com delicadeza e capacidade de reação dignas de resposta. Caso contrário, seria difícil entender os fundamentos de tal decisão; e as decisões tomadas sem critérios racionais, como aquelas denominadas existencialistas, são apenas decisões num sentido vago do termo. Por que há tantas molduras desenhadas em torno de textos com métrica, por exemplo, ou de ficção? Seria essa escolha simplesmente arbitrária? Poderia a instituição literária ter selecionado a revista *Nuts* e resultados de corridas com a mesma facilidade com que escolhe Kleist e Hofmannsthal?

É claro que, com engenhosidade fútil suficiente, você pode fazer a revista *Nuts* e resultados de corridas demonstrarem alguns significados altamente poéticos. Mas a questão é, antes, por que a instituição literária em geral não nos convida a fazê-lo? A resposta óbvia – que considera Kleist e Hofmannsthal mais gratificantes a esse respeito – não servirá para Fish, uma vez que, se os textos não têm propriedades inerentes, nenhum deles pode ser considerado em si mesmo preferível a qualquer outro. Da mesma forma, no entanto, para Fish, não pode haver nada inerente à revista *Nuts* (suas ilustrações com certas formas de cultura popular, por exemplo) que fizesse valer a pena traçar uma moldura em torno de qualquer coisa, assim como em torno de Kleist, uma vez que nada possui propriedades inerentes. Ou, pelo

---

40 Fish, *Is There a Text in This Class?*, p.478.

menos, Kleist não possui qualidades verbais perceptíveis que pareçam fazer que ele mereça (ou não) ser lido antes que a moldura seja esboçada ao seu redor. A abordagem, portanto, não proporciona mais conforto aos críticos do cânone do que aos seus defensores. Ela também levanta a questão do que se entende por algo estar "no" texto em primeiro lugar, como se os que acreditam em significados "inerentes" fossem obrigados a presumir que o significado reside numa obra da mesma forma que o conhaque reside num barril.

A teoria de Fish poderia ser vista como o equivalente crítico do decisionismo na ética, embora neste caso sejam as instituições, e não os indivíduos, que tomam a decisão. Ele não pode fundamentar a decisão de tratar um texto como literário em fatos sobre a obra, uma vez que, em sua opinião, não existem tais fatos incontestáveis. Os fatos são simplesmente interpretações bem arraigadas. Fish não nos informa por que eles se tornam tão bem integrados em circunstâncias específicas. Não pode ser porque fazem parte da forma como o mundo é, uma vez que, para Fish, "o modo como o mundo é" é, em si, um produto de interpretação. As interpretações geram fatos, e não o inverso. Os chamados fatos do texto são gerados por uma leitura dele. Portanto, quando apelamos à evidência textual para defender nossa hipótese crítica, não estaríamos fazendo nada além de fundamentar uma interpretação em outra. Ademais, a chamada evidência textual é, na verdade, um produto da hipótese em questão, de modo que o caso se torna circular. O conceito de evidência fica, assim, seriamente enfraquecido. É um problema de regressão infinita.

Se concordarmos com essa tese, seria difícil explicar situações nas quais os textos parecem resistir às interpretações que fazemos deles, o que nos obrigaria a rever ou a abandonar nossas hipóteses críticas à luz de novas evidências. Não é claro como poderíamos ser surpreendidos por um poema ou romance, ou concluir que a nossa leitura deles foi incorreta em algum sentido. As propriedades textuais no mundo de Fish simplesmente não são reais o suficiente para oferecer tal resistência aos nossos desígnios concernentes a elas. Extraímos de um texto literário apenas aquilo que sub-repticiamente colocamos nele, uma vez que tudo o que "descobrimos" na obra é, na verdade, um produto da nossa leitura institucionalmente determinada dela. Fish pareceria ser um equivalente literário do homem nas *Investigações filosóficas*, de Wittgenstein, que passa dinheiro de uma mão para a outra e pensa ter feito uma transação financeira.

"As propriedades do texto (sejam propriedades literárias ou 'corriqueiras)", observa Fish, "são produzidas por certas maneiras de prestar atenção".[41] Robert C. Holub sugere que Fish deve pelo menos "admitir a existência de palavras ou marcas nas páginas [...] como 'algo que existe antes da interpretação'"[42] – contudo, ele está sendo muito caridoso ao dizer isso. Para Fish, a expressão "marcas numa página" está carregada de interpretações. Até mesmo o ponto e vírgula é uma construção social, no sentido de se tratar de um produto de interpretação tanto quanto alguma hipótese descabida sobre *Eugênio Onêguin*.[43] Tudo o que existe é interpretando por nós e, por conseguinte, deve permanecer tão misteriosamente inacessível quanto o reino dos fins de Kant, uma vez que a resposta a qualquer questão só poderia ser outra interpretação. O caso, deve-se notar, combina ilicitamente diferentes sentidos da palavra "interpretação". Como todas as observações empíricas são carregadas de teoria, como Fish insiste (com razão), elas se tornam interpretações no mesmo sentido em que ver Malvólio[44] como um banqueiro mercantil é uma interpretação. Elas são, portanto, incapazes de validar ou invalidar tais afirmações.

Estranhamente para um neopragmatista, Fish não aceita o argumento de Wittgenstein de que usamos a palavra "interpretação" apenas em certos contextos práticos. Normalmente usamos esse

---

41 Ibid., p.12.
42 Holub, *Reception Theory*, p.104.
43 Romance em verso escrito por Alexander Pushkin e publicado em série entre 1825 e 1832. (N. T.)
44 Personagem da peça *Noite de Reis*, de William Shakespeare. Malvólio significa "má vontade" em italiano. (N. T.)

termo quando há alguma possibilidade de dúvida ou obscuridade, ou quando há possibilidades alternativas em jogo, o que se aplicaria ao ponto e vírgula apenas no caso de pessoas míopes. Não "interpreto" que tenho dois joelhos. Imaginar que tenho de "interpretar" as palavras "Stanley Fish" sempre que as vejo é como supor que tenho de "inferir" ou "deduzir" que alguém está angustiado devido à sua torrente de lágrimas. Podemos falar de uma interpretação do concerto para clarinete de Mozart porque existem diferentes maneiras de executá-lo, mas quando olho pela janela geralmente não interpreto que estou olhando pela janela.

Fish acredita que temos de interpretar significados a partir de marcas pretas numa página, o que é tão equivocado quanto acreditar que temos de entender uma mancha preta e branca no nosso globo ocular como uma zebra.[45] Quando olhamos para uma palavra, vemos uma palavra, não um conjunto de marcas pretas que interpretamos como uma palavra. Isso não implica que não podemos ter dúvidas se certas marcas pretas são realmente uma palavra ou sobre o que uma palavra significa, ou ficar confusos com a forma como ela é usada num contexto particular. (Embora não se possa ficar confuso sobre como uma palavra está sendo usada, pois para tanto teríamos que saber o que ela significa. Nunca fico confuso sobre como a palavra "ziglig" está sendo usada em determinado contexto, uma vez que não tenho a menor ideia do que ela significa.) A questão é simplesmente que devemos reservar o termo "interpretação" para casos de dúvida ou possibilidades diversas a fim de que ela não perca toda a sua força. Caso contrário, eu poderia prefaciar todas as minhas observações com as palavras "interpreto que...", uma frase que operaria como uma engrenagem na máquina da linguagem, de tal maneira a encaixar aquilo que outrora não se encaixava em nada. Em vez de dizer "Ali está meu velho amigo Silas Rumpole", eu poderia dizer "Eu interpreto que ali

---

45 Ver Austin, *Sense and Sensibilia*, p.84-142.

está meu velho amigo Silas Rumpole" e assim por diante. É possível que isso se torne um pouco tedioso depois de algum tempo.

Fish não vê que os conceitos de dúvida e interpretação caminham de mãos dadas, o que fica evidente pelo fato de que, para ele, a leitura é um processo de interpretação, embora negue que ela envolva qualquer possibilidade de dúvida. O leitor em geral terá certeza do significado do texto, assim como terá certeza de que está na presença de um rinoceronte enlouquecido pela dor. O fato de supostamente precisarmos "interpretar" um amontoado de marcas pretas para denotar um pinguim não significa que poderíamos fazer o contrário. Isso ocorre porque o leitor individual é apenas uma função da chamada comunidade interpretativa à qual pertence, e, para essa comunidade, o significado é sempre determinado. É, por assim dizer, a comunidade que faz a interpretação para o leitor, até que ele veja espontaneamente o significado exatamente como a comunidade determina que ele o faça. Os leitores são apenas agentes obedientes de suas comunidades interpretativas, tal como agentes da CIA obedecem ao governo dos Estados Unidos da América. Do ponto de vista da comunidade interpretativa, tudo no mundo é uma interpretação; do ponto de vista do indivíduo, nada parece existir. Numa surpreendente ironia, Fish vê uma necessidade de interpretação onde ela não existe e não consegue ver tal necessidade onde ela está de fato presente.[46]

Para Fish, a leitura é, em um sentido abrangente, um assunto que não apresenta problemas. Todo o processo é quase automático, uma vez que a comunidade interpretativa trabalha enquanto o leitor pode relaxar. No caso mais autoparódico, as comunidades não se sobrepõem desordenadamente, não há ambiguidade envolvendo suas convenções ou como aplicá-las, não há indeterminação em suas fronteiras, não há conflitos e inconsistências internos, e não há risco de colisão entre o sentido atribuído pela comunidade interpretativa a um

---

[46] Sobre o tema da interpretação em Fish, ver Stone, "On the Old Saw, 'Every Reading of a Text Is an Interpretation'".

texto e o significado que dele o leitor tenta extrair. Fish tende a ver as comunidades interpretativas em termos implausivelmente homogêneos. Os leitores, e os seres humanos em geral, são o produto de um único conjunto de maneiras de fazer as coisas, o que significa que não podemos desafiar fundamentalmente essas convenções enquanto estivermos ligados a elas. De acordo com quais convenções você o faria? Na verdade, uma vez que o sujeito humano é efetivamente constituído por tais instituições, estas não poderiam ser submetidas à crítica fundamental sem saltarem da própria pele desse sujeito. Qualquer crítica radical desse tipo, como veremos mais tarde, só poderia ser proposta do ponto de vista de alguma outra comunidade interpretativa (o que a tornaria irrelevante para a sua própria comunidade) ou a partir de algum espaço metafísico externo à comunidade.

O radicalismo epistemológico de Fish tem, portanto, algumas implicações políticas conservadoras interessantes. A primeira é que, entre outras coisas, ninguém pode discordar dele. Se Fish consegue entender as críticas de alguém, então ele e essa pessoa são nativos da mesma comunidade interpretativa, de tal maneira que não pode haver dissensão fundamental entre ambos. Se ele não consegue compreender a pessoa, é provável que ela pertença a uma comunidade interpretativa incomensurável com a dele: suas críticas podem, portanto, ser ignoradas com segurança.

O construtivismo epistemológico em geral vê o mundo como produto das interpretações de alguém e pode, portanto, resultar facilmente em ceticismo. Torna-se possível acreditar, na visão de Fish, que "o que conhecemos não é o mundo, mas histórias sobre o mundo". Nesse caso, se as histórias são "sobre" o mundo (porém, como podemos sabê-lo?; e como é que essa não é apenas mais uma história?), é difícil entender como não conhecemos o mundo quando o conhecemos. Para os kantianos, trata-se das aparências fenomenais que introduzem suas grandezas desairosas entre nós e o mundo tal como ele é em si; para os pós-modernistas, trata-se de discurso ou interpretação. Se ao pronunciar a palavra "biscoito" conhecemos apenas a palavra em si ou o conceito que ela significa, e não o próprio item de confeitaria, estamos nos fundamentando num equívoco conceitual sobre o que uma palavra é, de modo não apenas ingênuo, mas também reificante. Poderíamos imaginar que as palavras ou os conceitos são objetos que intervêm entre nós e a realidade, o que é mais ou menos como supor que o meu corpo é o que me impede de entrar em contato com o mundo.

Esse erro foi particularmente comum nas décadas de 1970 e 1980 entre os saussurianos, os althusserianos, os teóricos do discurso e algumas feministas radicais, além de outros, e ainda hoje pode ser encontrado no pensamento pós-moderno. Para um ponto de vista alternativo, podemos recorrer mais uma vez a Tomás de Aquino – embora ele não seja o mais elegante dos pensadores entre os pós-modernistas –, que salienta, no quinto livro do seu *De unitate intellectus contra Averroistas*, que não há problema no tocante à maneira como os conceitos se relacionam com aquilo que conceituam, uma vez que um conceito não é o que se compreende de uma coisa, mas tão somente a nossa compreensão dessa coisa. Pode ser, com certeza, uma compreensão falsa, mas isso não ocorre pelo fato de o conceito ser um obstáculo no acesso cognitivo ao objeto ou por ser apenas uma versão derivada dele. Por trás desse equívoco está a metáfora traiçoeira dos conceitos como imagens em nossa cabeça. Ninguém escapa dessa armadilha defendendo que o conceito constrói ativamente o objeto, em vez de refleti-lo passivamente. Por trás de grande parte do construtivismo epistemológico se esconde a visão reificada de um conceito como uma quase-coisa, e não como uma forma de fazer as coisas, de modo que, por exemplo, os discípulos de Louis Althusser (dentre os quais eu mesmo pude ser incluído de modo mais ou menos ambíguo) costumavam contrapor solenemente o objeto real no mundo e a construção conceitual que alguém fazia dele, sendo esta última a única coisa que poderíamos conhecer desse objeto. Trata-se de um erro envolvendo a gramática da palavra "conceito" do qual a teoria cultural ainda precisa se recuperar por completo.

O que é literatura? (1)

Esse tipo fanfarrão de antirrealismo, comum no clima cultural do final da década de 1970, é fortemente contraintuitivo. Fish realmente quer dizer que versos brancos, dísticos heroicos ou o personagem Miranda não são propriedades internas de um texto, mas atributos que lhe são conferidos pelo leitor? Poderíamos defender esse ponto afirmando, à maneira nietzschiana, que não existem qualidades inerentes em nenhum caso – que um afundamento no crânio é um construto verbal assim como Apolo. Contudo, isso torna o argumento de Fish sobre as obras literárias trivial e evidente em si mesmo. Se ele for verdade para toda a realidade, ele cancelar-se-ia no todo e tudo permaneceria exatamente do jeito como estava. Ele possui significado, mas não força. A afirmação de que as obras literárias carecem de qualidades inerentes só é informativa se, em primeiro lugar, acreditarmos que tais coisas existem. Fish tem que confessar tudo e declarar que acha que não existem ou explicar por que o ruibarbo tem propriedades inerentes, mas o drama de Georg Büchner não. (O fato de que este último seja um trecho de discurso não é resposta, já que, na opinião de Fish, em certo sentido, o ruibarbo também o é.) Na verdade, Fish aprecia o fato de sua visão cancelar tudo e, em última instância, está bastante satisfeito com isso. Ele é aquele tipo estranho de pensador pragmático que não deseja que suas teorias façam uma diferença prática no mundo. Eles simplesmente descrevem de outro jeito o que fazemos em situações diversas. A questão é interpretar o mundo, e não o mudar.

*

Para o formalista Roman Jakobson, a poética representa um "posicionamento em direção à mensagem" – o que significa que é uma questão de nos voltarmos para uma obra de linguagem extremamente valiosa e significativa em si mesma. É difícil ver como isso distingue claramente a poesia ou a ficção de, digamos, história ou filosofia. A linguagem de tais obras nem sempre é uma questão puramente instrumental, convidando-nos a passar diretamente do signo ao referente, desprezando apressadamente o primeiro como um valor em si. Pense em Tácito, Hume, Lecky ou E. P. Thompson. Fish, no entanto, não insiste que devemos prestar muita atenção aos textos marcados como literários de maneira "estética", saboreando suas estratégias verbais e deleitando-nos com seus desígnios intrincados. Para ele, devemos prestar atenção ao conteúdo moral da obra, que uma sensibilidade à linguagem do texto persuadir-nos-á a colocar em foco nítido de modo não usual. Numa dicotomia de forma e conteúdo digna de Sir Arthur Quiller-Couch, a linguagem da obra é simplesmente instrumental para a exploração do seu conteúdo. É apenas uma pista para o fato de estarmos na presença de algumas questões morais de peso.

Passa-se ao largo do que podemos chamar, na esteira de Louis Hjelmslev, de forma do conteúdo ou conteúdo da forma.[47] Fracassa-se em ver, assim como acontece com quase todos os filósofos da literatura, que a perspectiva moral de uma obra, se é que algo tão coeso existe, pode ser secretada tanto em sua forma quanto em seu conteúdo – que a linguagem e a estrutura de um texto literário podem ser as portadoras e progenitoras do chamado conteúdo moral. Um poema neoclássico que explora a ordem, a simetria e o equilíbrio do dístico heroico; um drama naturalista que é forçado a apontar para fora do palco, referindo-se a realidades que não consegue desvelar de forma crível; um romance que distorce a sua sequência temporal ou muda vertiginosamente do ponto de vista de um personagem para outro; todos esses são exemplos de formas artísticas portadoras de significado moral ou ideológico. Até mesmo uma obra de absurdo poético, um fragmento com trocadilhos ou um jogo verbal não cognitivo pode ter um ponto moral implícito, causando deleite pelo rompante de energia criativa sem qualquer finalidade, renovando nossa percepção

---

47 Ver Hjelmslev, *Prolegomena to a Theory of Language*. Ver também o uso crítico que Jameson faz desse conceito em *The Political Unconscious*, cap.1.

do mundo, liberando associações inconscientes etc. É notável a frequência com que a filosofia da literatura ignora a moralidade da forma em sua busca elevada por conteúdo ético.

Peter Lamarque também divorcia forma e conteúdo, separando questões de qualidade verbal de questões éticas e cognitivas. Por que a verdade e a falsidade, ele pergunta retoricamente aos seus leitores, "têm alguma relação com o fato de algo ser bem ou mal escrito?".[48] Basta desvendar aquela frase anódina "bem ou mal escrito" para compreender o vínculo entre as intuições éticas de uma obra e os atributos estilísticos como metáfora, ironia, textura, mudanças tonais, retórica elevada, eufemismo, hipérbole e assim por diante. "Na arte literária", escreve Victor Erlich, "as batalhas ideológicas são muitas vezes encenadas no plano da oposição entre metáfora e metonímia, ou métrica e verso livre".[49] A mesma afirmação pode ser verdade para os aspectos estruturais de uma obra.

Lamarque considera que a prosa semelhante a uma teia de aranha do final da carreira de Henry James "só é admirada, se é que o é, porque serve ao propósito literário de exibir as complexidades, a ambivalência e a fragilidade das relações humanas".[50] É uma visão curiosamente puritana da literatura. Os dispositivos formais existem para servir algum propósito moral para além deles próprios, uma vez que a televisão infantil nos Estados Unidos parece pressupor que as brincadeiras de criança só são aceitáveis se alguma mensagem moral edificante puder ser seriamente atrelada a elas. No entanto, o processo exaustivo e estimulante de rastrear as reviravoltas microscópicas do significado em *Os embaixadores* ou *A taça de ouro* é, em si, uma experiência moral, tal como a extensão desordenada da frase proustiana, a sua capacidade de se impulsionar em inúmeras orações subordinadas confusas e em torno de inúmeras curvas sintáticas

---

48 Lamarque, *Philosophy of Literature*, p.221.
49 Erlich, *Russian Formalism: History and Doctrine*, p.206.
50 Lamarque, *Philosophy of Literature*, p.263.

fechadas sem perder sua força semântica constante é uma apresentação estilística com relevância máxima para questões de valor moral.

Em qualquer caso, "exibir as complexidades, a ambivalência e a fragilidade das relações humanas" não é, de forma alguma, apenas um propósito "literário", se por essa palavra entendermos um propósito confinado a esse domínio. Aliás, será que um estilo de prosa também não pertence a um propósito literário? Parte do que tradicionalmente se entende por literatura é uma espécie de escrita em que o formal e o moral são notavelmente difíceis de separar – o que não significa sugerir que muitos efeitos "literários" não surjam do jogo de um contra o outro.[51] Os dois são analiticamente, se não existencialmente, distintos. Não há necessidade de haver aqui qualquer sugestão de uma unidade "orgânica" dos dois, mas responder ao "conteúdo moral" de uma obra (uma frase em si enganosa) é responder a esse conteúdo tal como é constituído por tom, sintaxe, figura, narrativa, ponto de vista, plano etc. Uma das instruções silenciosamente codificadas numa obra literária é: "Considere o que é dito nos próprios termos do que é dito". O beletrismo, por um lado, e o moralismo, por outro, são o resultado de se ignorar essa interdependência entre método e substância moral.

Lamarque e seu colega Stein Haugom Olsen não concordam com a doutrina idealista de Fish, segundo a qual os textos carecem de propriedades inerentes. Os três veem a literatura como uma espécie de escrita que convida e recompensa determinado tipo de atenção, sendo este, aliás, o seu propósito; porém, para Lamarque e Olsen, isso se deve às características que ela manifesta. Mais precisamente, é por causa dos atributos de fato existentes na obra que a instituição social da literatura pode dizer o que é esteticamente relevante. Tais qualidades incluem projeto, complexidade formal, temas unificadores, profundidade moral, criatividade imaginativa e assim por diante. Se a instituição literária classifica uma produção escrita como literária, então sabemos desde o início que procedimentos adotar, que perguntas

---

51 Ver Eagleton, *How to Read a Poem*, cap.4.

dirigir ao texto, quais operações são válidas, os pontos de alerta e aquilo que podemos deixar de lado. Como diz (de modo deselegante) Charles Altieri, "sabemos o que é uma obra literária quando sabemos o que caracteristicamente aprendemos a fazer quando nos dizem que um texto é literário".[52] Essa frase curiosamente circular reflete na sua própria sintaxe certa expressão canônica de autoconfirmação.

Tal como acontece com Fish, Lamarque e Olsen, a abordagem de Altieri é sugestivamente pragmática. A literatura é uma questão de o que fazemos, um conjunto de estratégias facilitadoras, certa forma de nos conduzirmos ou de nos orientarmos diante de uma produção escrita. Assim como os hermeneutas veem a realidade como aquilo que devolve uma resposta coerente após ser questionada por nós, também, para essa teoria, uma obra literária, assim como um animal de estimação afetuoso, é aquela que responde positivamente a determinada maneira de ser tratada. No entanto, podemos sempre discutir o que exatamente deveríamos estar fazendo, um ponto que esses teóricos, defensores da instituição literária ortodoxa, parecem ter menos pressa de explicar. Altieri, por exemplo, presume que o que deveríamos fazer com os textos inclui lhes impor coerência quando parecem não a exibir, uma visão que questionaremos mais tarde. Lamarque e Olsen partem do mesmo princípio.

Há outros problemas ainda. Por um lado, é duvidoso que uma obra deva ser lida como literatura, quer pelo autor, quer pela instituição literária, para que possa ser qualificada como tal. Tomemos, por exemplo, a cantiga tórrida de luxúria, assassinato, adultério e vingança sexual conhecida como "Goosey Goosey Gander":

> Ganso, ganso, ganso
> Por onde devo vagar?
> No andar de cima e no andar de baixo
> E no quarto da minha senhora.

---

[52] Altieri, "A Procedural Definition of Literature", em *What Is Literature?*, p.69.

Lá encontrei um velho
Que não fazia suas orações
Então eu o peguei pela perna esquerda
E o joguei escada abaixo.[53]

Não é difícil ver o que acontece aqui. Voltando para casa inesperadamente, o narrador do poema é alertado por seu fiel ganso de estimação para o fato de que o amante de sua esposa está escondido em algum lugar da casa. "Mas onde?", pergunta ele ao animal – em código, naturalmente ("Por onde devo vagar?"), para não colocar o amante em guarda se ele estiver ouvindo. No andar de cima ou no de baixo? Ele está no quarto da esposa? Talvez o ganso confirme a última sugestão, levantando um pouco o bico para cima. Irrompendo na cena adúltera no quarto de sua senhora, e talvez ainda mais indignado porque o amante se revela repugnantemente decrépito ("velho"), o locutor força o desgraçado a se ajoelhar, falando com rispidez: "Diga suas orações, seu bastardo!". O amante, porém, mostra-se orgulhoso e desobediente; então, agarrando-o pelo órgão ofensor (considera-se aqui que "perna" é uma substituição metafórica), o narrador atira o amante escada abaixo, para a morte. Numa reviravolta sombria e irônica, um ganso acaba por ser mais leal do que uma esposa.

Se tal leitura ganhasse credibilidade, e estou bem confiante de que ganhará, teríamos conseguido transformar um trecho bastante banal de verso em algo mais complexo e sugestivo, ou seja, em literatura tal como a entendemos na atualidade.[54] Teríamos também

---

53 No original: *"Goosey, goosey, gander/ Where shall I wander?/ Upstairs and downstairs/ And in my lady's chamber.// There I met an old man/ Who wouldn't say his prayers/ So I took him by the left leg/ And threw him down the stairs"*. O título dessa cantiga de roda, que brinca com as palavras *goosey* (que tem um jeito semelhante ao dos gansos, ou seja, tolo) e *gander* (ganso macho), não pode ser traduzido literalmente. (N. T.)

54 Na verdade, os versos podem não ser tão banais quanto parecem. De acordo com uma teoria, trata-se da resistência dos nobres católicos, cujas casas foram invadidas pelas tropas de Cromwell. "Goosey Goosey Gander" é uma alusão à marcha

aumentado o seu valor no processo, pois o texto provou ser capaz de evocar ressonâncias morais significativas na mente do leitor. Parte de seu efeito literário, uma vez reformulado dessa maneira, é o contraste arrepiante entre suas rimas e ritmos alegres e as realidades horríveis vislumbradas nas entrelinhas. O poema é uma espécie de *trompe l'œil*: a esqualidez e a economia de sua linguagem com versos que não percorrem mais do que uns poucos centímetros, seu alinhamento uniforme na página, seu ar de explicitação desprovida de artifício, sua inocência de efeitos figurativos, seu ritmo regular que restringe qualquer improvisação elaborada por parte da voz falante – tudo isso parece estar curiosamente em desacordo com a indefinição modernista de seu significado, a falha de coerência de sua narrativa e sua falta de encerramento definitivo, juntamente com o sentido que é realmente um conjunto de fragmentos ou notações concisas disfarçadas de um todo alcançado.

De todo modo, "Goosey Goosey Gander" é realmente muito mais banal do que algumas das contribuições mais simplórias de Wordsworth para as *Baladas líricas* ou de "Cordeirinho, quem te fez?", de William Blake. Tratamos o poema de Blake como literatura em grande parte por conta do valor e do significado que ele adquire no contexto mais amplo de *Canções da inocência e canções da experiência*, que aos olhos da instituição literária constitui uma obra importante, mas, tomada em si mesma e lida de forma não irônica (o que, como acontece muitas vezes com Blake, pode muito bem ser um erro), é embaraçosamente fraca.

Podemos notar que, para uma obra de arte convencionalmente sem valor se tornar preciosa, tal reinterpretação seria necessária. Isso porque, embora alguém possa vivenciar um estado de êxtase místico na presença de uma estátua *kitsch* do Sagrado Coração,

---

militar em passos de ganso dos homens que invadem rudemente o quarto de uma senhora católica e matam, com golpes de espada, o idoso capelão católico porque este se recusa a rezar da nova maneira prescrita.

não se pode dizer que a estátua seja a causa disso. Faz parte do que entendemos por "vulgar", "desgastado", "estragado", "enganoso" etc. que coisas desse tipo, por sua natureza, não podem provocar respostas profundas. As respostas são (no sentido fenomenológico da palavra) intencionais, ligadas à natureza do seu objeto. Entretanto, você sempre pode tentar tornar esses objetos mais interessantes e, portanto, mais valiosos. Walter Benjamin tinha um talento magnífico para extrair os significados mais férteis dos textos mais humildes e menos promissores, uma prática que, no seu caso, era tanto política quanto crítica. Não se deve pressupor, contudo, que a complexidade seja *ipso facto* desejável do ponto de vista estético, como Lamarque e Olsen, juntamente com muitos outros críticos, parecem fazer. Uma obra pode ser complexa e emocionalmente sem qualidades, assim como pode ser coerente porém monótona. E o que dizer da simplicidade austera e comovente de uma balada trágica?

A questão sobre o que constitui um efeito "estético" é um pouco mais preocupante do que Lamarque e Olsen parecem suspeitar. O que pode funcionar como tal num contexto pode não funcionar noutro, como os formalistas sabiam muito bem. A "estética" é um problema cultural e historicamente mais variável do que esses teóricos parecem imaginar. Lamarque e Olsen consideram a instituição literária como o último tribunal de recurso em questões de significado, valor e natureza da literatura; no entanto, uma instituição desse tipo não existe, e podemos esperar que qualquer sistema de práticas sociais esteja repleto de anomalias e contradições, o que não parece ser o caso desses estudiosos em particular. Assim como a Fish, eles parecem presumir, à sua maneira conservadora, que tudo vai bem o tempo todo – que as convenções que regem a recepção literária são sempre válidas e bem definidas, que a distinção entre o literário e o não literário é bastante impermeável, que um profissional qualificado *sabe* exatamente como proceder e assim por diante.

Há um toque desagradável de autossatisfação nesse caso, como quando Olsen faz uma comparação notavelmente paternalista entre a visão do professor sobre um texto literário e o julgamento do infeliz estudante ingênuo. A superioridade da abordagem do primeiro, escreve ele, só pode ser reconhecida por quem sabe o que a prática crítica envolve – que sabe não apenas quais textos são rotulados como literários, mas que pode apreciá-los como tais.[55] Portanto, a maneira de proceder do professor é correta pelo fato de ser confirmada pelo... professor. A circularidade do argumento reflete a endogenia do clube. Somente são válidos os julgamentos que estão em conformidade com a opinião dos especialistas. Seriam esses os professores que uivaram de fúria em *A terra devastada*, que consideraram John Clare um maluco e ficaram de estômago revirado com *Ulisses*?[56] Se Olsen não lera ocasionalmente ensaios de graduação que ofuscaram o trabalho de alguns acadêmicos, talvez por causa, e não apesar, do estado não tutelado de seus autores, então sua vida profissional é mais pobre. Os estudiosos literários de mentalidade tradicional têm várias virtudes, mas o talento imaginativo e a audácia crítica normalmente não estão entre elas. Na verdade, há algo na própria concepção dos estudos tradicionais que milita contra essas qualidades. Essa é uma das razões pelas quais os estudiosos às vezes precisam ser educados pelas mãos de seus alunos.

Assim como alguns outros filósofos da arte, Lamarque e Olsen pressupõem geralmente que "estético" significa esteticamente exitoso, que "apreciação" significa apreciação positiva e que "literatura" é sempre e em qualquer lugar um termo de aprovação. Comenta Olsen: "A apreciação começa com uma expectativa de valor".[57] Mas e se essa expectativa falhar ou for parcialmente frustrada? Por exemplo,

---

55 Olsen, "Criticism and Appreciation", em *Philosophy and Fiction*, p.38-40. Ver também Olsen, *The Structure of Literary Understanding*, e Lamarque e Olsen, *Truth, Fiction and Literature*.
56 *A terra devastada*, poema de T. S. Eliot publicado em 1922. John Clare (1793-1864), poeta inglês notável por tematizar a vida no campo. *Ulisses*, romance de James Joyce publicado em 1922. (N. T.)
57 Olsen, *The End of Literary Theory*, p.53.

A serpente emplumada[58] ou o drama de Sheridan Knowles deixam, então, de ser literatura?[59] E como devem ser descritos? Não como literatura ruim, imaginamos, o que certamente seria um oximoro aos olhos de Lamarque e Olsen. Essas não são questões totalmente irrelevantes, mas recebem pouca atenção por parte deles. Julgamentos negativos de obras estimadas pareceriam, se não inadmissíveis, pelo menos levemente desagradáveis. Nada em tais artefatos pareceria falhar ou sair pela culatra. Não ouvimos quase nada de obras geralmente consideradas literárias, talvez de modo preeminente, que contenham prosa miserável, esquemas de rimas que causam sono, percepções obsoletas, emoção histriônica ou reviravoltas narrativas improváveis. No entanto, tudo isso e muito mais pode ser encontrado no chamado cânone literário, principalmente por conta daquilo que E. D. Hirsch chamou de literatura por associação – ou seja, o princípio pelo qual *O prelúdio*, de Wordsworth, entra no cânone e arrasta consigo, por assim dizer, a reboque, seus sonetos de terceira categoria.[60] Como Lamarque e Olsen chamariam uma produção textual que passou do sublime ao abismal? As partes boas são literatura e as partes ruins não?

Não se pode definir obras literárias como aquelas que exigem uma atenção especialmente escrupulosa, pois isso também pode ser dito da leitura da ordem de execução de uma pessoa. É improvável que alguém conceda a tal documento apenas um olhar entediado e superficial enquanto continua a jantar. Sem dúvida, também é verdade que seria improvável que alguém o lesse como se fosse um trecho de Elizabeth Bishop, talvez demorando-se na forma como *"guilty before God"* [culpado perante Deus] rima com *"firing squad"* [pelotão de fuzilamento]. Entretanto, nem todas as obras literárias exigem

---

58 *A serpente emplumada*, romance de D. H. Lawrence publicado em 1926. (N. T.)
59 Somente os mais masoquistas dos críticos têm sido levados a escrever sobre o insuportavelmente tedioso Knowles. Ver Eagleton, "Cork and the Carnivalesque", em *Crazy John and the Bishop*, p.178-9.
60 Hirsch Jr., "What Isn't Literature?", em *What Is Literature?*, p.30.

esse tipo de atenção. Bertolt Brecht gostava que o público assistisse às suas peças com certa distração moderada ou uma indiferença ensaiada, razão pela qual encorajava a plateia a fumar. Dessa forma, poderiam resistir a serem atraídos para uma empatia hipnótica diante dos acontecimentos no palco, o que poderia embotar sua avaliação crítica desses fatos. Quando lemos uma obra de muito perto, somos semelhantes ao observador que não enxerga direito quando está perto demais de uma pintura?

René Wellek e Austin Warren argumentam, na sua muito influente *Teoria da literatura*, que os textos literários são aqueles em que a "função estética" é dominante. Contudo, as características estéticas, como vimos, não se restringem às obras que chamamos de literárias. Assonância, quiasma e sinédoque podem ser mais comuns em um anúncio do que em uma obra de ficção naturalista. Como aponta William Ray, "se a ambiguidade e o autocentramento derivam da violação de normas, *qualquer* texto pode se tornar um código inventivo, bastando para isso simplesmente que ele seja lido de acordo com as convenções que parece violar".[61] Lamarque e Olsen certamente reconheceriam que pode haver tanta sinédoque em anúncios de sabão quanto em Heinrich Heine. O literário, aos seus olhos, consiste em adotar certa atitude em relação a esses atributos – tratá-los como centrais, saboreá-los em si mesmos, saber o que podemos legitimamente esperar de uma obra que os utiliza de maneira gratuita. No entanto, eles continuam a manter uma distinção bastante rigorosa entre o literário e o não literário.

Elaboração, complexidade formal, temas unificadores, profundidade moral e criatividade imaginativa não são, felizmente, monopólio da literatura. Eles podem ser igualmente característicos de um tratado de psicologia humana ou de uma história da Birmânia moderna. Discriminar poemas e romances pela escrita "imaginativa", com a implicação de que só se pode escrever sobre esportes ou tumores

---

61 Ray, *Literary Meaning*, p.129.

cerebrais de maneira não imaginativa, é um desenvolvimento histórico bastante recente. A diferença também não pode residir no fato de que prestamos atenção ao "literário" como um fim em si mesmo mas fazemos uso de outros tipos de escrita com um propósito. A teoria política, sem dúvida, deveria guiar a nossa ação no mundo; porém, em certo sentido, o mesmo ocorre com a literatura. O que significaria ler Anselmo, Husserl ou Burckhardt "instrumentalmente", e não pelas suas qualidades inerentes? Talvez para reunir ideias e intuições úteis deles. Mas isso não é facilmente separável da qualidade da sua prosa ou da configuração de seus argumentos. De todo modo, fazemos praticamente a mesma coisa com o que chamamos de literatura.

Além disso, você pode tratar um texto escrito "esteticamente", no sentido de desinteressadamente ou não instrumentalmente, sem que ele contenha uma única imagem, um símbolo, uma hábil elaboração ou trechos bem torneados de narrativa. A sua linguagem pode ser monótona e utilitária, mas isso não significa que ela deva ser tratada de forma utilitária. A maneira como os textos são verbalmente constituídos ou institucionalmente classificados, ao contrário do que creem Lamarque e Olsen, não precisa servir de guia absoluto para o que decidimos fazer com eles. Por outro lado, um texto pode ser rico em dispositivos estéticos e, mesmo assim, convidar a uma resposta puramente prática. Um manual de conserto de automóveis escrito por um poeta frustrado pode servir de exemplo. Mencionaríamos, ainda, relatórios sobre o controle de roedores em Montana redigidos em prosa deslumbrante ou sinais de trânsito cheios de trocadilhos surreais. O *dulce* e o *utile* nem sempre habitam planetas separados. Os anúncios às vezes exploram artifícios poéticos com o objetivo claramente não poético de obter lucro. Por outro lado, é possível falar em encontrar um uso para as tragédias de Calderón ou para a poesia de Cavafy, absorvendo-as na própria experiência de maneira que façam alguma diferença em termos morais. Não há uma distinção rígida entre focar no texto como um fim em si mesmo e encontrar alguma função para ele.

O que é literatura? (1)

Os procedimentos literários descritos por Lamarque e Olsen são bastante recentes. Esses modos de tratar um texto como "literário" não eram, na sua maioria, partilhados, digamos, pela casta bárdica dos primórdios da Irlanda medieval nem eram tão populares no teatro político da República de Weimar. Olsen observa: "O discurso literário e o discurso informativo são duas categorias mutuamente excludentes". Será isso verdade no caso das *Geórgicas*, de Virgílio, de *O cortesão*, de Castiglione, de um manual de dieta Tudor, de *A anatomia da melancolia*, de Richard Burton, ou da *Viagem à Itália*, de Goethe? O crítico William Hazlitt cita um colega que descreve John Locke e Isaac Newton como "os dois maiores nomes da literatura inglesa".[62] Hoje em dia, suas obras dificilmente seriam consideradas literárias, muito menos exemplos eminentes de literatura. O literário nem sempre se baseou numa distinção tão enfática entre fato e ficção, arte e historiografia, imaginação e informação, fantasia e função prática, sonho e didatismo. Na Inglaterra do século XVIII, as reflexões filosóficas de Shaftesbury teriam sido consideradas literatura, mas há dúvidas se *Moll Flanders* teria recebido a mesma classificação.

Lamarque e Olsen veem obras literárias valiosas (uma frase que, a seus olhos, é certamente uma tautologia) como aquelas que se revelam responsivas às estratégias normativas de leitura da instituição literária estabelecida. A interpretação de uma obra está, assim, inclinada desde o início para uma avaliação positiva. É como se a instituição literária informasse que determinado texto vale a pena, apresentando-o ao crítico para ser inspecionado, e o crítico, então, obedientemente, passasse a escavar a evidência que viria a confirmar que essa visão está correta, ensaiando os próprios procedimentos críticos com base nos quais a instituição já havia se autorizado. O objetivo dessa operação não é totalmente claro. De qualquer forma, ela levanta uma ou duas questões. As obras dignas de serem lidas são aquelas que respondem a estratégias críticas específicas; porém,

---

62 Citado em Williams, *Keywords*, p.185.

qualquer trabalho responderá positivamente a algum tipo de estratégia crítica, o que deixa sem resposta a questão de saber por que Lamarque e Olsen escolhem certas obras em particular. Certamente deve ser porque essas técnicas revelam o que já foi avaliado como mais gratificante nas produções textuais. Não há nenhuma sugestão de que elas possam revelar algo capaz de alterar a nossa opinião sobre tais assuntos ou que outras técnicas possam ter validade igual ou superior.

Richard Ohmann defende um caso semelhante, afirmando que "a nossa disponibilidade para descobrir e insistir no significado implícito das obras literárias – e para julgá-las importantes – é uma consequência de nosso próprio conhecimento de *serem* obras literárias, e não daquilo que nos diz que elas o são".[63] A literatura, em suma, é uma qualidade de atenção. É a maneira como já nos encontramos tendenciosos e sintonizados quando pegamos um livro. Submetemos alguns textos a um exame especialmente minucioso porque aceitamos a palavra de outros de que eles acabarão por merecê-lo. Não há nenhuma pista de que esses juízes possam estar desastrosamente equivocados, como estavam aqueles que nomearam John Masefield como poeta laureado junto com diversos jornalistas enfadonhos; tampouco sabemos se poderíamos descobrir que obras convencionalmente rejeitadas por serem consideradas inúteis mereceriam esse tipo de atenção mais do que Swinburne.[64] Que tal um corajoso pioneiro crítico que seja o primeiro a proclamar o valor de tal escrita diante da instituição literária, como F. R. Leavis sobre o jovem T. S. Eliot?

Berys Gaut inclui o fato de "pertencer a uma forma literária estabelecida" entre as condições para uma obra ser considerada arte.[65]

---

63 Ohmann, "Speech Acts and the Definition of Literature", p.6.
64 Algernon Charles Swinburne (1837-1909): poeta de língua inglesa, autor da coletânea *Poems and Ballads* (1866), em cujos poemas se encontram temas polêmicos, como lesbianismo, sadomasoquismo e ateísmo. Foi também romancista, dramaturgo e crítico literário. (N. T.)
65 Gaut, "'Art' as a Cluster Concept", em *Theories of Art Today*, p.56.

O que é literatura? (1)

Mas o que dizer da obra que se propõe demolir ou transformar essa configuração, desmantelar as definições prevalecentes de literatura e revolucionar as regras do jogo? Será que a instituição literária realmente nos instrui com tanta certeza sobre o que fazer com, digamos, *Finnegans Wake*?[66] E será que essa obra corre o risco de ver negado o título honorífico de literatura se não atender às condições? Richard Gale diz que "palavras e frases que ocorrem numa narrativa ficcional não adquirem um novo significado, nem as nossas regras sintáticas comuns deixam de se aplicar a tais frases".[67] Nesse quadro, em princípio, sabemos sempre como lidar com elas. No entanto, existem muitos trabalhos experimentais que distorcem as palavras e a sintaxe em relação às formas habituais. Por que os filósofos da literatura parecem sempre tomar Jane Austen e Conan Doyle como paradigmas, em vez da poesia de Paul Celan ou Jeremy Prynne? Charles Altieri não tem dúvidas de que deveríamos evitar usar o nome de literatura no caso de uma obra que se revela não responsiva aos procedimentos canônicos.[68] De forma semelhante, os psiquiatras soviéticos costumavam evitar usar a palavra "sanidade" nos casos de pessoas que se mostrassem resistentes ao tratamento recebido. Boas obras de literatura são aquelas que se assemelham a outras boas obras de literatura, permitindo-nos fazer com elas o que estamos acostumados a fazer. O cânone literário não se submete a nenhum outro tribunal de julgamento. É autoconfirmador.

Contudo, por que tais procedimentos canônicos deveriam permanecer incontestados? Há uma suposição entre muitos defensores do cânone, por exemplo, de que uma obra de arte autêntica deve sempre forjar a unidade a partir da complexidade – um preconceito que sobreviveu com surpreendente tenacidade desde a época de Aristóteles até o início do século XX, quando os modernistas e os

---

66 Romance de James Joyce publicado em 1939. (N. T.)
67 Gale, "The Fictive Use of Language".
68 Altieri, "A Procedural Definition of Literature", em *What Is Literature?*, p.73.

vanguardistas ousaram questionar os fins políticos que eram atendidos por tal obsessão fetichista pela integridade. Por que as obras de arte nunca deveriam ter um fio de cabelo fora do lugar? Por que seus atributos deveriam se encaixar com precisão e se manterem organicamente relacionados? Nada pode simplesmente girar livremente? Não há virtude na dispersão, no deslocamento, na contradição, na abertura?[69] Essa compulsão pela coerência não está de forma alguma fora do alcance da crítica. Pelo contrário, tem implicações ideológicas e até mesmo psicanalíticas (e os guardiões do cânone parecem inocentemente não estar cientes delas). No entanto, a coerência continua a aparecer no trabalho dos filósofos da literatura como algo mais ou menos axiomático. E essa conformidade espontânea com um dogma profundamente questionável é motivo suficiente para o ceticismo quando somos informados pelos estetas de que eles têm em suas mãos a chave para a natureza da literatura.

---

69 Sobre essa questão, ver Macherey, *A Theory of Literary Production*, parte 1.

3.
O que é literatura? (2)

1

Podemos nos voltar agora para a dimensão moral das obras literárias. Utilizo a palavra "moral" me referindo ao âmbito das significações humanas, de seus valores e de suas qualidades, e não no sentido deontológico e anemicamente pós-kantiano de dever, lei, obrigação e responsabilidade.[1] Foram personalidades literárias da Inglaterra do século XIX – de Arnold e Ruskin até Pater, Wilde e, de modo supremo, Henry James – que ajudaram a mudar o significado do termo "moralidade", passando de uma questão de códigos e normas para uma questão de valores e qualidades. O projeto foi consumado no século XX graças a alguns dos críticos mais eminentes da época: Bakhtin, Trilling, Leavis, Empson e Raymond Williams, dentre outros.

---

1 Esse sentido da palavra contrasta com seu uso em Gardner, *On Moral Fiction*, em que, no estilo norte-americano confiante e perenemente otimista, ela significa "edificante" ou "melhorador de vida". As obras morais procuram melhorar a vida em vez de degradá-la. Há algo disso em Arnold e Leavis também, porém com menos grosserias.

De fato, o literário se tornou o próprio paradigma da moralidade em um mundo pós-religioso. Na sua refinada sensibilidade às nuances da conduta humana, nas suas extenuantes discriminações de valor, nas suas reflexões sobre a questão de como viver de maneira rica e autorreflexiva, a obra literária foi o exemplo supremo de prática moral. A literatura era um perigo não para a moralidade, como Platão suspeitava, mas para o moralismo. Enquanto o moralismo abstraiu os julgamentos morais do resto da existência humana, as obras literárias os devolveram aos seus complexos contextos de vida. No seu aspecto mais arrogante, personificado por Leavis e seus discípulos, isso se tornou o novo tipo de campanha de evangelismo. A religião fracassou, mas a arte ou a cultura seriam suas substitutas.

Desse ponto de vista, o valor moral reside tanto na forma das obras literárias quanto em seu conteúdo. Há diversos sentidos em que isso acontece. Para alguns pensadores românticos, a coexistência frutífera dos vários componentes da obra de arte poderia ser vista como o protótipo de uma comunidade pacífica e, portanto, como politicamente utópica. Dentro dos seus limites, a obra de arte é inocente em termos de opressão e de dominação. Além disso, o poema e a pintura oferecem, em suas próprias formas, um novo modelo de relação entre indivíduos e totalidades. Trata-se do governo baseado em uma lei ou um plano geral, porém uma lei inteiramente coerente com suas particularidades sensoriais e que não pode ser abstraída delas. Nesse modelo, seus elementos são organizados num todo, e cada um deles é levado a um grau supremo de autorrealização; isso também prenuncia uma ordem utópica em que o indivíduo e a comunidade podem ser reconciliados.

Além disso, se a obra de arte é moralmente exemplar, isso não se deve apenas à sua misteriosa autonomia, ou seja, à forma como parece se determinar livremente sem coerção externa.[2] Em vez de se rebaixar diante de alguma soberania externa, ela é fiel à lei que diz

---

2 Ver Eagleton, *The Ideology of the Aesthetic*, cap.1.

respeito ao seu próprio ser. Nesse sentido, trata-se de um modelo funcional de liberdade humana. Está aqui em jogo uma ética e uma política da forma, em relação às quais a filosofia da literatura tem estado, em grande medida, completamente desatenta.

Há uma linhagem que vai de Shelley e George Eliot até Henry James e Iris Murdoch para a qual a própria moralidade é uma questão de imaginação e, portanto, uma faculdade inerentemente estética. É por meio desse poder divinatório que podemos adentrar lentamente a vida interior dos outros, descentrando o ego a fim de compreender o mundo abnegadamente de pontos de vista alheios. O romance realista clássico é, portanto, uma prática moral em sua própria estrutura, deslocando-se de um centro de consciência para outro com vistas à constituição de um todo complexo. A literatura pode, portanto, ser considerada um projeto moral antes mesmo de expressar um sentimento moral. Foi isso que levou o crítico I. A. Richards a comentar (com um brio que, em retrospecto, pode parecer um pouco prematuro) que a poesia era "capaz de nos salvar". Ele não parecia reconhecer que, se a nossa salvação depende de algo tão raro e frágil como a poesia, a nossa condição deve ser realmente terrível.

A imaginação, contudo, tem os seus limites, e não são muitos os tipos literários que parecem dispostos a reconhecer isso. Poucas ideias foram levadas a sério de forma mais inequívoca. Criticar a imaginação pareceria algo tão ímpio quanto zombar de Nelson Mandela. No entanto, a imaginação não é de forma alguma um mero poder criativo. Ela é capaz de sonhar com cenários nocivos, e não apenas positivos. Os assassinatos em série requerem muita imaginação. Essa faculdade é frequentemente vista como uma das mais nobres capacidades humanas, mas também está irritantemente próxima da fantasia, que é uma das mais infantis e regressivas dessas capacidades. Tampouco se trata de um poder especial ou privilegiado: se foi a imaginação que inspirou a sinfonia "Ressurreição", de Mahler, ela seria também um componente essencial da cognição cotidiana. Uma vez que a imaginação torna presentes as coisas ausentes, é por meio dela que temos um senso de futuro, e sem ela seríamos incapazes de agir. Não faz sentido levar a lata de cerveja aos lábios a menos que você tenha uma vaga premonição de que o conteúdo escorrerá pela sua garganta.

Somente numa visão cartesiana de mundo é que eu precisaria, mediante um ato de imaginação, ocupar seu corpo ou mente por dentro a fim de saber o que você está sentindo. Há aqui geralmente uma suposição de que o corpo é um pedaço bruto de matéria que impede a reciprocidade no acesso à vida interior alheia, de modo que necessitamos de alguma faculdade especial (empatia, senso moral, imaginação) para penetrar as entranhas emocionais uns dos outros. Veremos essa suposição mais adiante. De qualquer forma, saber o que você está sentindo não me inspirará necessariamente a o tratar com benevolência. Um sádico precisa saber o que sua vítima está sentindo, mas não para deixar de torturá-la. Por outro lado, posso tratar com benignidade uma pessoa sem ter que recriar seu mundo interior em minha cabeça. Também posso sentir empatia por um neofascista enquanto ainda sinto a necessidade de criticar a sua visão política. A moralidade não é uma questão de sentimento e, portanto, também não é uma questão de imaginação.

Amar os outros não é, em primeiro lugar, sentir algo por eles, mas se comportar de um certo jeito em relação a eles. É por isso que o paradigma da caridade é o amor aos estranhos, e não aos amigos. Ao tentar amar os estranhos, é menos provável que confundamos amor com um sentimento caloroso na boca do estômago. O genocídio não é o resultado de um colapso da imaginação, como alguns sugeriram. Não que os nazistas fossem incapazes de imaginar como se sentiam aqueles que massacraram: o fato é que eles não se importavam. Há muita crítica em relação à imaginação, assim como há em relação à ideia de visão. Pol Pot foi um dos grandes visionários, junto com William Blake e Thomas Jefferson. Quando Shelley escreve, em sua *Defesa da poesia*,[3] que "o grande instrumento do bem moral é a

---

3 Ensaio inacabado escrito por Percy Bysshe Shelley, em 1821. (N. T.)

imaginação", ele enriquece valiosamente um senso de moralidade um tanto conflituoso, ao mesmo tempo que faz uma série de suposições profundamente duvidosas.[4] Poucos documentos têm defendido o valor da poesia tão magnificamente como a *Defesa*, e poucos exageraram de modo tão absurdo a sua importância.

Quando se trata de ler obras literárias, o que poderíamos chamar de falácia empática sustenta que o objetivo da atividade é penetrar na vida de outra pessoa. Catherine Wilson argumenta que a literatura não é uma questão de saber *como* nem de saber *que*, mas de saber *qual* é o sentimento de algo.[5] Entretanto, adentrar o interior de outra pessoa – tornar-se uno com ela por meio da imaginação – não nos dará conhecimento sobre ela, a menos que retenhamos os nossos próprios poderes reflexivos no processo. A empatia pura está em desacordo com a inteligência crítica necessária para a compreensão. Viver uma situação, como salienta Monroe Beardsley, não constitui necessariamente conhecimento.[6] "Tornar-se" Lear só lhe proporcionará a verdade de Lear se ele compreender a verdade sobre si mesmo, o que parece distante de ser o caso. Não assistimos a *Timão de Atenas* para nos sentirmos misantrópicos: fazemo-lo para compreender algo do significado da misantropia, que é um assunto emocional tanto quanto intelectual. Não lemos um poema lírico para saber como o poeta se sentia quando o escreveu (talvez ela não sentisse nada além de sua luta com o tom e a imagem), mas para saber algo novo sobre o mundo, vendo-o à luz de sentimentos ficcionalizados no poema.

Por que a literatura deveria ser vista tantas vezes como uma espécie de prótese emocional ou uma forma vicária de experiência? Uma das razões tem a ver com o drástico empobrecimento da experiência nas civilizações modernas. Os ideólogos literários da Inglaterra vitoriana consideraram prudente encorajar homens e mulheres da classe

---

4 Clark (ed.), *Shelley's Prose*, p.283.
5 Wilson, "Literature and Knowledge".
6 Beardsley, *Aesthetics*, p.383.

trabalhadora a ampliar suas compaixões para além da sua própria situação por meio da leitura, em parte porque isso poderia fomentar a tolerância, a compreensão e, por conseguinte, a estabilidade política e em parte porque permitir que homens e mulheres enriquecessem suas experiências dessa maneira poderia, quem sabe, compensá-los, até certo ponto, por suas condições de vida desanimadoras. Poderia também os distrair de investigarem de forma demasiado questionadora as causas de tal privação. Não seria exagero afirmar que, para esses comissários culturais, a leitura era uma alternativa à revolução.[7] A imaginação empática não é tão politicamente inocente como pode parecer.

Os valores morais e os significados literários têm em comum o fato de não serem objetivos no sentido em que as barragens hidrelétricas o são, mas também não são puramente subjetivos. Para um realista moral, os julgamentos morais selecionam atributos reais do mundo, em vez de simplesmente expressarem atitudes em relação a eles. Chamar o antissemitismo de ofensivo não é apenas registar o que sinto em relação a ele. Não o chamar de ofensivo seria deixar de fornecer uma descrição precisa daquilo que, digamos, estava acontecendo num *pogrom*. Os valores morais são reais no mesmo sentido que os significados, ou até mesmo as obras de arte, o são. Em *Truth, Fiction, and Literature*, Lamarque e Olsen falam de "conhecimento subjetivo" na literatura, em contraposição ao conhecimento científico do mundo "externo". No entanto, os significados literários, como as obras de arte ou os valores morais, não são a expressão de estados mentais subjetivos. Eles fazem parte da mobília do mundo real e podem ser discutidos e debatidos sem referência a algum assunto hipotético. É verdade que as obras literárias muitas vezes produzem o efeito da experiência vivida, mas na prática elas consistem apenas em sinais escritos. Tudo o que acontece numa obra literária acontece em

---

7 Ver Eagleton, *Literary Theory: An Introduction*, cap.1.

termos de escrita. Personagens, acontecimentos e emoções são simplesmente configurações de marcas numa página.

A concepção "literária" de moralidade que temos examinado tem mais em comum com a chamada ética da virtude do que com a deontologia kantiana.[8] Tal como a ética da virtude, o objeto do juízo moral num poema ou num romance não é um ato isolado nem um conjunto independente de proposições, mas a qualidade de uma forma de vida. O tipo mais eficaz de investigação moral, de Aristóteles a Marx, consiste em perguntar como os seres humanos conseguirão se desenvolver até a plenitude, e em que condições práticas isso seria possível. É nesse quadro que os juízos de ações ou proposições individuais desempenham o seu papel. As obras literárias representam uma espécie de práxis ou saber-voltado-à-ação e, nesse aspecto, são semelhantes à antiga concepção de virtude. São formas de conhecimento moral, porém num sentido prático, e não teórico. Não devem ser reduzidas às suas "mensagens", nos termos sintomaticamente reducionistas de John Searle.[9] Tal como a virtude, as obras têm os seus fins em si mesmas, no sentido de somente poderem atingir esses fins nas e por meio das execuções que significam. A virtude tem seus efeitos no mundo – para Aristóteles, trata-se da única forma que uma vida humana pode prosperar –, mas apenas se for fiel aos seus princípios internos. Algo semelhante acontece com as obras de arte literárias.

Quando se trata daquilo que denominamos literatura, então, não pode haver uma mera tradução da experiência vivida em leis e normas. Em vez disso, numa unidade de teoria e prática, tais obras nos fornecem um tipo de cognição moral que não está disponível de imediato em outras formas. Como argumenta Peter Lamarque, exagerando um pouco o seu caso, "quando somos guiados por um artista para ver as coisas de um novo jeito, para adotar uma nova perspectiva, não podemos formular uma lição aprendida, pois as particularidades

---

8 Para a ética das virtudes, ver Hursthouse, *On Virtue Ethics*.
9 Searle, *Expression and Meaning*, p.74.

resistem a qualquer esforço de generalização".[10] Não é fácil extrair a importância moral de tais obras a partir de sua qualidade ou sua textura, e essa é uma das maneiras pelas quais elas mais se assemelham ao comportamento na vida real. Mesmo assim, pode-se oferecer *algum* tipo de relato sobre a perspectiva moral de uma obra sem simplesmente decorar o texto palavra por palavra. Na verdade, a crítica literária faz isso o tempo todo, às vezes com muita sutileza e sofisticação, embora a melhor forma de ver isso, ao contrário do que pensa Lamarque, não seja como uma "formula[ção de] uma lição aprendida". Existem possibilidades que vão além de, por um lado, ficar mudo perante a particularidade inefável da obra ou, por outro lado, reduzi-la a um conjunto de rótulos morais.

Ao contrário de Lamarque, David Novitz afirma que podemos e devemos extrair lições das obras literárias. Ele escreve:

> Suponhamos, por exemplo, que, à luz do *Robinson Crusoé*, de Defoe, eu passe a pensar no isolamento não mais como improdutivo e árduo, mas como um estímulo ao engenho humano [...]. Eu poderia simplesmente descobrir que minha atitude em relação ao isolamento mudou.[11]

O romance de Defoe, contudo, não é um manual de escoteiros, nem um livro didático para empreendedores sobre como aumentar seus lucros. O seu significado moral reside tanto onde Novitz não o procura quanto onde ele o procura – em sua forma narrativa cumulativa e implacavelmente linear (do tipo "o que acontece a seguir?"), em seu estilo simples, vigoroso e não figurativo de prosa, em sua recusa incansável de encerramento, em sua atenção às qualidades primárias, e não secundárias, dos objetos, no trançado entre história e comentário moral, na tensão formal entre a narrativa como pura contingência e a narrativa como plano providencial, em seus modos rudimentares

---

10 Lamarque, *Philosophy of Literature*, p.240.
11 Novitz, *Knowledge, Fiction and Imagination*, p.140.

de caracterização, no acúmulo de incidentes sem qualquer finalidade aparente. Poucas dessas questões tendem a chamar atenção dos filósofos da literatura, ao contrário do que ocorre com críticos ou teóricos literários.

Em suma, a perspectiva moral de uma obra pode ser tanto uma questão de forma como de conteúdo – um paralelo entre enredos, por exemplo, um jeito de lidar com uma trama ou um modo bidimensional de caracterizar um personagem. Richard Gale comete o mesmo erro que Novitz sobre a força moral das obras literárias quando sugere que "[p]odemos desistir da caça como resultado de termos visto ou lido *Bambi*".[12] Alguns poderiam considerar que estaríamos mais propensos a começar a caçar. Hilary Putnam, em contrapartida, tem uma visão um pouco mais sutil das operações morais da arte, vendo-as como algo que amplia o nosso repertório conceitual e perceptivo, de tal maneira a nos oferecer recursos descritivos que não possuíamos antes.[13]

Outra forma de elaborar a questão é que as verdades morais da literatura são, na sua maior parte, implícitas.[14] Em geral, elas são mostradas, mas não verbalizadas. As obras literárias se ajustam mais facilmente ao conceito de verdade de Heidegger como desvelamento ou revelação do que aos manuais de autoajuda. Tal como a *phronesis* de Aristóteles, elas incorporam um modo de conhecimento moral tácito que não pode ser adequadamente capturado na forma geral ou proposicional, o que não quer dizer que esse conhecimento não possa ser capturado de modo algum. Essas formas de cognição não podem ser facilmente extraídas do processo pelo qual são adquiridas. Isso é uma das coisas que queremos dizer quando afirmamos que a forma e o conteúdo de um texto literário são inseparáveis. Um exemplo extremo desse conhecimento tácito está em saber assobiar "Eine

---

12 Gale, "The Fictive Use of Language", p.338.
13 Putnam, "Reflections on Goodman's Ways of Worldmaking". Ver também Young, *Art and Knowledge*.
14 Ver Hospers, "Implied Truths in Literature".

Kleine Nachtmusik",[15] o que é inseparável do ato de fazê-lo e não pode ser ensinado a outra pessoa. O tipo de intuição moral em jogo nas obras literárias se assemelha, portanto, mais ao conhecimento pessoal do que ao conhecimento dos fatos.[16]

Mesmo assim, a particularidade da obra de arte não tem a ver com "resistir a todo esforço de generalização", como sugere Lamarque. Uma coisa é, como acabamos de observar, o fato de podermos discutir obras de arte em termos gerais, assim como podemos expressar perfeitamente o nosso conhecimento pessoal de outras pessoas em geral na forma de proposições. Outra coisa é a existência de uma forma de generalidade em ação no próprio artefato. Para a estética clássica, como já vimos, a obra não dispensa o geral. Ao contrário, sua lei (ou seu plano global) nada mais é do que a articulação mútua de suas partes individuais e, portanto, não deve ser alienada nem abstraída delas. A arte representa, portanto, um modo alternativo de cognição em relação à racionalidade iluminista, apegando-se ao específico sem, com isso, renunciar ao todo. Não se trata de descartar o geral como uma violação do particular, mas de compreender uma relação diferente entre os dois.

Jerome Stolnitz é um pouco mais cético em relação ao poder cognitivo da arte.[17] O fato de ele adotar, em contrapartida, uma visão extravagantemente acrítica da ciência, cujas verdades ele parece considerar fora da alçada das disputas, não ajuda muito no seu argumento. (Poderíamos até afirmar que as verdades científicas são do tipo que sempre podem estar erradas.) Não existem, diz ele, verdades artísticas *sui generis*; em vez disso, as obras literárias tendem a revelar verdades que já conhecemos de outras fontes. Ele está certo ao observar que a literatura não desvela verdades que não possam ser

---

15 Trata-se da "Serenata n.13 para cordas em sol maior", composta por Mozart em 1787. (N. T.)
16 Ver Jones, *Philosophy and the Novel*, p.196.
17 Stolnitz, "On the Cognitive Triviality of Art".

encontradas em nenhum outro lugar, concordando assim com F. R. Leavis, que nega a existência de qualquer valor moral que seja especificamente "literário". O que Stolnitz não consegue compreender é que os textos literários tendem a apresentar as suas verdades morais fenomenologicamente; isso significa que tais intuições são em grande parte indissociáveis da sua incorporação formal e verbal. (Digo "em grande parte" pois de vez em quando as obras literárias também apresentam proposições morais mais abstratas, como acontece com o discurso de Ulisses sobre a ordem cósmica em *Troilo e Créssida*, de Shakespeare, ou com as reflexões de Proust sobre o ciúme.) Stolnitz teme que diminuamos a profundidade e a complexidade de uma obra literária ao substituirmos aquilo que ela apresenta por algo que podemos chamar de sua verdade. O seu erro está em ver essa verdade como algo além da profundidade e da complexidade em questão – como um significado que pode ser abstraído dela, e não como a forma material que ela assume.

Poderíamos elaborar a questão de forma um pouco diferente. Se você estivesse tentando apresentar uma reflexão moral por escrito, poderia sentir a necessidade de editar, destacar, enfatizar e estilizar seus materiais, de modo a chamar atenção para seus atributos mais proeminentes. Você também poderia construir narrativas, adicionar personagens secundários a fim de dramatizar situações-chave ou criar personagens que ilustrassem graficamente os principais aspectos de seu argumento. Em suma, você estaria escrevendo um romance. Não seria preciso muito para transformar as *Investigações filosóficas* em matéria romanesca: na verdade, seu autor sonhava melancolicamente em escrever uma obra composta apenas de piadas, assim como Walter Benjamin sonhava em escrever algo feito apenas com citações. Desenvolver sua reflexão moral por escrito significaria transformá-la em ficção. O conteúdo moral e a forma literária convergiriam gradualmente, até o ponto em que seria difícil diferenciá-los. Existem ligações estreitas entre a forma ficcional e a cognição moral, como os diálogos de Platão parecem sugerir. Uma razão pela qual Platão apresenta grande parte do seu pensamento de forma dramática ou dialógica é porque isso, em certo sentido, faz parte do processo de se chegar à verdade, tal como será, de outra maneira, para Hegel e Kierkegaard.

Existem, no entanto, formas bem mais produtivas do que as de Stolnitz para sermos céticos no que diz respeito à ligação entre o literário e o moral. A verdade é que a arte literária tem sido geralmente proposta como um paradigma menos de moralidade do que de moralidade liberal. O trabalho ricamente sugestivo de Martha Nussbaum é um exemplo disso.[18] Nussbaum valoriza a pluralidade, a diversidade, a abertura sem fronteiras, a concretude irredutível, o conflito e a complexidade, a dificuldade agonizante da decisão moral (o que os franceses chamam hiperbolicamente de "impossibilidade") etc. Embora esses sejam valores preciosos em qualquer avaliação, Nussbaum parece ignorar por completo o quão específicos eles são dos pontos de vista social e histórico. São valores típicos de um liberal de classe média, muito mais do que de um socialista da classe trabalhadora. Não surpreende que ela se inspire tantas vezes na literatura do decano dos liberais extraordinariamente angustiados, a saber, Henry James.

Não há dúvida de que a poderosa linhagem do realismo do século XIX se presta admiravelmente a essa abordagem moral, embora funcione muito melhor com James e Gaskell do que com Kingsley, Disraeli ou Conrad. Entretanto, toda a arte literária não pode ser tacitamente coagida a aderir a essa ideologia moral altamente específica. O literário e o liberal não são sinônimos, mesmo que o pareçam para os *literati* metropolitanos. Será que Dante e Spenser são notáveis por sua devoção à diversidade, por seus julgamentos de fina ambiguidade, pelo sentimento em relação a certos conflitos de valores insolúveis, por preferirem o provisório e o exploratório em detrimento

---

18 Ver, por exemplo, Nussbaum, *Love's Knowledge*. O livro contém um relato satisfatório de *A taça de ouro*, de James, embora tenha uma visão decididamente angelical de Adam e Maggie Verver.

O que é literatura? (2)

das verdades garantidas e imutáveis? E são eles piores por não serem assim? Milton é um poeta militante, doutrinário e politicamente *engagé* [comprometido] que se apega a uma distinção absoluta entre as forças da luz e os poderes das trevas. Não é que ele seja um grande escritor apesar disso.

A visão liberal da moralidade se opõe firmemente à didática. Na verdade, um dos grandes clichês da crítica moderna é que o ensino e a pregação são fatais para a arte literária. Escreve Lamarque: "Trabalhos que oferecem demasiada abertura didática, que muito obviamente tentam transmitir uma mensagem, raramente são valorizados em alto nível".[19] A questão se torna convenientemente incontestável graças às expressões "demasiada abertura" e "muito obviamente"; contudo, o fato de até mesmo um toque de didatismo ser desagradável é um julgamento tão aceito pelo *establishment* literário quanto a sugestão de que Shakespeare escreveu algumas coisas bem impressionantes. Certamente não é o caso. "Didático" significa simplesmente uma questão de ensino, e não há razão para que todo ensino deva ser intimidador ou doutrinário. As peças didáticas (*Lehrstücke*) de Brecht, os sermões de Lancelot Andrewes e os *Proverbs of Hell*, de William Blake, são obras didáticas que não deixam de ser poderosas obras de arte. *A cabana do pai Tomás*[20] passa pelo constrangimento de ser um romance de segunda categoria, não porque tem um propósito moral específico – assim como *Modesta proposta*, de Swift, *Ressurreição*, de Tolstoi, e *A fazenda dos animais*, de Orwell –, mas por causa da maneira como o executa. Poderíamos compará-lo, nesse ponto, com *As vinhas da ira*, *As bruxas de Salem* ou *Os pilares da comunidade*, de Ibsen. A canção "Strange Fruit", de Billie Holiday, é ao mesmo arte excelente e propaganda social.

---

19 Lamarque, *Philosophy of Literature*, p.254. Ver também Prado, *Making Believe*, cap.1.
20 Romance de Harriet Beecher Stowe sobre a escravidão nos Estados Unidos, publicado em 1852. (N. T.)

Tampouco há qualquer razão para que as obras literárias devam sempre adoçar timidamente a pílula do seu propósito moral, como sugeriria Lamarque quando fala em "demasiada abertura". Não há nada de particularmente tímido no poema de Allen Ginsberg que convida a América a se foder com sua bomba atômica, o que, aliás, funciona bem o suficiente como uma obra de retórica literária. O ensino e a pregação são funções antigas da literatura, e somente uma época para a qual a palavra "doutrina" tem ressonâncias ameaçadoras de autoritarismo, em vez de denotar de forma mais neutra um conjunto estabelecido de crenças, sentir-se-ia tão cautelosa com o fato de a sua arte defender de tempos em tempos a causa de credos específicos – ou melhor, seria tão prudente em relação a esses credos. É um preconceito liberal e pós-moderno que a convicção enquanto tal é potencialmente dogmática (com exceção, sem dúvida, daquela em particular). Além disso, quanto mais entusiasmada for a fé, maior será sua probabilidade de gerar intolerância. Não há razão para imaginar que seja assim. A história está repleta de detentores de convicções não dogmáticas, de Parmênides a Bertrand Russell. E os liberais deveriam defender as suas visões com a mesma paixão que os seus oponentes. De qualquer forma, o caso geralmente se aplica mais às convicções de outras pessoas do que às próprias. Não é comum encontrar críticos de mentalidade liberal denunciando o didatismo de obras que defendem a liberdade de opinião, em oposição àquelas que louvam o Plano Quinquenal.

A doutrina explícita com certeza não é a principal maneira como a maior parte da literatura funciona. Mas isso não significa que todas as obras de arte engajadas devam ser estridentes e reducionistas. Uma das passagens mais comoventes de toda a obra de Dickens é a forma como ele ataca todos, desde a rainha até seus leitores, após a morte de Jo em *A casa soturna*, uma obra de propaganda social explícita. Não há nada de errado com a propaganda, contanto que seja bem-feita. A literatura não é automaticamente engajada por ser politicamente partidária, como parecem ilustrar a defesa do regicídio de Milton, *A máscara da anarquia*, de Shelley, ou a magnífica polêmica entre Edmund Burke e Warren Hastings. Muitos dos romances de Vladimir Nabokov apresentam partidarismo político, mas os críticos raramente se queixam disso, pois se trata de um partidarismo com o qual a maioria deles concorda. Aos seus olhos, aquilo parece simplesmente a verdade nua e crua. A palavra "doutrinário" se aplica apenas às crenças de outras pessoas. O "engajamento" diz respeito à esquerda, não aos liberais nem aos conservadores. A afirmação de que o engajamento doutrinário é sempre a ruína da arte não passa de piedade liberal desprovida de conteúdo.

*

Dos vários componentes do "literário" que expliquei, o moral parece, à primeira vista, o mais indispensável. É evidente que não se trata de uma condição suficiente para o estatuto literário, uma vez que ele também se encontra nos discursos histórico e filosófico, para não falar de panfletos religiosos, cartões de aniversário, cartas de amor, relatórios governamentais sobre o aborto e muito mais. Porém, é fácil perceber que se trata de uma condição necessária. Como poderia haver literatura sem alguma investigação sobre o valor e o significado da vida humana? O oposto de "moral" nesse contexto parece ser o prático, o técnico ou o informativo. Pode também, no entanto, ser uma doutrina abstrata, razão pela qual uma corajosa alma acadêmica defendeu que o *Ensaio sobre o homem*, de Pope, não é literatura.[21] No entanto, as *Geórgicas* são classificadas como literatura, apesar de serem um manual de agricultura (por vezes de fiabilidade duvidosa) que quase nada tem a dizer sobre crenças, motivos, paixões humanas e coisas do gênero. Conta como literatura em parte por causa de sua forma e sua linguagem, em parte porque vem da mesma lavra que a *Eneida*. O *Sobre a natureza das coisas*, de Lucrécio, é classificado como uma obra literária,

---

21 Ver Schwartz, "Notes on Linguistics and Literature".

uma distinção que dificilmente será concedida aos tratados científicos modernos, mesmo que, como o ensaio de Lucrécio, sejam escritos em verso. Longos trechos do Purgatório de Dante consistem em exposições científicas e teológicas.

Um manual de dieta Tudor ou um ensaio do século XVII sobre os hábitos de reprodução dos peixinhos dourados podem ser considerados literários, não porque demonstrem qualquer interesse particular na moral e nos costumes humanos, e talvez nem mesmo porque sejam considerados especialmente bem escritos, mas porque a sua linguagem arcaica lhes confere certo estatuto artístico, e talvez também pelo valor como documentos históricos. Um livro sobre dieta ou sobre peixinhos dourados escrito hoje tem muito menos probabilidade de ser qualificado como tal, a menos que seja jogado fora num momento de ócio por Thomas Pynchon.[22] Um tratado de óptica do século XVIII poderia ser considerado literário pelos mesmos motivos. De modo geral, quanto mais historicamente distante de nós for um texto escrito, maior será a probabilidade de ele ser considerado literatura. Os textos mais recentes precisam lutar mais arduamente em busca desse estatuto augusto e, em geral, precisam negociar mais as suas qualidades estéticas para o conseguirem. Talvez em alguns séculos os nossos extratos bancários sejam lidos com tanta curiosidade quanto "O conto do cavaleiro".[23]

Veremos, no próximo capítulo, que textos como ensaios sobre piscicultura, apesar de serem "não morais", não ficcionais e (suponhamos) escritos com indiferença, ainda podem receber a classificação de literatura por serem tratados "não pragmaticamente" e aproveitados para reflexões que vão além de suas funções evidentes. Devemos também notar que os discursos não ficcionais, como

---

[22] Escritor norte-americano nascido em 1937 e reconhecido por romances que misturam conhecimentos científicos de diversas áreas em prosa ficcional, como *O arco-íris da gravidade* (1973). (N. T.)

[23] Referência ao primeiro dos *Contos de Cantuária*, coleção escrita no final do século XIV por Geoffrey Chaucer. (N. T.)

os relatórios do governo sobre a indústria do couro, em oposição aos relatórios governamentais fictícios sobre distúrbios públicos – que não raras vezes exoneram a polícia de toda a culpa –, moldam e selecionam os seus materiais, ocasionalmente empregam forma narrativa e, portanto, não estão isentos de atributos ficcionais.

Christopher New pergunta se "podemos atribuir o estatuto de candidato para apreciação (como literatura) a um manual de encanador".[24] Se estiver magnificamente escrito, datar de 1664 ou ambas as coisas, então é difícil explicar por que não poderíamos. O seu estatuto "não moral" pode ser compensado pelos outros fatores. E. D. Hirsch afirma que Darwin e Niels Bohr podem ser vistos como literatura, mas certamente não um artigo na área de psicologia sobre distúrbios visuais após prolongado isolamento perceptual.[25] No entanto, será que Darwin obteve sucesso por ter escrito com mais habilidade do que o psicólogo ou porque obras históricas da ciência podem ser premiadas com o título de literatura, enquanto as menos importantes não? E se o artigo sobre distúrbios visuais obtivesse muita fama com o passar do tempo? Notamos aqui, incidentalmente, que a visão segundo a qual as obras literárias são obras textuais com valor especial pode incluir o seu valor histórico, bem como o estético. Podemos nos sentir inclinados a falar em literatura de obras "não morais", tomando o exemplo dos estudos matemáticos de Leibniz, simplesmente devido à sua estatura histórica.

Pode até haver formas de ficção que beiram o não moral. Uma narrativa de lábios cerrados e ultrahemingwayana ("Ele saiu do bar e passou pelo guarda de fronteira adormecido e a brisa aumentou novamente e havia a mesma sensação metálica em seu estômago e o mesmo rangido suave atrás de seu olho esquerdo, como se o globo ocular estivesse se movendo por conta própria") poderia deixar seu significado moral tão implícito a ponto de ser quase indetectável.

---

24 New, *Philosophy of Literature*, p.32.
25 Hirsch Jr., "What Isn't Literature", em *What Is Literature?*, p.32.

Roland Barthes considerava o *nouveau roman* um exercício precioso para purgar os objetos de suas conotações morais. O ponto moral de uma obra pode residir simplesmente na escrupulosa lucidez com que regista o mundo material, na sua recusa da fantasia anódina e do sentimento nebuloso. No realismo literário, a verdade para a vida se torna um valor moral em si mesma. O descritivo aqui também é o normativo.

Consideremos este trecho do poema "Common Sense", de Alan Brownjohn:

> Um trabalhador agrícola, que tem
> Uma mulher e quatro filhos, recebe 20 xelins por semana.
> ¾ são para a compra de comida, e os membros da família
> Fazem três refeições por dia.
> Quanto é isso por pessoa, por refeição?
> – Da *Common Sense Arithmetic*, de Pitman, 1917

> Um jardineiro, que recebe 24 xelins por semana, é
> Multado em ⅓ se chegar atrasado ao trabalho.
> Ao final de 26 semanas, ele recebe
> 30 libras, 5 xelins e 3 pences. Com que
> Frequência ele se atrasou?
> – Da *Common Sense Arithmetic*, de Pitman, 1917

> [...] A tabela impressa abaixo fornece o número
> De indigentes no Reino Unido, e
> O custo total da assistência aos pobres.
> Encontre o número médio
> De indigentes para cada dez mil pessoas.
> – Da *Common Sense Arithmetic*, de Pitman, 1917

Certamente não há dúvida de que esse é um poema com alta dose de moral, apesar de não fazer nenhum comentário moral sobre o que registra. Não pressupõe nenhuma atitude em relação ao assunto abordado. O fato de estar em verso, no entanto, é uma pista suficiente para que o leitor adote uma atitude moral em relação à obra, engajando-se talvez em certas reflexões foucaultianas sobre a natureza das análises estatísticas, da engenharia social, das atitudes oficiais em relação aos pobres etc.

O fato de diferentes culturas tenderem a promover valores morais muito diferentes é um paradigma pós-moderno. É verdade que as normas morais das *Bacantes* ou da *Oresteia* não são de forma alguma as mesmas de *Maria Stuart*, de Schiller, ou de *A cartuxa de Parma*, de Stendhal. No entanto, também é impressionante o consenso de valor moral revelado pelas obras literárias ao longo dos séculos, por mais grosseiramente fora de moda que fazer isso possa parecer. É difícil pensar numa grande obra de arte literária, de Propércio a Pamuk, que cante louvores à tortura e ao genocídio ou que rejeite a misericórdia, a coragem e a bondade amorosa como sendo uma hipocrisia altissonante. A paixão pela justiça, por exemplo, parece ser perene na espécie humana e nos seus escritos, tendo em vista as diferentes formas que a justiça adquire em todos os lugares e tempos. Esse é um dos sentidos para considerar como radicais, porém não reacionárias, as afirmações de que existem continuidades humanas acompanhando longos períodos da história. O fato de essa verdade simples não poder ser compreendida consiste em um dos vários pontos cegos do pós-modernismo, com seu preconceito segundo o qual o flexível e o mutável devem ter sempre primazia em relação ao persistente e imutável.

2

Chegamos agora à ideia do não pragmático como atributo constitutivo daquilo que hoje é chamado de literatura. As pessoas às vezes usam o termo para obras textuais que não têm função social direta ou definida, ao contrário das multas de estacionamento ou das receitas de doce. Esse sentido do literário tende a ser mais ativo em períodos como o nosso, quando a literatura abandonou a maior parte das suas funções sociais tradicionais. Não se trata de um relato para descrever um hino à Virgem Maria, um canto destinado a expulsar os maus espíritos, uma máscara preparada para celebrar o aniversário de um aristocrata, um poema de comemoração para as façanhas militares da tribo ou um elogio a um monarca que habilmente esconde seus exíguos poderes intelectuais. Quando a literatura é despojada de tais funções formais, seus apologistas podem procurar compensar esse lapso de estatuto afirmando que as obras literárias são preciosas em si mesmas ou que, tendo elas se libertado de um propósito social específico, podem dizer que agora servem uma pluralidade deles.

Essa é, *grosso modo*, a concepção de literatura defendida por John M. Ellis em *Theory of Literary Criticism*. Ellis concorda com quase todo mundo ao dizer que os textos literários não devem ser identificados por propriedades intrínsecas. Em vez disso, na sua opinião, eles são identificáveis por seus usos (embora, ironicamente, esses usos possam ser eles próprios não pragmáticos, tais como melhorar o nosso senso de beleza ou aprofundar a nossa compreensão da crueldade, e isso Ellis não consegue salientar). Quando tratamos um trecho da linguagem como literatura, argumenta Ellis, não nos preocupamos mais (como faríamos com uma produção textual da prática) se ele é verdadeiro ou falso, se o tipo de informação poderia nos levar à ação etc. Em suma, já não o tratamos como parte do nosso contexto social imediato; antes, utilizamo-lo de tal forma que "o texto não é considerado especificamente relevante para o contexto imediato da sua origem".[26] Poder-se-ia afirmar que estamos agarrados ao fato de o texto não ser empiricamente verdadeiro ou diretamente funcional como ocasião para o considerar verdadeiro e útil em algum sentido mais amplo ou mais profundo. Poderíamos também salientar, em complemento à

---

26 Ellis, *The Theory of Literary Criticism*, p.44.

explicação de Ellis, que separar um texto da sua fonte envolve simultaneamente focar e ampliar a atenção de leitura. Por um lado, tratamo-lo agora como algo que possui valor em si mesmo, e não como um espírito puramente instrumental; por outro lado, nós o libertamos de um contexto específico para diversos outros.

Classificar um texto como literário nessa perspectiva é tomar a decisão de não o referir à pessoa que o originou ou de o tratar como uma comunicação dela. (Veremos mais tarde a influência dessa afirmação sobre a chamada teoria dos atos de fala.) Tais obras não dependem, para seu significado, de seus contextos genéticos e não devem ser julgadas de acordo com seu sucesso nem de qualquer outra forma nessa situação. São, por assim dizer, flutuantes, libertadas do seu ponto de origem e, portanto, peculiarmente portáteis, porém não como um passaporte. Um passaporte, sem dúvida, foi projetado para ser transportado; contudo, ele cumpre um conjunto específico e fortemente limitado de funções. Um ingresso para um concerto é ainda mais estacionário. Os textos literários são aqueles cujas funções não podemos prever, no sentido de que não podemos predeterminar que "usos" ou leituras deles podem ser feitos nesta ou naquela situação. Eles são inerentemente abertos, capazes de serem transportados de um contexto para outro e de acumular novos significados no processo.[27] Como sugerem Wimsatt e Beardsley em seu clássico ensaio sobre a chamada falácia intencional, um poema é "apartado do autor ao nascer".[28]

O postulado de que as obras literárias são excepcionalmente mutáveis não é uma visão absolutamente nova delas. Ele tem uma história venerável, principalmente na antiga prática judaica do *midrash* ou na interpretação das escrituras. Os fariseus que se reuniram após

---

27 Essa breve descrição da posição de Ellis talvez a faça parecer um pouco mais próxima da teoria pós-estruturalista do que ele, como crítico conservador, supostamente gostaria. De qualquer maneira, existem paralelos.
28 Wimsatt e Beardsley, "The Intentional Fallacy", em *Twentieth Century Literary Criticism*, p.339.

a queda do Templo para estudar a Torá estavam menos preocupados em extrair algum significado inato do texto do que em lhe atribuir novos significados, por vezes surpreendentemente improváveis. Esse grupo de homens, parodiado pelos autores do Novo Testamento para os seus próprios fins político-teológicos, estava entre os primeiros hermeneutas. O significado de um texto bíblico não era considerado evidente. O próprio termo *midrash*, que significa procurar ou investigar, sugere isso com bastante clareza. As escrituras sagradas eram vistas como inesgotáveis e apresentavam aos comentadores um sentido diferente a cada vez que eram estudadas. A menos que um trecho das escrituras pudesse ser radicalmente reinterpretado para atender às necessidades da época, ele era considerado morto. Precisava ser revitalizado por uma exegese constante à luz do momento contemporâneo. A revelação era um processo contínuo, não um acontecimento definitivo. A Torá era vista como um texto radicalmente incompleto, que cada geração de intérpretes precisava ajudar a aperfeiçoar. Nenhum deles tinha a última palavra, e o processo de decifrar as escrituras envolvia uma interminável disputa coletiva.[29] Por vezes, era atribuído um estatuto privilegiado à Torá oral, uma vez que a escrita encorajava a reificação do significado.

    O fato de um texto ser separado de sua origem, entretanto, pode ser visto como verdadeiro para todos os escritos, embora isso seja mais óbvio no caso da literatura. Há uma questão de grau aqui. A escrita, ao contrário da fala não gravada, é um modo de significação que pode continuar a funcionar na ausência de um autor, e essa possibilidade é um apanágio estrutural permanente. "Uma vez que qualquer relato seja escrito", observa Sócrates no *Fedro*, de Platão, "você encontrá-lo-á em todo lugar, tanto nas mãos de pessoas completamente inadequadas quanto nas daquelas que o entendem, não havendo nenhuma forma de se saber com quem ele deveria ou não

---

[29] Ver Armstrong, *The Bible: The Biography*, cap.4.

deveria falar".[30] Há algo de alarmante ou deliciosamente promíscuo na escrita, que pode, por sua própria natureza, migrar por fronteiras zelosamente patrulhadas; ela está pronta para abordar qualquer estranho que passe, como se fosse uma velha prostituta de bar, e pode transmitir verdades sagradas (como os avatares da Reforma reconheceram rapidamente) para mãos ilícitas ou amotinadas. Quando algo passa para o registro escrito, você não sabe de onde aquilo veio. De todo modo, há um perigo: que os apóstolos dos transgressores celebrem essa força anárquica de maneira um pouco ingênua. Antes que alguém se torne demasiado antilogocêntrico, vale a pena recordar o papel fundamental da escrita na manutenção do poder opressivo. Também é verdade, como já sugeri, que algumas obras textuais apresentam mobilidade bem maior do que outras.

Ellis é uma espécie de essencialista para o qual a não funcionalidade faz parte da própria natureza da arte literária. Na verdade, veremos logo adiante que essa propriedade não é necessária nem suficiente para que a escrita seja classificada como literatura. Contudo, também há outros problemas nisso. Por um lado, Ellis afirma que apartar uma obra de seu contexto genético é torná-la impermeável a julgamentos de verdade ou falsidade. Teremos a oportunidade de lançar dúvidas sobre essa afirmação mais tarde. A indiferença em relação à verdade e à falsidade é geralmente vista como uma qualidade definidora do ficcional, mas o ficcional e o não pragmático não estão necessariamente de mãos dadas. Pode haver textos não pragmáticos – fazer pichação obscena numa parede só por diversão – que não são ficcionais. Karlheinz Stierle argumenta que a ficção popular se situa em algum lugar entre o pragmático e o não pragmático, uma vez que, na sua opinião, tais obras são meros instrumentos para a construção de ilusões.[31]

---

30 Platão, *Phaedrus*, p.70.
31 Stierle, "The Reading of Fictional Texts", em *The Reader in the Text*, p.87.

Ao mesmo tempo, é importante ver que a ficção afrouxa a relação entre um texto escrito e uma situação real, pois isso pode facilitar os tipos de operação que Ellis tem em mente. Nesse sentido, talvez até em todos os sentidos, existe de fato uma ligação entre aspectos ficcionais e não pragmáticos do literário. A ficção tira das obras o seu peso de responsabilidade para com o real, tornando-as mais facilmente separáveis dele. A afirmação de Richard Ohmann de que as obras literárias carecem da chamada força ilocucionária (examinaremos isso posteriormente) envolve uma concepção que as pressupõe indiferentes ao mundo cotidiano das promessas e dos compromissos; formulada nesses termos, trata-se de uma visão semelhante à de Ellis, que considera as obras como não pragmáticas.

O mesmo efeito pode ser alcançado por uma linguagem autoconsciente ou ricamente figurativa, o que sugere que um texto deva ser tomado como algo diferente de um relato sobre uma situação empírica. Como o signo poético tem a sua própria realidade material, em vez de refletir o mundo de forma transparente, existe certa frouxidão entre ele próprio e o seu referente, semelhante à frouxidão entre a ficção e a vida real. Existe uma relação entre tais aparatos linguísticos e o não pragmático, uma vez que também eles nos convidam a ampliar o foco para além da situação em questão. Eles atuam, entre outras coisas, como sinais de que algo mais do que o prático e o imediato está em jogo. Um distanciamento semelhante se verifica quando consideramos uma obra literária como primordialmente moral em vez de empírica e, portanto, como não vinculada a uma situação específica como o seria uma lista de compras. Aqui, então, quatro dos atributos constitutivos da literatura que identifiquei cooperam para o mesmo fim.

Outro problema com a reflexão de Ellis é que até mesmo nos tempos modernos existem obras que as pessoas chamam de literárias e que têm funções práticas inegáveis. Os discursos políticos de Burke podem, uma vez mais, servir de exemplo. Chamamos esses discursos de literários devido à sua fertilidade figurativa, ao brio retórico, à bravura emocional, ao virtuosismo dramático e assim por diante – de modo que, aqui, um constituinte do literário compensa a ausência de outro, especialmente o não funcional. Seria uma simplificação sugerir que os discursos de Burke sobre o estado da Irlanda ou sobre a revolução norte-americana eram práticos na sua época, mas são literários no presente, pois muitos de seus contemporâneos os apreciaram como apresentações poéticas.

Nem todos os textos literários flutuam livres de seus contextos genéticos. O poema "Tell Me Lies about Vietnam", de Adrian Mitchell, pretende abordar uma situação extremamente específica, assim como o soneto de Milton, "Avenge, O Lord, Thy Slaughter'd Saints". Não estamos aqui sugerindo que obras como essas nada tenham a dizer além das suas conjunturas imediatas, mas simplesmente que tais conjunturas são extremamente importantes para elas. Ellis impõe uma escolha muito precisa; contudo, existem graus de não funcionalidade que ele não reconhece. A distinção entre o pragmático e o não pragmático não é de forma alguma impermeável. A comunicação cotidiana não é simplesmente prática: basta pensarmos em brincar, cumprimentar, xingar etc. Ou então, pensemos na chamada comunicação fática, que se concentra no próprio ato de enunciação ("É ótimo falar com você de novo!"). Espera-se que um sermão induza alguns efeitos práticos em seus ouvintes, mas provavelmente não imediatamente.

Há também ficção pragmática, como fábulas televisivas que ilustram a loucura de dirigir bêbado, bem como não ficção não pragmática, como uma história engraçada que por acaso é verdadeira. Um poema de Mallarmé é certamente não pragmático, mas e a Magna Carta, as reflexões de Hölderlin sobre a tragédia, um tratado científico sobre morcegos frugívoros ou a Constituição norte-americana? Será que aumentar o nosso conhecimento sobre morcegos frugívoros é mais pragmático do que *O vento nos salgueiros*[32] se não houver

---

32 Clássico da literatura infantil escrito por Kenneth Grahame e publicado em 1908. (N. T.)

nenhuma utilidade prática que possamos dar a esse livro? Nem toda escrita que flutua livre de seu ponto de origem é agraciada com o título de literatura. (Até que ponto a Constituição norte-americana o faz é uma questão de disputa feroz entre os chamados originalistas jurídicos e os seus oponentes.) Em qualquer caso, será que o literário é inteiramente uma questão do que fazemos com a escrita, e não do que a escrita faz conosco? Não existem obras – algumas mais e outras menos – que, em certos contextos, convidam a esse deslocamento das suas fontes, talvez em virtude da sua linguagem barroca ou do seu estatuto evidentemente ficcional? Não há um sentido em que alguns tipos de texto (aqueles expressos em dísticos heroicos, por exemplo) fazem um bom trabalho de distanciamento próprio?

Ellis está certo ao ver que "textos não originalmente concebidos para esse uso podem ser incluídos [na categoria de literatura], enquanto textos que foram conscientemente concebidos para esse uso podem ser excluídos".[33] Essa flexibilidade é uma das virtudes de sua reflexão. Entretanto, ele se esquiva da questão da não funcionalidade ao contrapor as obras "literárias" ao discurso da vida cotidiana, e não, digamos, aos escritos de Newton, Mill ou Freud. É bastante claro que declarações como "Que penteado magnífico!" vão "perecer depois que [seu] contexto tiver desaparecido", como diz Ellis, a menos que seja o único elogio que alguém já recebeu e o brilho caloroso que ele provocou permaneça, mesmo no leito de morte. A comparação apropriada, contudo, não é entre uma obra literária e a linguagem cotidiana, mas entre, digamos, *O herói de nosso tempo*, de Lérmontov, e *O mundo como vontade e representação*, de Schopenhauer. Em que sentido o significado e o valor destes últimos estariam restritos ao seu contexto genético? E se, em algum caso, o contexto original de uma obra for desconhecido? E, sendo conhecido, não recorremos por vezes a ele para ajudar na decisão de questões de significado no caso de obras não pragmáticas? Será que parte do efeito estético de uma obra não

---

33 Ellis, *Theory of Literary Criticism*, p.51.

O que é literatura? (2)

envolveria uma tensão entre o que sabemos que ela significava originalmente e o que significa para nós agora? Ellis é tão zeloso em defender sua reflexão que a empurra, desnecessária e inaceitavelmente, para uma negação total da importância das condições genéticas de uma obra. Ele não é um formalista nessa questão, mas um "presentista": a nossa situação contemporânea é sempre prioritária quando se trata de avaliar o significado e o valor de obras passadas.

No entanto, a ideia de independência do contexto não implica necessariamente um anti-historicismo tão implausível. Uma obra reciclada, ou, nos termos de Brecht, "refuncionalizada", permanece um produto determinado do seu tempo histórico. E isso pode impor restrições sobre o como e o quanto ela pode ser refuncionalizada. Michel Foucault é tão avesso quanto Ellis à investigação genética do discurso, o que o prenderia ao seu momento de concepção; mas ele não tem dúvidas de que tais discursos são completamente históricos, emergindo em certos momentos e desaparecendo em outros. Além disso, a capacidade de uma obra de transcender as suas condições genéticas e a natureza dessas condições podem estar intimamente relacionadas. Certas produções textuais continuam a ressoar em nós devido ao poder peculiar que lhes foi dado pelos seus contextos originais. Nesse sentido, a obra que se mostra mais tenaz ao longo do tempo pode ser, ironicamente, aquela que pertence mais intimamente ao seu próprio momento histórico, ou que dele participa de algum modo.

As obras que decidimos tratar de maneira não funcional, observa Ellis, são aquelas que "vale a pena tratar do mesmo jeito que os textos literários são tratados [...]. Quando, portanto, analisamos um texto literário, estamos sempre lidando com os atributos de sua estrutura que são a causa de ele ser altamente valorizado como literatura".[34] No entanto, se a análise crítica invariavelmente se atenta para os atributos de um texto que o tornam valorizado, então, como entendem

---

34 Ibid., p.51, 93.

Lamarque e Olsen, é difícil ver como pode haver crítica negativa da arte literária. A própria palavra "literária" a resguarda de tal indignidade. O fato de uma obra ser satisfatória se torna a pré-condição, e não a conclusão, da investigação que se faz dela, uma vez que ninguém se daria ao trabalho de investigá-la em outro caso. Na esteira de alguns outros estudiosos pelos quais passamos, há algo inescapavelmente circular em todo o processo de juízo de valor de Ellis.

Há momentos em que a abordagem da literatura feita por Ellis reúne o descritivo e o normativo, apesar de sua insistência na necessidade de distinguirmos esses termos. Se, como ele por vezes parece sugerir, o não funcional é superior ao funcional, então o valor já está atrelado à definição de literatura, embora, nesse caso, devido ao seu caráter: não pragmático em vez de formal, moral ou linguístico. Uma tentativa padrão de preencher a lacuna entre o descritivo e o normativo, ou seja, entre fato e valor, é apelar ao conceito de função: relógio bom é aquele que cumpre a sua função de marcar o tempo com precisão, a fim de que o seu valor possa ser factualmente estabelecido. Há um sentido em que Ellis coloca essa estratégia de cabeça para baixo. Podemos passar do estatuto não funcional de um texto, que é tomado como um fato concernente a ele, para um juízo de valor sobre ele.

No entanto, não existe uma correlação necessária entre o precioso e o não pragmático. Existem trechos de escrita trivialmente não pragmáticos, como aquele verso terrivelmente sentimental que rabisquei em um momento de euforia ao ver o cais de Blackpool. Em outras partes de seu livro, Ellis parece registrar esse fato:

> Assim como uma obra de literatura deve ser vista em primeiro lugar como um texto que desempenha determinada tarefa e é tratado de certa maneira, uma boa obra de literatura é, em primeiro lugar, aquela que desempenha bem essa tarefa e é eminentemente adequada para o seu uso característico como obra de literatura.[35]

---

35 Ibid., p.84.

O que é literatura? (2)

Portanto, pareceria realmente haver uma distinção entre o precioso e o não pragmático, uma vez que podemos falar sobre quão bem uma obra desempenha a sua função (não pragmática).

*

Uma coisa que as pessoas por vezes querem dizer quando chamam uma obra de literária está no fato de que o seu significado é, de alguma forma, supostamente generalizado – que o que ela apresenta é oferecido não apenas gratuitamente, mas como algo que evoca algum significado mais amplo ou mais profundo.[36] E isso está claramente ligado ao estatuto ficcional do texto literário, bem como ao seu caráter não pragmático. Em ambas as perspectivas, é mais provável que ele seja portador de significados gerais do que um relatório de engenharia ou um conjunto de instruções práticas. Aristóteles pensava que a poesia deveria se distinguir da história pela sua generalidade. Samuel Johnson, em *Rasselas*,[37] fala sobre a necessidade de um autor evitar o indivíduo e abordar proposições gerais, aparências grandiosas, questões da espécie como um todo. Wordsworth escreve, no prefácio às *Baladas líricas* de 1802, sobre a verdade "não individual e local, porém geral e operativa", enquanto Georg Lukács, em *O romance histórico*, insiste nos atributos "típicos" de um texto, que seriam distintos daqueles puramente contingentes. Claude Lévi-Strauss se refere aos signos mitológicos que flutuam num limbo

---

[36] Alguns filósofos da literatura levantam questões sobre como as verdades gerais devem ser derivadas do tipo de declarações não assertórias que constituem a ficção. Para Cebik, em *Fictional Narrative and Truth*, por exemplo, a ficção não pode produzir nenhuma nova verdade. Ver também Mellor, "On Literary Truth", e Pavel, *Fictional Worlds*; este último argumenta que a verdade de um texto literário como um todo não é recursivamente definível a partir da verdade das sentenças individuais que o compõem (p.179). Ver ainda Sirridge, "Truth from Fiction?".

[37] *A história de Rasselas, príncipe da Abissínia*, romance de Samuel Johnson publicado em 1759. (N. T.)

entre a concretude das imagens e a generalidade dos conceitos, uma ambiguidade que também tem repercussão vital nas obras literárias.

Esperamos das chamadas obras literárias mais do que relatos de figuras ou situações específicas, por mais convincentes que sejam. Esperamos que, num sentido obscuro, elas apontem para além de si mesmas. Como diz Robert Stecker, "procuramos algum significado geral nas particularidades de um texto".[38] Um personagem do romance *A Goat's Song*, de Dermot Healy, reflete sobre como "uma história insípida pode conter uma verdade que vai muito além do significado das palavras". Peter Lamarque argumenta que uma obra literária não só apresenta um mundo, mas convida à sua interpretação temática, e nela o seu conteúdo adquire um significado mais amplo.[39] É um atributo notável da literatura o fato de que, quando a lemos pelo que diz, também fazemos que ela insinue algo a mais. Se esses dois níveis são difíceis de dissociar, é porque "algo a mais" não é outro conjunto de significações, mas uma maneira distinta de lidar com os significados que nos são oferecidos, uma questão que os linguistas chamam de *uptake*.[40] Devemos ser alertados pelas próprias palavras "poema" e "ficção" para o fato de que aquilo que delas deriva deve ser tomado como exemplar – como tendo uma corrente de implicações morais para além dos acontecimentos que descreve ou das emoções que regista, o que geralmente não é o caso dos manuais de máquinas de lavar louça ou das páginas financeiras do *The Times*.

Ninguém formulou essa duplicidade inerente da literatura de modo mais sugestivo do que Jacques Derrida:

> O "poder" de que a linguagem é capaz, o poder que existe, como linguagem ou como escrita, é que uma marca singular também deve ser

---

38 Stecker, "What Is Literature?".
39 Lamarque, *Philosophy of Literature*, p.208.
40 *Uptake* pode ser traduzido como "apreensão" ou "compreensão"; aqui, o termo foi mantido em inglês, de acordo com orientação do linguista Paulo Ottoni. (N. T.)

repetível, iterável, como marca. Ela começa então a diferir de si mesma o suficiente para se tornar exemplar e, por conseguinte, envolve certa generalidade [...]. Porém, essa condensação da história, da linguagem, da enciclopédia, permanece aqui indissociável de um acontecimento absolutamente singular, de uma assinatura absolutamente singular e, portanto, também de um dado, de uma língua, de uma inscrição autobiográfica. Num nível mínimo, o traço autobiográfico pode ser levado à maior potencialidade da cultura histórica, teórica, linguística, filosófica – o que realmente me interessa é isso.[41]

A linguagem opera por uma espécie de dupla inscrição, ao mesmo tempo se apegando ao singular e se afastando dele. Um poema lírico ou um romance realista apresentam o que entendemos por uma realidade irredutivelmente específica; entretanto, como os signos que utiliza não passam de signos – por serem iteráveis, capazes de serem empregados em outros contextos –, qualquer afirmação literária particular contém em si uma riqueza de conotações gerais. É assim que o singular passa a se comportar como um microcosmo, condensando uma gama de mundos inteiros em seu estreito perfil. Quanto mais os textos são moldados ou enquadrados para exibir essa dualidade, mais convencionalmente eles se aproximam da condição literária. Os textos literários exploram tipicamente a natureza dupla do discurso, retratando situações irredutivelmente específicas que, pela própria natureza da linguagem, são, ao mesmo tempo, de importância mais geral. Nos termos de Derrida, eles são "exemplares". Isso também se aplica a algumas das estratégias que associamos à ficção.

A estética fenomenológica de Maurice Merleau-Ponty encontra uma dualidade semelhante nas obras de arte. Existe a dimensão "visível" de tais artefatos, ou seja, a sua presença sensorial; porém, sustentar isso quase como uma espécie de andaime numa construção consiste em um contexto "invisível" de situações e relações

---
41 Derrida, *Acts of Literature*, p.43.

significativas, que em geral é ignorado na vida cotidiana, mas que precisa ser trazido para o primeiro plano, sendo essa a função da obra de arte. Um pensamento similar informa a noção de Heidegger sobre o "mundo" da obra de arte. O artefato, para Merleau-Ponty, ocupa um espaço intermediário entre a percepção e a reflexão, no sentido de que seu imediatismo sensorial fala de um contexto de ideias mais fundamental. Esse contexto ou estrutura mais profunda não é tão instantaneamente perceptível quanto os personagens e os acontecimentos da obra; contudo, por estar relacionado com eles como seu "dúplice",[42] também não é inteiramente abstrato.[43]

Há um paradoxo envolvido na natureza dual da linguagem. É o fato de que quanto mais rigorosamente uma pessoa se especificar, mais possibilidades gerais ela evocará. Retratar uma coisa em toda a sua singularidade significa enfatizar demais a linguagem; isso, contudo, envolve a coisa numa densa teia de conotações e permite que a imaginação brinque livremente em torno dela. Quanto mais linguagem você acumular, mais você esperará obter a *quidditas* de tudo o que estiver descrevendo, mas também mais você vai deslocá-la, pois evocará uma miríade de outras possibilidades. Tal como acontece com uma escultura de Giacometti: quanto mais ela é reduzida, mais maciça é a sua aparência.

A duplicidade que estamos examinando não se aplica a tudo o que tem a sorte de ser denominado literário. Às vezes recorremos à literatura popular (um oximoro aos olhos de muitos dos teóricos que mencionamos) simplesmente em busca de uma boa história, sem implicações particulares além dela mesma. Poucos leitores recorrem a Agatha Christie por sua sabedoria moral. Como sugere Richard Gale, "[a]s convenções literárias e sociais da época e do local da sua

---

42 No original de Merleau-Ponty em francês, *doublure*, que Eagleton traduz como *lining*. Adota-se aqui *dúplice*, de acordo com a tradução de José Arthur Giannotti e Armando Mora de Oliveira publicada pela Editora Perspectiva. (N. T.)
43 Ver Merleau-Ponty, *The Visible and the Invisible*.

criação, juntamente com o estilo em que [a obra] é escrita, determinam se ela deve ser considerada como uma sugestão de verdades gerais sobre o mundo".[44]

Não existe, entretanto, nenhuma lei que nos obrigue a aceitar um texto tal como ele parece querer ser considerado, assim como não precisamos fazer isso com nossos amigos e colegas. Mesmo que uma produção textual pareça não o convidar, o leitor ainda pode se envolver em uma operação generalizadora desse tipo. Sempre podemos pensar em um aviso de "saída" como um sinistro *memento mori*. Podemos ver que a história de *Cachinhos Dourados e os três ursos* provavelmente foi escrita para ser lida apenas em virtude de seu enredo, embora isso não seja razão para não permitirmos que alguns significados gerais profícuos ativem nossa mente durante a leitura, como o perigo à ordem doméstica causado por meninas anárquicas em fúria. Na verdade, é difícil ver como qualquer narrativa, por mais teimosamente específica que seja, possa escapar completamente das implicações gerais. Quando se trata do que chamamos de literatura, a questão é antes editar e tratar parcialmente o específico *em benefício* do geral, uma operação mais óbvia no caso da ficção. Na ficção, o específico, por ser em grande parte inventado, tende a oferecer menos resistência a esse objetivo. Mesmo assim, essa dupla codificação não está restrita ao que se convencionou chamar de literatura. Gerald Graff acredita que as obras literárias podem ser distinguidas das chamadas expressões de linguagem cotidiana pelo fato de "as mensagens transmitidas pelos discursos individuais não exemplificarem qualquer mensagem ilustrativa mais ampla, como acontece com os discursos de uma obra literária".[45] Todavia, um homem que se gaba de suas façanhas sexuais para seus colegas de trabalho pode estar os provocando não apenas a julgá-lo, mas também a fazerem

---

44 Gale, "The Fictive Use of Language", p.335.
45 Graff, "Literature as Assertions", em *American Criticism in the Post-Structuralist Age*, p.147.

certas especulações gerais sobre vanglória, sexismo, arrogância masculina e coisas afins.

Em certo sentido, todas as nossas experiências são exemplares. Ninguém pode se propor escrever um pensamento ou sentimento que seja por princípio inteligível apenas para si mesmo, nem mesmo o autor de *Finnegans Wake*. Entre as minhas emoções, não há nenhuma que não poderia ser compartilhada; o contrário disso seriam as emoções que são somente minhas e que ninguém mais poderia sentir. Escrever já é se envolver num tipo partilhável de criação de sentido. Há uma dimensão implícita de generalidade até mesmo nas experiências aparentemente mais privadas, o que, em certa medida, é o que torna a literatura possível.

As chamadas obras literárias, portanto, implicam uma dupla leitura, à medida que respondemos a situações concretas e, no entanto, as inscrevemos, mesmo que de modo inconsciente, num contexto menos específico. Por estarmos cientes de que *Emma* é um romance, não consideramos que o comportamento da heroína significa autoanulação, como poderíamos fazer com a vida de Florence Nightingale.[46] Quando essa estratégia dupla chega à autoconsciência, ela é conhecida como alegoria. No caso do realismo literário, ela envolve um equilíbrio precário entre o individual e o geral. Dado que em um texto realista os atributos gerais se encarnam em suas particularidades concretas, essas particularidades precisam ser concretizadas da forma mais convincente possível. Na verdade, a literatura é a descrição "mais densa" da realidade que temos. No entanto, isso pode ter o efeito de desviar o olhar do leitor para os detalhes que exemplificam a obra, de modo a minar o modo abrangente de percebê-la. O texto precisa aludir a algo além dele próprio, mas não à custa da

---

46 *Emma*: romance de Jane Austen publicado em 1815. Florence Nightingale (1820-1910): reformadora social inglesa, fundadora da enfermagem moderna (trabalhou como instrutora de enfermeiras durante a Guerra da Crimeia) e autora de livros voltados à difusão do conhecimento médico. (N. T.)

própria especificidade que torna tais alusões persuasivas. O concreto é o meio do geral, mas pode sempre acabar obstruindo-o.

O romancista Samuel Richardson escreve a seu amigo William Warburton que não deseja que seus leitores acreditem que seu romance *Clarissa* seja um relato da vida real, mas também não quer confessar que se trata de ficção. Existem várias maneiras de interpretar o que ele quis dizer com isso. Richardson pode ter pensado que, embora desejasse atribuir à história um ar de realidade, não queria que os leitores acreditassem que os fatos ali descritos realmente aconteceram, uma vez que o seu estatuto moral exemplar poderia ficar comprometido. O livro tornar-se-ia apenas mais um relato da vida real, sem qualquer dimensão "típica". Poderíamos não conseguir compreender que o romance é, por sua própria natureza, um conto sobre outras mulheres além de Clarissa, outros homens além de Lovelace e outros lugares além da Londres do século XVIII. Porém, qualificar o livro como ficção poderia colocar em risco o seu impacto realista, sabotando indiretamente também o seu estatuto exemplar. Os comentários a Warburton sugerem que Richardson queria situar sua história em algum lugar entre a ficção e a realidade, garantindo, assim, para si o melhor dos dois mundos.

Tratar algo como ficcional é, entre outras coisas, permitir-se pensar e sentir em torno dele, dar asas à imaginação, recusar a sombria fatalidade do factual em nome do virtual. Como as obras literárias são ficcionais no sentido de estarem desprendidas em relação ao real, elas podem propiciar ocasiões adequadas para tal atividade especulativa. Elas podem lidar com a obstinação do real com um espírito arrogante, tecendo hipóteses imaginativas em vez de se conformarem servilmente aos clamores do princípio de realidade. Essa é uma das razões pelas quais a imaginação e a política radical têm estado tão frequentemente ligadas. Se essa autonomia inclui manter o trabalho a certa distância, então ela pode também significar uma experiência mais intensa dele. Na verdade, Coleridge considerava que, quanto mais absortos estivéssemos numa obra literária, menos crédito poderíamos lhe dar, uma vez que, na sua opinião, acreditar na obra requer um ato de vontade que a imersão demasiado sincera no texto tornaria impossível. As obras literárias têm o poder de apresentar as coisas em sua presença tangível e, assim, atrair o leitor; porém, tal como vê o fenomenólogo husserliano, elas também podem libertar as coisas para serem vistas de vários ângulos diferentes, combinando, assim, o palpável e o provisório. Nessa interação de distanciamento e aproximação, as obras reproduzem com intensidade pouco usual a consciência dupla ou irônica, que é um modo caracteristicamente humano de pertencer ao mundo.

3

A suposição de que as obras literárias são produções textuais extraordinariamente valiosas é amplamente corrente entre os teóricos. Stein Haugom Olsen escreve que "uma obra literária não é compreendida, mas apreciada", como se fosse possível apreciar o que não se compreende.[47] Para ele, como vimos, o ato de interpretar um texto pressupõe uma avaliação positiva a seu respeito. Por que alguém se preocuparia em interpretar uma obra não canônica? Há um sentido, então, em que a interpretação segue os passos da avaliação e não o contrário, como geralmente se supõe. Na opinião de Olsen, um relato crítico deve se concentrar nos atributos de uma obra que justificam o interesse nela investido pelos membros de uma cultura. Uma interpretação válida é aquela que identifica as qualidades que classificam a obra como uma obra de arte exitosa. Portanto, a crítica, na verdade, não é *crítica* no sentido usual da palavra. A tarefa da crítica seria insignificante se estivesse limitada a apontar onde uma obra malogra em termos da distinção que se espera ver manifesta nela. Em vez disso, no léxico de Olsen, essa palavra diz respeito à "apreciação" beletrística.

---
47 Olsen, *The End of Literary Theory*, p.152.

"Apreciação" tem menos chances de permitir a entrada do negativo do que esse termo mais antipático que é "crítica".

Na mesma linha, Colin Lyas escreve: "Será impossível definir literatura a menos que citemos atributos cuja presença torna uma produção textual valiosa de certa maneira".[48] Literatura, para ele, é uma palavra de "aprovação". Charles Stevenson pensa que deveríamos preservar um sentido positivo ou laudatório da palavra "poema", com base no fato de um poema poder ser tão ruim a ponto de não ser um poema de forma alguma.[49] Todos os poemas, então, são bons poemas, tal como todas as salsichas são boas (já que as ruins não são salsichas de jeito nenhum). Gregory Currie afirma que "se referir a algo dizendo que se trata de literatura é, exceto em certas circunstâncias especiais, atribuir-lhe determinado tipo de valor".[50] Christopher New observa que obras cujas qualidades literárias são "pobres e banais [...] não merecem o título honorífico de (boa) literatura".[51] Os parênteses são dignos de nota. É como se New tivesse subitamente percebido que está prestes a descartar a possibilidade de existir literatura ruim, e então rapidamente inseriu "boa". O efeito da inserção é transformar a afirmação numa tautologia: obras pobres e banais não são boas. New também nos diz que quando "contrastamos a escrita literária séria com a literatura escapista, estamos usando a palavra 'literatura' de modo neutro e isento de valores".[52] Pareceria que o que é considerado sério e o que é escapista pode ser estabelecido de modo neutro, uma hipótese que até mesmo o positivista mais dedicado pode relutar em endossar. Paul Crowther, num excelente estudo de estética, escreve que "certamente não permitiríamos que todas as pinturas ou poemas fossem *ipso facto* obras de arte".[53] Que nome então

---

48 Lyas, "The Semantic Definition of Literature", p.83.
49 Stevenson, "On 'What Is a Poem?'".
50 Currie, *The Nature of Fiction*, p.67.
51 New, *Philosophy of Literature*, p.3.
52 Ibid.
53 Crowther, *Critical Aesthetics and Postmodernism*, p.54.

deveríamos usar? Podem ser obras de arte *ruins*, mas isso não significa que não sejam obras de arte; seria como dizer que um fígado doente não é um fígado. Os usos descritivos e normativos do sintagma "obra de arte" normalmente se confundem nesse tipo de discussão.

O que essa teoria faz com a literatura ruim? Podemos, com certeza, afirmar que a noção de literatura ruim evita ser um oximoro no seguinte sentido: ela se refere a um membro de uma classe de obras altamente estimadas que não consegue cumprir essa promessa. Uma miserável tragédia da Restauração ou uma obra pastoral neoclássica vazia ainda pode, portanto, ser considerada como digna do estatuto literário, talvez não em sentido genérico, mas ao menos individualmente. Ou podemos estar falando de obras que aspiram à eminência do literário, mas permanecem miseravelmente aquém dela. No entanto, o problema não deve ser descartado tão facilmente, pois já vimos que o chamado cânone literário contém uma série de itens cuja qualidade é bastante insuficiente. Da mesma forma, existem gêneros, como a ficção científica, que poderiam ser considerados não canônicos a despeito de estarem ligados à produção de algumas obras individuais magníficas. Lamarque e Olsen distinguem a literatura do entretenimento leve, mas há muitas comédias excelentes que se enquadram em ambas as categorias. E se as obras literárias são aquelas que respondem a certo tipo de tratamento, então isso é tão verdadeiro para a boa ficção popular como o é para Cervantes. Será que a ficção de P. D. James e Ian Rankin é literatura? E, se não for, por que não o é? Será que não é porque lhe falta a delicadeza de linguagem ou a profundidade de visão necessárias? Mas e quanto a Robert Southey ou Thomas Beddoes? Eles certamente são considerados literatura, porém, ao contrário de James e Rankin, é duvidoso que valha a pena lê-los.

A visão segundo a qual a literatura é um tipo de escrita inerentemente valioso tem uma história bem específica. Nos séculos XVI e XVII, como argumentou Raymond Williams, a palavra "literatura" realmente significava o que hoje entendemos por letramento ou erudição literária, de modo que "um homem de muita literatura" significava alguém com acúmulo excepcional de leituras.[54] Ao reconstituir a evolução do termo "literatura" desde o século XVIII até o presente, Williams demonstra como uma

> categoria que parecia tão objetiva quanto "todos os livros impressos" e que recebera uma classe social de base capaz de "aprendizagem polida" e domínio do "gosto" e da "sensibilidade" havia se tornado uma área necessariamente seletiva e autodefinidora: nem toda a "ficção" era "imaginativa", nem toda a "literatura" era "Literatura".[55]

A crítica, que como prática desempenhara funções diversas no passado, havia então se tornado a principal forma de legitimar essa "categoria especializada e seletiva" de artefatos literários. Crítica válida é aquela que aprecia obras válidas, e obras válidas são aquelas que respondem positivamente a críticas válidas. O crítico se torna o sumo sacerdote desses ritos literários e os preside com a devida consciência da sua própria autoridade sobre tal processo de autolegitimação.

Na verdade, a metáfora religiosa tem um significado mais amplo. Williams argumenta que a ideia de literatura "criativa" ou "imaginativa" surge pela primeira vez no final do século XVIII como uma forma de resistência a uma ordem social cada vez mais prosaica e utilitária. Enquanto tal, ela representa um dos últimos postos de observação sitiados da verdade transcendente num ambiente severamente pragmático. A imaginação transcendente e o início do capitalismo industrial aparecem simultaneamente. A literatura e as artes se tornam formas deslocadas de religião, enclaves protegidos em meio aos quais podem se abrigar valores então vistos como

---

54 Williams, *Keywords*, p.184.
55 Id., *Marxism and Literature*, p.51.

socialmente disfuncionais. Muitas das nossas próprias concepções de literatura não chegam remontar só até esse momento histórico bastante recente.

A verdade, porém, é que usar a palavra "literatura" de forma normativa, em vez de descritiva, causa confusões desnecessárias, além de inúmeros preconceitos presunçosos. É melhor tratar a palavra "literatura" como o termo "intelectual", pois "intelectual" não significa "terrivelmente inteligente". Se assim fosse, não existiriam intelectuais estúpidos, o que está longe da realidade. A categoria é uma descrição de posto de trabalho, não um elogio pessoal. A palavra "literatura" deveria ser igualmente limitada a usos descritivos. Medbh McGuckian é literatura, assim como Maeve Binchy. O que não quer dizer que os leitores às vezes não desejem fazer distinções qualitativas entre as duas. Deveríamos também renunciar à indolência intelectual de pressupor que uma obra literária vale a pena simplesmente porque a instituição literária nos diz que ela vale a pena.

*

Existe uma maneira de avaliar o valor de uma obra literária que é provavelmente exclusiva do século XX e que surge em uma série de críticas sucessivas. Trata-se da visão segundo a qual aquilo que é precioso na arte literária é a forma como ela torna visíveis os nossos valores tidos como certos, deixando-os assim abertos a críticas e revisões. Derek Attridge escreve que, "se o texto conforta e tranquiliza ao simplesmente confirmar preconceitos de acordo com algumas fórmulas verbais bem-conhecidas [...], ele não pode ser chamado de [...] literatura".[56] Essa estética tem sua origem na doutrina formalista russa de "tornar estranho": ao estranhar nossas percepções, o

---

[56] Attridge, "Singular Events: Literature, Invention, and Performance", em *The Question of Literature*, p.62. Ver também Attridge, *Peculiar Language: Literature as Difference from the Renaissance to James Joyce*.

O que é literatura? (2)

poema as resgata da obsolescência cotidiana em que geralmente se encontram mergulhadas e as transforma em objetos de investigação atraentes e independentes. Por trás dessa doutrina, por sua vez, oculta-se a fenomenologia husserliana, com a sua mudança de foco: do objeto no mundo para o ato de consciência dotado de "intencionalidade" sobre o objeto. Tanto no caso do formalismo quanto no da fenomenologia, colocamos a realidade provisoriamente entre parênteses a fim de dirigir o foco de atenção às operações mentais envolvidas no ato de percebê-la.

A teoria da recepção herda essa doutrina, como fica bastante claro nos primeiros trabalhos de Hans Robert Jauss. Jauss se refere a um "horizonte de expectativas" diante do qual qualquer obra literária será apreendida, o que significa toda a estrutura de pressupostos ou o sistema de referências culturais que o leitor aplica ao texto. As obras estéticas variam em valor e significado à medida que são transportadas em suas histórias de recepção de um horizonte para outro ou à medida que esses próprios horizontes mudam. As obras mais valiosas são aquelas que afastam as suposições pré-existentes em relação às quais são lidas, transformando tais suposições em um objeto perceptível ao leitor e, portanto, libertando-o de suas restrições.[57] Deve-se, portanto, atribuir um valor estético menor a uma obra que simplesmente cumpre as expectativas de leitura – *Morte no Nilo*, por exemplo. O modelo pressupõe que as crenças e convenções ortodoxas são esteticamente valiosas apenas na medida em que podem ser abaladas – uma hipótese que poderia surpreender Dante ou Dryden. Na verdade, Jauss é forçado, de forma bastante absurda, a agregar textos clássicos e textos de "culinária", a juntar as odes de Horácio ao

---

57 Ver Jauss, *Toward an Aesthetic of Reception*, p.3-45. Muitas das posições-chave de Jauss são antecipadas pelo estruturalista de Praga Felix Vodička, cujo trabalho Jauss desconhecia em suas primeiras publicações. Ver em particular Vodička, "The History of the Echo of Literary Works".

mais recente sucesso de bilheteira, uma vez que nenhum tipo de obra desafia o horizonte convencional de expectativas.

Semelhante ao formalismo, esse caso pressupõe como certo que as normas e percepções cotidianas se encontram empobrecidas e que os sistemas conceituais dominantes (o que Jauss chama de "significado afirmativo ou institucionalizado") estão destinados a ser restritivos. O valor literário consiste em perturbar ou a sabedoria social prevalecente ou desviar dela. Assim como no caso dos formalistas, trata-se de uma concepção negativa do mérito artístico. A mesma ideia é verdadeira, mas em sentido diferente, para Theodor Adorno, o maior dos estetas marxistas.[58] O novo é valioso em si mesmo, e o normativo é inerentemente ossificado. A possibilidade de se desfamiliarizar as normas de modos improdutivos está excluída de antemão. O discurso social do cotidiano é manchado e degradado, de modo que só ao ser rompido, tornado mais espesso, deslocado, condensado, elevado ou reduzido ao ponto de fuga é que podemos fazê-lo render alguns raros fragmentos de valor. Por trás do fascínio do modernismo pela linguagem se esconde uma profunda desconfiança nas suas manifestações cotidianas.

"A relação entre arte e sociedade", observa Jauss em estilo gadameriano, "deve ser apreendida na dialética entre pergunta e resposta".[59] Isso quer dizer que a obra de arte autêntica questiona os valores sociais ortodoxos e, ao fazê-lo, recebe um novo tipo de resposta. Ao mesmo tempo, a própria obra é interrogada de diferentes maneiras por diferentes gerações de leitores, dentro do seu próprio horizonte mutável de expectativas, e essa "fusão de horizontes", como Hans-Georg Gadamer a nomeia em *Verdade e método*, segundo a qual o momento histórico da produção do texto encontra um momento específico na história da sua recepção, pode então transformar o

---

58 Ver Adorno, *Aesthetic Theory*.
59 Citado por Holub, *Reception Theory*, p.72.

significado convencional de uma obra, lançando significados que seu momento de produção não poderia ter previsto.

Uma implicação desse postulado é que todos os textos literários que valem a pena são, em algum sentido, radicais ou subversivos – hipótese que sem dúvida teria sido considerada a última palavra em vulgaridade intelectual se tivesse surgido do campo marxista,[60] mas que pode ser tolerada como um tipo de sabedoria quando emerge dos meios politicamente mais agradáveis da hermenêutica, da poética formalista e da teoria da recepção. Num gesto ingenuamente vanguardista, o familiar é tachado de irremediavelmente banal. A experiência cotidiana está necessariamente falida. Somente alienando a alienação, afastando o lugar-comum até que ele se torne quase irreconhecível, poderemos restaurar sua integridade. No entanto, fazer isso não deixa de ser afirmar um tipo banal de dogma. Pouco se considera o fato de muitas normas e convenções rotineiras poderem ser positivas, devendo ser estimadas em vez de contestadas. E quanto às normas que regem os direitos dos trabalhadores a paralisações? Será que a visão segundo a qual banqueiros fraudulentos devem ser punidos precisa se tornar ainda mais perceptível para que se tornem verdades absolutas? Não há dúvida de que a convenção imposta a todos os cidadãos para que doem dois terços de seus rendimentos ao imperador precisa de ser contestada, porém não há necessidade de contestar as leis que concedem indenizações às vítimas de tortura.

A visão de que os sistemas conceituais são inerentemente restritivos é igualmente infundada. Se o stalinismo implica tal sistema, a mesma constatação pode ser feita sobre parte do movimento feminista. E quanto à própria teoria da recepção? Sua proposta reflete um preconceito liberal contra formulações doutrinárias, porém não existem doutrinas, pautas ou manifestos liberais? Alguns sistemas

---

60 De fato, houve críticos marxistas que navegaram perto dessa concepção. Pierre Macherey, como veremos, é um deles. No entanto, isso não é característico da estética marxista como um todo.

de ideias são opressivos, outros são facilitadores. Seria de se esperar que aqueles adeptos do pluralismo fossem um pouco mais criteriosos nessa questão. Não são muitos os liberais que denunciam a Constituição dos Estados Unidos, que é uma doutrina suficientemente bem formulada, como uma carta de direitos em favor da escravidão. Aquilo que determinado regime de ideias não consegue acomodar – teorias de pureza racial, por exemplo – pode muito bem merecer ser excluído. Nem todas as flexibilizações são saudáveis, nem todos os sistemas estão doentes. Existem minorias que não concordam com os pressupostos dominantes e que deveriam ser excluídas a todo custo: neonazistas, por exemplo. Contudo, "dominante" nem sempre significa "opressivo".

Mais tarde, Jauss abandonaria grande parte dessa proposta, ou pelo menos passaria a qualificá-la como radical. À sua maneira, ele passou a vê-la como ideológica no sentido clássico do termo, ou seja, ela universaliza um momento histórico específico (o do formalismo, do alto modernismo e da vanguarda) para a história da cultura como um todo. O momento histórico que deu origem à teoria é revolucionário: ele vai do regime bolchevique, no qual alguns dos formalistas desempenharam o seu papel juntamente com vários dos seus colegas futuristas e construtivistas, até chegar aos círculos modernistas dissidentes de Paris, Berlim e Viena e às vanguardas esquerdistas da Europa do entreguerras. Não é surpresa que algumas das experiências culturais mais férteis do século XX – a saber, o expressionismo e o surrealismo – tenham surgido nesse período de agitação política. Até mesmo a teoria da recepção, um produto mais moderado e bem-comportado desse legado turbulento, pode ser inscrita no contexto da convulsão política.[61] O ensaio pioneiro de Jauss que proclamou a emergência dessa corrente no cenário da crítica foi publicado em 1969.

---

61 Ver Holub, *Reception Theory*, cap.2. Ver também Eagleton, "The Revolt of the Reader", em *Against the Grain*, cap.13.

Mesmo assim, as noções de arte levantadas nessa história são ao mesmo tempo limitadas e sugestivas. Elas não conseguem lançar luz sobre obras literárias que dependem de um pacto assegurado com seus leitores; que qualificam as convenções como facilitadoras, e não como sufocantes; que não consideram vazia nem ilusória a experiência comum; e que valorizam mais o desejo de afirmar do que o impulso de subverter. Tais trabalhos não precisam ser conservadores: podem ser tanto textos feministas quanto neoclássicos. Existe uma hermenêutica da solidariedade tanto quanto a da suspeita. A política radical envolve a afirmação de práticas comuns, bem como a sua desmistificação: abrange as intuições de Raymond Williams e de E. P. Thompson, bem como as de Max Ernst e Georges Bataille.

A afirmação de que o valor da literatura reside no estranhamento das normas cotidianas é um atributo central da linhagem de teoria da recepção na qual Wolfgang Iser se inscreve. A obra literária "despragmatiza" as convenções sociais, livrando-as de seus contextos prosaicos e transformando-as em objetos de escrutínio por direito próprio. É como se o verdadeiro referente da obra literária não fosse a realidade social, mas as convenções que a regulam.[62] Há aqui um paralelo com a fenomenologia, que teve influência sobre o jovem Iser. O que está em jogo é menos o objeto real do que os modos pelos quais ele é apropriado.[63] As obras de arte literárias, ao tornarem visível a doxa pela qual vivemos, criam possibilidades que são banidas pela sabedoria convencional. No entanto, uma vez que é pouco provável que esse seja o caso, digamos, de toda a arte medieval, Iser é forçado a considerar grande parte dela como "trivial".[64] O dogma aprisionador nesse caso pareceria ser a sua própria perspectiva liberal-modernista.

Todos os nossos sistemas conceituais, afirma Iser, devem excluir e deslocar, e a função das obras literárias é destacar o que foi deixado

---

62 Ver Iser, *The Act of Reading*, p.61.
63 Ver Ingarden, *The Literary Work of Art* e *The Cognition of the Literary Work of Art*.
64 Iser, *The Act of Reading*, p.77-8.

de lado. Tais trabalhos lidam com "o resíduo inescapável que escapa ao domínio dos sistemas em questão", mais ou menos como fazem com os desconstrucionistas.[65] Na verdade, a essa altura, era claro que Iser havia aderido à escola de Derrida, pois havia reformulado parcialmente sua teoria da recepção nos termos do pós-estruturalismo. Num contraste simplista herdado desse estilo de pensamento, os sistemas são quase sempre negativos, enquanto o que eles não conseguem assimilar é invariavelmente positivo. A obra de arte literária, anuncia Iser, "desenha implicitamente um esboço do sistema predominante, sombreando explicitamente as áreas ao redor desse sistema".[66]

Há aqui um paralelo com a teoria crítica marxista de Pierre Macherey.[67] O projeto de Macherey consiste em mostrar que, por um lado, a obra literária recorre à forma artística visando dar uma forma determinada a certa ideologia que, não fosse isso, seria amorfa e que, por outro, essa mesma obra começa, apesar das suas melhores intenções, a estabelecer os limites da ideologia de forma notável. Esses limites marcam o ponto onde o que a obra diz começa a se transformar no seu "não dito" – isto é, naquilo que é censurado em seu discurso como ideologicamente inadmissível. A ideologia geralmente se recusa a reconhecer suas próprias fronteiras, imaginando afetuosamente que o seu escopo é universal e eterno; contudo, formalizá-la ou objetivá-la nesses termos resulta em começar a "fazer falar" suas lacunas, seus silêncios e suas elisões, ou seja, tudo aquilo que, no âmbito de certas realidades sociais, resulta na exclusão da ideologia. (O próprio Iser, sem dúvida sob a influência de Macherey, escreve em sua obra posterior *Prospecting* que a obra literária permite "àquilo que não é dito se tornar presente".)[68] As sementes dessa sugestiva teoria residem na

---

65 Iser, *Prospecting: From Reader Response to Literary Anthropology*, p.213.
66 Ibid., p.73.
67 Ver Macherey, *A Theory of Literary Production*.
68 Ibid., p.271.

afirmação de Louis Althusser de que uma obra de arte autêntica abre uma distância interna entre ela mesma e o seu contexto ideológico, uma distância que nos permite perceber esse contexto de um modo estranho e potencialmente emancipatório.[69] Há aqui uma aliança frutífera entre o formalismo e o marxismo, a despeito de ser uma aliança que suscita e soluciona problemas na mesma medida.

Mais uma vez – para citar apenas um dos problemas –, o valor parece residir apenas nos desviantes e nos desfamiliarizados. Ele cria raízes nas trincas e nas fissuras de uma ideologia que, por si só, carece de todo mérito. A literatura parece estar do lado dos anjos liberais e radicais, desafiando o *status quo* puramente em virtude da sua forma objetivante. Eu mesmo segui essa linha questionável em *Criticism and Ideology*, argumentando que o valor literário surgiu da capacidade de uma obra de perturbar a ideologia dentro da qual ela era mantida.[70] Isso ignora o fato de que algumas ideologias são engenhosas e produtivas. "Um texto ficcional", escreve Iser, "deve, por sua própria natureza, colocar em xeque a validade das normas familiares".[71] O que pode ser verdade para *Os cadernos de Malte Laurids Brigge*, de Rilke, ou para *O homem sem qualidades*, de Musil, mas ninguém nunca acusou *Mansfield Park*, *Barchester Towers*, *Biggles in the Orient* (do capitão W. E. Johns) ou o *Rupert Annual* de serem transgressivos, embora todas essas obras sejam ficcionais.[72] É verdade que os romances de Austen e Trollope podem ter dado um novo tipo de visibilidade a tais normas, mas isso não implica que elas foram questionadas. O efeito de transformar as

---

69 Ver Althusser, "A Letter on Art in Reply to André Daspre".
70 Ver Eagleton, *Criticism and Ideology*, cap.5.
71 Iser, *The Act of Reading*, p.87.
72 *Mansfield Park*: romance de Jane Austen publicado em 1814. *Barchester Towers*: romance de Anthony Trollope publicado em 1857. *Biggles in the Orient*: romance escrito pelo "capitão" William Earl Johns, publicado em 1945. *Rupert Annual*: coletânea de quadrinhos do personagem Rupert, um urso antropomorfizado criado por Mary Tourtel, cuja primeira aparição ocorreu em 1920 no jornal britânico *Daily Express*; as tirinhas são reunidas em anuários intitulados *Ruppert Annual*. (N. T.)

convenções tidas como certas em objetos de escrutínio pode ser tanto consolidá-las como derrubá-las, um ponto que essa teoria ignora em prejuízo próprio.

Tampouco é verdade, como essa teoria às vezes parece sugerir, que agimos com base em certas suposições apenas porque não temos consciência delas, assim como não é verdade que a ideologia nunca está ciente de si mesma.[73] É perfeitamente possível estar alerta para a relatividade cultural dos valores de alguém, ao mesmo tempo que se apega a eles por uma questão de sobrevivência. O filósofo Richard Rorty trilhou uma célebre carreira acadêmica ao fazer isso. "Sei que sou um pequeno puritano triste, mas você poderia iluminar um pouco minha existência reprimida e transar com sua irmã na privacidade de sua própria casa, em vez de fazer isso no meu jardim?" – não é algo ininteligível de se dizer, mesmo que a cena descrita não seja cotidiana.

É impressionante quão difundida a hipótese da "desfamiliarização" é nos tempos modernos. O principal teórico da Escola de Praga, Jan Mukařovský, dá mais atenção aos desvios inovadores de uma obra do que à reprodução que ela faz das normas existentes.[74] Em grande medida, a proposta também se verifica na estética de Theodor Adorno e na semiótica de Umberto Eco; para este último, os textos literários ocasionam uma reavaliação dos códigos, o que resulta em "uma nova consciência sobre o mundo".[75] Eco, com certeza, reconhece que tais textos podem reforçar códigos tanto quanto desafiá-los: "Todo texto ameaça os códigos [pelos quais é constituído], mas ao mesmo tempo lhes dá força, revela-lhes possibilidades inesperadas e, assim, muda a atitude do usuário em relação a eles".[76] Em geral, no entanto, Eco, o semioticista, aqui se aproxima notavelmente de Iser, o teórico da recepção. Para ambos, o leitor é forçado, por meio do trabalho

---

73 Ver Eagleton, *Ideology: An Introduction*, p.58.
74 Ver Striedter, *Literary Structure, Evolution and Value*, p.161.
75 Eco, *A Theory of Semiotics*, p.261.
76 Ibid., p.274.

de leitura, a submeter suas normas espontâneas a um novo tipo de escrutínio. "O destinatário [do texto]", escreve Eco, "torna-se consciente das novas possibilidades semiósicas [sic] e é, portanto, compelido a repensar toda a linguagem, toda a herança do que foi dito, do que pode ser dito e do que poderia ou deveria ser dito".[77] A hipérbole da afirmação acaba por traí-la, como uma versão atualizada de algumas apologias mais antiquadas do estudo literário. O leitor tem o universo aos seus pés – embora agora seja um universo de sinais e códigos, não de energias cósmicas e poderes transcendentes.

Existe até um equivalente estruturalista dessa visão da literatura, apesar do notório anti-humanismo do estruturalismo em geral. Claude Lévi-Strauss escreve, em *Tristes trópicos*, que compreender outras culturas é compreender a própria cultura, uma vez que aquilo que encontramos nelas, sob uma aparência atraente e não familiar, são as mesmas leis inconscientes que regulam o nosso próprio universo simbólico. O mito é a forma como o Outro ou o inconsciente pensa nos povos pré-modernos, porém esse mesmo Outro também pensa em nós, e é, portanto, no fundamento dessa Alteridade, paradoxalmente, que nós, junto àqueles que nos parecem estranhos, podemos efetuar um encontro genuíno. O que nós e eles temos em comum é uma estrutura significativa profundamente opaca para ambos. Ironicamente, então, a existência de um inconsciente universal significa que culturas aparentemente remotas são muito mais íntimas de nós do que podemos imaginar, mas é também o que dá origem a certo autoestranhamento, à medida que passamos a olhar para nós mesmos com novos olhos a partir do reconhecimento dos outros como nossos parentes. Devemos ver a nós mesmos, observa Lévi-Strauss num belo floreio em *Antropologia estrutural*, como "um outro entre outros".

É assim que Lévi-Strauss não transforma nem a diferença nem a identidade em fetiche. Por um lado, o estruturalismo que ele fundou

---

[77] Ibid.

no campo antropológico representa um dos últimos grandes surtos da razão iluminista, com a sua fé na unidade fundamental da humanidade. Como judeu e estrangeiro na França, Lévi-Strauss escreve na esteira da orgia do irracionalismo conhecida como Segunda Guerra Mundial, com o seu culto letal à diferença étnica. No entanto, no seu livro *Raça e história*, ele também defende o pluralismo cultural e resiste ao reducionismo da diversidade à mesmice. Além disso, embora o Ocidente e o "pensamento selvagem" possam compartilhar as mesmas estruturas mentais profundas, isso não os coloca no mesmo nível. Ao contrário, muito do que Lévi-Strauss encontra nas sociedades pré-modernas é superior na comparação com as civilizações modernas, e, se nos recusamos a aprender isso, é por nossa conta e risco. O humanismo "bem-ordenado" que ele vê em ação na mitologia tribal não é o humanismo dominante do Ocidente; é, antes, um humanismo que "não começa por si mesmo, mas coloca as coisas de volta no seu lugar; coloca o mundo antes da vida, a vida antes do homem e o respeito pelos outros antes do amor-próprio".[78]

Não há dúvida de que o estruturalismo, aparentemente o mais despojado de valores (e também o mais tecnocrático) dos modos teóricos, é um assunto profundamente ético, pelo menos nas mãos do seu agora lamentavelmente negligenciado fundador. Hoje, quando tudo o que aconteceu há dez minutos é história antiga, até mesmo a proposta mais branda de que alguns atributos do passado eram mais estimáveis do que alguns aspectos do presente provavelmente será ridicularizada como nostalgia primitivista. Apesar de Lévi-Strauss ter consistentemente elevado o poder cognitivo da ciência sobre o do mito, mostrando-se profundamente envolvido na história do seu próprio tempo, a sua admiração pelos povos tribais só pode parecer

---

78 Lévi-Strauss, *Structural Anthropology*, p.366-7. [A passagem citada encontra-se, na verdade, em outra obra de Lévi-Strauss, a saber, *A origem dos modos à mesa* (*Mitológicas 3*), mais precisamente, no último parágrafo da sétima parte, "As regras da civilidade". (N. T.)]

um sentimentalismo insensível aos negociadores de futuros. Ao lê-lo depois da política ambiental, no entanto, que quase não existia na sua época, é possível ver uma certa ecologia, tanto natural quanto espiritual, como o seu motivo permanente do início ao fim. Nos seus escritos posteriores, ele concluiu, com espírito elegíaco, que era tarde demais para o mundo ser salvo e que os preciosos recursos de *la pensée sauvage* se perderam para sempre.

O ceticismo em relação ao normativo que marca a ética literária que examino é ainda mais pronunciado no caso do pós-estruturalismo. Para Roland Barthes e Jacques Derrida, o valor parece residir inequivocamente naquilo que foge da estrutura e destrói o sistema, como se o marginal, aberrante e não incorporável correspondesse sempre aos poderes dissidentes. É possível ver que esse dogma universalista surgiu durante uma fase desencantada da história política recente, a qual não consegue encontrar nenhum vestígio de mérito nas normas e nas práticas da vida cotidiana. Mas é possível ver também que ele é uma forma de elitismo de esquerda, com uma longa e vergonhosa história no pensamento francês. Se Wittgenstein tem uma confiança demasiado crédula no lugar-comum, a maioria dos teóricos franceses do nosso tempo desdenha demais disso.[79] A esse respeito, poucos pensadores contemporâneos se inspiraram em Mikhail Bakhtin, cujo *Rabelais e seu mundo* consegue a rara proeza de converter uma poética do estranhamento em força política mundana por meio da noção de carnaval. Na obra de Bakhtin, de modo surpreendente, uma prática popular se torna um elemento vanguardista de subversão. O que desconstrói a arrogância do poder não é um texto, mas uma festa popular. E, como o carnaval é afirmativo e utópico, além de satírico e desmascarador, ele combina estéticas positivas e negativas. O mesmo pode ser dito, em outro sentido, sobre o teatro de Bertolt Brecht. O disruptivo e o desfamiliarizado já não

---

79 Ver Eagleton, *Trouble with Strangers: A Study of Ethics*, parte 3.

se opõem à vida cotidiana; ao contrário, esta é o terreno no qual eles agora serão descobertos.

Mesmo assim, o carnaval dificilmente diz respeito à vida comum em seu estado mais cotidiano. É também um exemplo de alerta que mostra que é pouco provável que a destruição das convenções cotidianas de uma pessoa as desaloje. Na manhã seguinte a essa orgia de irreverência, enquanto os jarros de vinho vazios e os restos de torta de porco ficam espalhados e o amanhecer surge com mil pessoas de ressaca, essas convenções estão voltando discretamente ao seu lugar, certamente ainda mais autoritárias devido à resiliência que demonstraram diante de uma zombaria tão generalizada.

Há, finalmente, uma vertente wittgensteiniana na doutrina segundo a qual o valor literário reside em deixar os nossos pressupostos rotineiros abertos à inspeção crítica. David Schalkwyk argumentou que as obras literárias "tornam aparentes as condições de possibilidade da própria linguagem", ou seja, as formas práticas de vida com as quais a linguagem, aos olhos de Wittgenstein, está tão profundamente entrelaçada. A arte, na visão de Schalkwyk,

> efetua uma mudança de aspecto que mostra que o grau daquilo que somos capazes de ver é determinado pelas relações conceituais *instituídas* entre os objetos do nosso mundo [...]. [O] poder de desfamiliarização do literário, que é o grão de verdade no formalismo, permite-lhe *encenar* modos historicamente específicos de apropriação e reapropriação do mundo e de consolidá-lo como "essência".[80]

O literário, então, é uma versão da investigação gramatical que Wittgenstein considerava a única tarefa adequada da filosofia. Ao nos conceder imagens do entrelaçamento inseparável entre linguagem e mundo, o literário revela algo que já está imperceptivelmente diante dos nossos olhos. Ao expor o processo pelo qual certas relações

---

80 Schalkwyk, *Literature and the Touch of the Real*, p.219.

O que é literatura? (2)

conceituais arraigadas determinam as nossas formas de ver, as obras de arte literárias desempenham um papel à medida que nos desprendem delas, libertando-nos para outros modos de percepção. A literatura, como qualquer outra língua, assimila o mundo em si, porém o faz com um tipo peculiar de autoconsciência, permitindo-nos compreender a natureza das nossas formas de vida e dos nossos jogos de linguagem com mais vigilância do que o habitual. Esse caso também atribui à literatura uma força inerentemente crítica. "O literário", escreve Schalkwyk numa paráfrase de Stanley Cavell, "pode explorar e abalar os níveis mais profundos de convenções, dos quais dependem não só a nossa linguagem, mas também o nosso senso de nós mesmo e do mundo que compartilhamos e pelo qual lutamos".[81] No entanto, nem tudo o que chamamos de literatura faz algo tão traumático. Talvez Schalkwyk esteja pensando mais em Sholokhov ou Dos Passos do que em "Cordeirinho, quem te fez?".[82]

Se há um crítico que resistiu obstinadamente à visão de que as obras literárias nos seduzem a um espírito de autocrítica, esse é Stanley Fish. Aos olhos de Fish, toda essa concepção é absurdamente equivocada; na verdade, é o suprassumo da fantasia epistemológica. Em sua opinião, trazer nossas suposições mais profundas para a luz do dia, mesmo que isso fosse possível, teria pouco ou nenhum resultado. É verdade que o resultado provavelmente seria frustrar essas suposições, uma vez que crenças tão fundamentais desse tipo só funcionam quando estamos confortavelmente alheios a elas. A autoconsciência seria sua ruína. O que aconteceria, no entanto, seria a

---

81 Ibid., p.220.
82 Mikhail Sholokhov (1905-1984): romancista russo ganhador do Prêmio Nobel em 1965 e reconhecido pelos seus livros sobre a vida dos cossacos na região do Rio Don. John Dos Passos (1896-1970): escritor e jornalista norte-americano descendente de portugueses, é lembrado não apenas por sua *U.S.A. Trilogy*, mas também pela mudança de visão política (começou como socialista na juventude e terminou a vida apoiando o conservadorismo de direita). "Cordeirinho, quem te fez?" é o primeiro verso do poema "O cordeiro", publicado por William Blake em 1789. (N. T.)

substituição do antigo conjunto de suposições por um novo, que por sua vez tornar-se-ia familiar do mesmo jeito.

Aos olhos de Fish, contudo, tal manobra de fato não é possível. Significaria tentar saltar para fora da própria pele ou elevar-se puxando os próprios cabelos para cima, uma vez que convicções tão profundas são o que constituem a identidade de uma pessoa em primeiro lugar. Para que o eu objetifique aquilo que o faz vir a ser, ele precisaria estar fora de si mesmo, em algum espaço metafísico exterior, o que é uma ilusão racionalista. O sujeito, para Fish, é efetivamente prisioneiro de suas crenças, que exercem sobre ele um poder rigorosamente determinista. Não podemos perguntar de onde vêm as nossas crenças, uma vez que a resposta a essa pergunta seria determinada por essas mesmas crenças. Não podemos pensar que estamos fora dos nossos valores e preconceitos fundamentais, uma vez que só podemos pensar graças a eles. Não podemos colocá-los em disputa porque eles próprios estabelecem os termos segundo os quais as disputas seriam conduzidas. Eles são, em uma palavra, transcendentais. Tudo o que penso poder imaginar além do meu quadro de referência familiar deve ser na verdade um produto desse quadro e, portanto, não pode de forma alguma se situar fora do seu escopo. Manter os próprios valores e princípios à distância para uma inspeção crítica só pode ocorrer em um único contexto, e esse contexto é moldado pelos valores e princípios da própria pessoa. Só se poderia objetivar completamente as próprias crenças quando já não as tivéssemos e, portanto, quando já não fosse produtivo fazê-lo. Mais uma vez, uma epistemologia radical acaba por ter consequências conservadoras. Qualquer ocidental que imagine que pode submeter o modo de vida ocidental a uma crítica fundamental deve estar enganando a si mesmo. Onde diabos ele poderia estar para fazer isso?

Como alguém poderia mudar suas convicções é, portanto, um mistério. Não solucionaríamos esse problema com novas evidências, uma vez que já vimos que, no mundo de Fish, as convicções de uma pessoa determinam o que contará para ela como prova em primeiro lugar e, portanto, não pode ser testadas por ela. Tampouco poderíamos recorrer à autorreflexão crítica, pois esta também funciona de acordo com a situação atual. Não há meio-termo para essa teoria localizada entre ser uma vítima indefesa da visão de mundo de alguém e a Visão de Lugar Nenhum. Em certo sentido, estamos sempre dentro de alguma cultura e, portanto, compactuamos com tudo ali. Tudo o que possa parecer estar do lado de fora é uma fantasia projetada de dentro, ou outra matriz interpretativa – que, sendo radicalmente incomensurável com a de outrem, não pode ter nenhuma relação prática com ela e certamente não pode submetê-la a uma análise crítica radical.

Fish não admite que todas as culturas e sistemas de crenças têm fronteiras indeterminadas e categorias ambíguas, uma visão que pode questionar a sua distinção rigorosa entre dentro e fora. Na verdade, ele tem uma profunda aversão ao mais sutil cheiro de indeterminação, pois isso significaria a ruína efetiva da sua teoria. Ele também não vê que pode existir algo no interior das normas e das convenções que tenha o poder de desfazê-las. Ele ignora o fato de que as formas de vida podem gerar forças que apontam para além delas. Na verdade, podem apontar, no final, para a sua dissolução total. Nesses termos, tais forças se encontram concomitantemente "dentro" e "fora" dessas formas de vida. É isso que ficou tradicionalmente conhecido como crítica imanente e que recebeu o nome mais recente de desconstrução. A desconstrução ocupa a lógica de um regime (seja textual ou político) de dentro dele com o duplo objetivo de revelar como esse sistema de sentido nunca está inteiramente de acordo consigo mesmo e como ele pode começar a se desmanchar a partir de seus pontos de derrapagem e autocontradição. Não há, portanto, necessidade de supor que qualquer crítica que se possa compreender deva ser conivente com o sistema dado, nem que qualquer outra deva ser lançada a partir de algum ponto arquimediano além de toda compreensão.

*

O período que vai do formalismo russo ao nascimento da teoria da recepção foi quando o surgimento de novas teorias culturais coincidiu com o declínio das antigas lógicas humanísticas para o estudo da literatura. Isso é verdade tanto para Viktor Shklovsky como para os insurgentes de 1968. Ficava cada vez mais difícil afirmar que a literatura é uma força de transformação moral ou que ela nos coloca em contato com verdades transcendentes. Era necessário que ela desempenhasse algum papel direto menos implausível na reparação da condição humana, e uma solução, como acabamos de ver, consistia em fazer as obras literárias realizarem o seu trabalho moral por meio do desmascaramento da natureza arbitrária de códigos, normas, convenções, ideologias e formas de cultura segundo as quais vivíamos.

Para Jonathan Culler, o estudo da literatura envolve uma "expansão do eu", porém não mais como uma questão de enriquecimento moral individual à maneira do humanismo literário tradicional. Em vez disso, trata-se – mais uma vez – de nutrir "uma consciência dos modelos *interpretativos* que influenciam a cultura de alguém"[83] – um alvo demasiadamente intelectualista para satisfazer os humanistas literários e que, na verdade, pode ser demasiadamente intelectualista *tout court*. Os textos modernistas ou de vanguarda são, nesse sentido, as obras mais típicas da literatura mundial, para roubar uma frase de Viktor Shklovsky, uma vez que, ao exporem tão audaciosamente os seus modos de produção de sentido, eles atualizam o que está implícito em outros artefatos literários. Num estilo adequadamente modernista, a literatura nos aperfeiçoa do ponto de vista moral à medida que nos torna mais autocríticos, autoconscientes, flexíveis, imediatistas, abertos a opiniões diversas e fortemente céticos em relação às ortodoxias. A função política das obras literárias não é conduzir um público de teatro enfurecido à câmara legislativa local, mas nos proteger do fascismo interior.

---

83 Culler, *Structuralist Poetics*, p.130.

O que é literatura? (2)

É uma função amplamente negativa para os estudos literários, pois envolve uma crítica do real em vez de uma imagem do possível. Também se ajusta extremamente bem a certos pressupostos liberais de classe média. A atitude de manter apaixonadamente as próprias convicções pareceria claramente inferior à de as manter à distância. (Embora existam outras possibilidades: o historiador A. J. P. Taylor observou certa vez que suas convicções eram extremas, mas as sustentava moderadamente.) A proposta mantém alguns traços do legado humanista, embora com certo *páthos*. Ela não diz quase nada sobre como devemos viver depois que as janelas da percepção estiverem completamente limpas, mas atribui ao estudo da literatura um papel modesto na alteração da nossa postura diante do mundo, o que é talvez o melhor que esse humanismo residual pode reunir numa era desconstrutiva.

A desconstrução marca o ponto em que o declínio da herança humanista se metamorfoseia num anti-humanismo militante. Assim, para um crítico como Paul de Man, a obra literária representa a verdade da nossa condição não no seu poder imaginativo ou no seu *élan* criativo, mas em sua perplexidade e na cegueira voluntária, em sua inelutável *mauvaise foi* [má-fé], na incapacidade de desembaraçar as próprias pretensões de verdade mediante os ardis de linguagem figurativa e as armadilhas de mistificação.[84] Os dois termos da expressão "humanista liberal" começam agora a se afastar. A literatura é o conhecimento negativo da existência humana. Pelo menos nesse ponto, podemos dar um nome à falta de fundamento dos nossos projetos, à natureza ficcional do eu, ao nosso exílio em relação à realidade, aos gestos retóricos que confundimos com a verdade. As obras literárias ainda podem ser vistas como acontecimentos, mas agora são atos arruinados, execuções malfeitas. Dado que o seu meio é aquela duplicidade sem fundo conhecida como linguagem,

---

84 Ver Paul de Man, *Blindness and Insight* e *Allegories of Reading*. Ver também seu ensaio--chave "The Rhetoric of Temporality".

dificilmente poderiam ser de outra forma. O "discurso" – o uso da linguagem para fins estratégicos em situações práticas – está sempre sujeito a ser desfeito e ultrapassado pela "linguagem", entendida como as operações anônimas, textualizadoras e desconstrutivas do próprio meio linguístico. Em retrospecto, é surpreendente como a sensibilidade típica de Paul de Man se harmoniza tão perfeitamente com o clima de uma época politicamente desencantada.

A desconstrução pode ver a obra literária como um ato simbólico que busca alcançar determinados efeitos num determinado contexto, porém ela o faz, na maior parte dos casos, apenas para mostrar, com certo senso de triunfo mal reprimido, como esse ato fracassa inevitavelmente – como os seus efeitos saem pela culatra, as suas reivindicações de verdade tropeçam, as suas intenções não atingem o alvo, e a determinação de seu contexto perde a forma, tudo isso nas mãos daquele poder traiçoeiro conhecido como linguagem. Não é difícil ver essa ideologia literária como parte de uma perplexidade mais generalizada com a natureza da ação construtiva no final da década de 1960. Apesar do seu brio e da sua fertilidade intelectuais, a desconstrução (na verdade, o pós-estruturalismo em geral) implicou certa perda de bravura política – uma cautela em relação a formas ambiciosas de ação, por exemplo, na esteira de uma história em que tais projetos várias vezes tiveram consequências monstruosas. Por trás do nervosismo de Paul de Man em relação a tal política se esconde uma história pessoal de companheiros de viagem fascistas, para a qual a ideia do texto literário como desmascarador da falta de fundamento de toda ação e identidade é talvez, entre outras coisas, uma compensação simbólica. Nesse sentido, há algo que a teoria de Paul de Man tenta fazer, a despeito de suas dúvidas sobre a eficácia dos atos performativos.

4.
A natureza da ficção

1

A teoria da ficção talvez seja o aspecto mais difícil da filosofia da literatura, bem como aquele que tem atraído a atenção acadêmica mais persistente. Por alguma curiosa razão, os comentários sobre o assunto geraram não apenas *insights* penetrantes, mas também banalidades embaraçosas em uma quantidade acima do desejável. Gregory Currie, por exemplo, nos informa o seguinte: "Dizemos que uma inferência é cabível quando tem um grau relativamente alto de razoabilidade e irracional quando seu grau de razoabilidade é muito baixo".[1] Peter Lamarque enfatiza que "personagens de ficção, como o sr. Allworthy ou a sra. Bridget, não existem no mundo real como pessoas".[2] Ele também afirma que "o que é ficcional é o que é inventado", uma proposição que colocaremos em dúvida um pouco mais adiante.[3]

---

1 Currie, *The Nature of Fiction*, p.92.
2 Lamarque, *Philosophy and Fiction*, p.60.
3 Id., *The Philosophy of Literature*, p.185.

Um escritor nos diz que "não somos obrigados a declarar que uma afirmação ficcional como 'Sherlock Holmes morou em Baker Street' deva ser entendida literalmente e é sobre Sherlock Holmes ou Baker Street, respectivamente".[4] Margaret Macdonald fica entusiasmada com a notícia de que "os romances de Jane Austen existem".[5] Lamarque e Olsen escrevem que "o interesse que a literatura tem pelos seres humanos se explica porque ela possui um conteúdo humanamente interessante, porque o que a literatura apresenta ou diz é concernente aos leitores como seres humanos".[6] "A ficção", revela Grant Overton, "usa palavras, em sua maior parte privadas da ajuda do rosto, da voz e dos gestos".[7] "Proust", aprendemos com Gregory Currie, "dificilmente poderia ter transmitido toda a sutileza de *Em busca do tempo perdido* sem usar palavras".[8]

As banalidades, contudo, são mais do que compensadas pelas bizarrices. A filosofia da ficção está cheia de paradoxos e enigmas agradáveis. Christopher New pergunta se é verdade que Plutão existe nas histórias de Sherlock Holmes, mesmo que não tivesse sido descoberto na época.[9] Ele também pergunta se Ofélia tem um número determinado ou indeterminado de dentes, e se é verdade que no mundo da *Ilíada* a penicilina seria inventada no século XX. Peter van Inwagen defende a tese de que há criaturas ficcionais e que cada uma delas existe.[10]

Na mesma linha, R. Howell está totalmente convencido de que Sherlock Holmes existe.[11] A. P. Martinich e Avrum Stroll vão além e

---

[4] Burri, "Facts and Fiction", em *The Literary Wittgenstein*, p.292.
[5] Macdonald, "The Language of Fiction", em *Philosophy Looks at the Arts*, p.424.
[6] Lamarque e Olsen, *Truth, Fiction, and Literature*, p.267.
[7] Overton, *The Philosophy of Fiction*, p.4.
[8] Currie, *The Nature of Fiction*, p.31.
[9] New, "A Note on Truth and Fiction".
[10] Van Inwagen, "Creatures of Fiction".
[11] Howell, "Fictional Objects". Ver também Brock e Mares, *Realism and Anti-Realism*, cap.12.

A natureza da ficção

argumentam que ele é uma criatura de carne e osso.[12] David Lewis, num ensaio clássico, concorda plenamente com eles.[13] Thomas Pavel afirma que os personagens de ficção existem sem existir.[14] A maioria dos filósofos da literatura acredita que Sherlock Holmes tem cérebro e fígado, embora os contos não façam referência a esses órgãos, mas a questão de ele ter ou não uma verruga nas costas é notoriamente irrelevante. David Novitz acredita que a nave espacial Enterprise realmente possui um escudo térmico. Ele também pensa que o sr. Pickwick é real e que Sam Weller pode vê-lo mesmo que nós não possamos.[15] Para o filósofo Alexius Meinong, um círculo quadrado é um objeto, embora não exista, e o mesmo acontece com Heathcliff[16] para alguns filósofos da literatura.[17] O jeito como respondemos a uma ficção pode até ajudar a determinar a nacionalidade de alguém: "Onde vive o Papai Noel?" era uma das perguntas no exame para estrangeiros que desejavam se tornar cidadãos britânicos. Eis um exemplo da afirmação de Roy Bhaskar de que entidades inexistentes podem produzir efeitos reais no mundo das entidades existentes.[18]

---

12 Martinich e Stroll, *Much Ado about Nonexistence*, p.39.
13 Lewis, "Truth in Fiction", p.37.
14 Pavel, *Fictional Worlds*, p.31.
15 Novitz, *Knowledge, Fiction, and Imagination*, p.123. [O sr. Pickwick e Sam Weller são personagens do romance *As aventuras do sr. Pickwick* (1836), de Charles Dickens. (N. T.)]
16 Personagem do romance *O morro dos ventos uivantes*, de Emily Brontë, publicado em 1847. (N. T.)
17 Ver Meinong, "The Theory of Objects". Ver também Parsons, *Nonexistent Objects*; Martin, *Language, Truth and Poetry*; Woods, *The Logic of Fiction*, cap.2. Em vez disso, Amie L. Thomasson considera que os personagens literários são objetos fictícios [criados], assim como "casamentos, contratos e promessas podem ser criados por meio de atos linguísticos que os representam como existentes" (*Fiction and Metaphysics*, p.13). Ver ainda Martin, "A New Look at Fictional Reference". Richard Rorty apresenta um resumo útil no qual critica alguns debates sobre referência ficcional em "Is There a Problem about Fictional Discourse?" (trata-se do capítulo 7 de seu livro *The Consequences of Pragmatism*).
18 Bhaskar, *Reclaiming Reality*, p.126.

Joseph Margolis declara que "não há frases de ficção que possam ser verdadeiras para uma pessoa real".[19] Se isso for verdade, então não havia necessidade de Raymond Williams abandonar um romance em que escrevia sobre um deputado trabalhista que fingia ter sido afogado quando um verdadeiro deputado trabalhista fez exatamente isso; ele ainda estaria escrevendo uma obra de ficção. Gregory Currie acredita que "é possível que duas obras sejam semelhantes em estruturas verbais – até nos detalhes de ortografia e ordem das palavras –, embora uma seja ficção e a outra não".[20] David Lewis argumenta que pode haver um homem que Arthur Conan Doyle não conhecia mas cujas aventuras coincidiram em todos os detalhes com as de seu herói, podendo até ter o nome de Sherlock Holmes, porém as histórias de Doyle não são sobre ele.[21] Kendall Walton insiste que, quando sentimos medo enquanto assistimos a um filme de terror, estamos com medo apenas "ficcionalmente", e não de fato com medo.[22] Ele também pensa que não podemos ter sentimentos reais sobre pessoas inexistentes, que são apenas pessoas fictícias.[23] "Em alguns casos [de narrativa]", ele nos diz, "é fictício que o narrador fale ou escreva de forma não ficcional, mas noutros é fictício que ele crie uma ficção".[24] A maior parte desses comentários, como o leitor terá percebido, revela um fato notável sobre os filósofos da literatura: seu conhecimento de obras literárias parece consistir inteiramente nas histórias de Sherlock Holmes, juntamente com a primeira frase de *Anna Kariênina*, de Tolstoi.[25]

Ficção e literatura não são sinônimos, apesar da afirmação de Jonathan Culler de que "ler um texto como literatura é lê-lo como

---

19 Margolis, *Art and Philosophy*, p.269.
20 Currie, *The Nature of Fiction*, p.2.
21 Lewis, "Truth in Fiction", p.39.
22 Walton, *Mimesis as Make-Believe*, p.196.
23 Ibid., p.271.
24 Ibid., p.368.
25 O formalista russo Viktor Shklovsky também se interessava em citar Conan Doyle.

ficção" e da opinião de Morse Peckham de que o que torna uma obra literária é sua dimensão ficcional.[26] *A vida de Samuel Johnson*, de Boswell, e *The Spirit of the Age*, de Hazlitt, são geralmente classificados como literatura, mas nenhum deles é ficcional nem normalmente é lido dessa forma. Nem o são muitas outras obras classificadas como literárias, desde os discursos de Cícero e a história de Roma de Tácito até *O progresso do conhecimento*, de Bacon, as *Máximas*, de la Rochefoucauld, os escritos de Lessing sobre teatro, os *Rural Rides*, de Cobbett, e os ensaios de Emerson e Macaulay. Não precisamos ler essas obras como ficção para vê-las como literatura. A literatura não se limita à ficção, e a ficção não se limita à literatura. Em relação ao *Manifesto comunista*, de Marx e Engels – que algumas pessoas assumidamente veem como uma obra escandalosamente ficcional –, Eric Hobsbawm escreve que "como retórica política [ele] tem uma força quase bíblica. Em suma, é impossível negar o seu poder convincente como literatura".[27]

"Se uma obra é ou não literatura", escreve John Searle, "cabe ao leitor decidir; se é ou não ficção, cabe ao autor decidir".[28] Como muitos aforismos, esse tem uma precisão duvidosa. É preciso mais do que um leitor para decidir que um texto é literário (Searle está claramente limitando a palavra à questão do juízo de valor), enquanto uma leitura "ficcionalizante" pode anular as intenções não ficcionais de um autor. Searle afirma que o critério para saber se um texto é ou não uma obra de ficção deve residir nas intenções do seu autor. Monroe Beardsley também defende que o conceito de arte é genético, inclusive porque faz uma referência especial ao que o artista pretende fazer ou pensa estar fazendo. Robert Brown e Martin Steinmann insistem que "um discurso é ficcional porque o seu orador ou escritor pretende que

---

26 Culler, *Structuralist Poetics*, p.128; Peckham, "'Literature': Disjunction and Redundancy", em *What Is Literature?*, p.225.
27 Hobsbawm, *How to Change the World*, p.110.
28 Searle, *Expression and Meaning*, p.58.

assim o seja".[29] Entretanto, se eu escrever de certo jeito sobre determinado assunto numa certa situação, provavelmente serei visto como alguém que escreve ficção, a despeito do que eu pretenda fazer. E escrever "Um relato verdadeiro" na folha de rosto pode não fazer diferença. Um relato sensacionalista sobre a abdução de alguém por alienígenas que explora todos os recursos familiares da ficção científica e é colocado próximo de Arthur C. Clarke nas livrarias provavelmente será considerado ficção, mesmo que o romance tenha sido escrito em uma nave espacial em alta velocidade em direção a outra galáxia.

Por outro lado, posso ter a intenção de que o meu relato seja ficcional apenas para vê-lo universalmente tomado como factual. Não é simplesmente a intenção autoral que determina a compreensão do leitor. Assim como uma leitura "ficcionalizante" pode anular a intenção de um autor de produzir não ficção, também um leitor pode considerar como não ficcional uma obra concebida como ficção. Há o caso do bispo do século XVIII que jogou as *Viagens de Gulliver* no fogo, exclamando indignado que não acreditava em uma palavra daquilo. O bispo estava descartando como fictício um texto que ele acreditava ser concebido como verdadeiro, mas que, na verdade, era ficção. Stein Haugom Olsen está certo ao ver que as intenções do autor são elas próprias institucionalmente determinadas, o que, aliás, é verdade não apenas para a ficção.[30] Uma menina pequena não pode pretender se tornar uma neurocirurgiã se ela viver numa sociedade onde as meninas só podem se tornar empregadas domésticas, pois isso seria literalmente inconcebível. Os objetos de nosso desejo, arrependimento, vergonha, devaneio e assim por diante são estabelecidos por nossas formas de existência social.

Poder-se-ia afirmar que considerar um texto ficcional como factual não altera o fato de se tratar de ficção, uma vez que foi assim que

---

29 Brown e Steinmann, "Native Readers of Fiction: A Speech-Act and Genre-Rule Approach to Defining Literature", em *What Is Literature?*, p.149.
30 Olsen, *The Structure of Literary Understanding*, p.46.

A natureza da ficção

o autor o concebeu. O mesmo raciocínio vale no caso de um texto factual visto como ficcional. No entanto, embora o autor do Evangelho de São João sem dúvida pretendesse que a sua obra fosse verdadeira, muitas pessoas hoje a classificariam como ficção. E essas pessoas provavelmente argumentariam que o seu julgamento sobre a questão supera o do autor. Um escritor sabe, pelo menos na maioria das vezes, se o que está escrevendo é verdadeiro ou inventado, mas isso só resolve a questão de um texto ser ou não ficcional no sentido mais técnico. Aqueles que aqui apelam à intenção autoral são geralmente afligidos por uma noção demasiado estreita de ficcionalidade. Podemos optar por aceitar a palavra de um autor sobre a veracidade de sua obra, porém, mesmo que sua resposta seja afirmativa, ele dificilmente poderá nos proibir de usar o texto como oportunidade de faz de conta, de encontrar nele algum significado exemplar ou de o tratar de forma não pragmática (são os aspectos daquilo que chamamos de ficção). Tampouco ele poderá nos impedir de prestar atenção principalmente à sua linguagem, à sua estrutura narrativa e coisas afins, tratando o seu conteúdo em termos da forma ou ignorando completamente a primeira em prol da segunda.

Nesse sentido, determinar o estatuto ficcional ou não ficcional da obra apelando à intenção do seu autor é simplificar drasticamente o significado da ficcionalidade. Em qualquer caso, uma intenção original pode ser eliminada ao longo do tempo. Posso ter pretendido que meu esboço pateticamente incompetente representasse um elefante, mas ele se parece tanto com o duque de Edimburgo em um par de meias arrastão que todos agora se referem a ele nesses termos, inclusive eu. Frank McCourt não pretendia que *Angela's Ashes* fosse um romance, mas depois de milhões de leitores o terem tratado assim, parece perverso e pedante lhe negar o título de ficção. Isso não significa que aquilo que ele relata não tenha realmente acontecido. A obra é ficção e livro de memórias ao mesmo tempo.

Olsen observa que "não é necessária grande perspicácia para reconhecer que 'ficção' e 'literatura' são conceitos diferentes", porém isso ocorre porque literatura para ele é um termo de valor, e a alguns tipos de ficção (gêneros populares, por exemplo) não se deve conceder tal mérito.[31] Ele defende que toda literatura é ficção, mas nem toda ficção é literatura. Isso seria verdade se incluíssemos, digamos, piadas na categoria de ficção. No entanto, é mais controverso defender que nem toda ficção é literatura porque não se deve incluir romances populares na classificação. Tampouco é verdade que toda literatura seja ficção, como acabamos de observar. Um estudioso observa que é amplamente aceito que "a ficcionalidade é um atributo necessário (embora não suficiente) da definição de literatura",[32] mas, na verdade, tal como os outros atributos de "semelhança de família" que examinamos, isso também é falso.

Culler pensa que a ficção consiste em "contar histórias",[33] embora as formas literárias não narrativas, como a lírica ou a elegia, também sejam ficcionais, sobretudo no sentido de fornecerem material para o faz de conta. Joseph Margolis considera que ninguém poderia chamar corretamente de ficção os sonetos de Shakespeare ou as odes de Keats, mas é difícil perceber por que não.[34] A ficção é, em primeiro lugar, uma categoria ontológica, e não um gênero literário. Um poema lírico apaixonadamente sincero é tão ficcional quanto *Lolita*. A ficção diz respeito ao comportamento dos textos e à maneira como os tratamos; não se trata prioritariamente de uma questão de gênero e menos ainda (como veremos em breve) de verdade ou falsidade. Ademais, não há boas razões para restringir o termo à narrativa em prosa, como fazem alguns teóricos. Apenas no século XIX a ficção se tornou mais ou menos sinônimo de romance. Limitar esse termo à narrativa em prosa significa simplesmente que é provável que se ignorem alguns aspectos relevantes da poesia e do drama, bem como algumas

---

31 Olsen, *The End of Literary Theory*, p.59.
32 Schmidt, "Towards a Pragmatic Interpretation of Fictionality", em *Pragmatics of Language and Literature*, p.161.
33 Culler, *Structuralist Poetics*, p.24.
34 Margolis, *Philosophy Looks at the Arts*, p.427.

afinidades significativas entre essas formas. Fredric Jameson propõe até substituir o termo "narrativa" por "ficção",[35] o que não parece nos ajudar muito, pois ignora a existência de narrativas não ficcionais, bem como de ficções não narrativas.

Bennison Gray, adotando como de costume o ponto de vista da pessoa comum, informa-nos que "uma ficção é uma afirmação que se refere a um acontecimento hipotético, um acontecimento inventado ou simulado, mas que não ocorreu realmente".[36] Contudo, a distinção entre fato e ficção não é de forma alguma tão estável quanto ele sugere, tendendo a se tornar menos nítida à medida que recuamos no tempo. Cícero considerava que o historiador deveria também ser artista, e Quintiliano via a historiografia como uma espécie de poesia em prosa. Isócrates e alguns de seus colegas da Grécia Antiga se referiam à escrita da história como um ramo da retórica. Nos tempos antigos, a historiografia podia envolver o mito, a lenda, o fervor patriótico, a edificação moral e a justificação política, além de uma rara veia de virtuosismo estilístico (Salústio, Tito Lívio, Tácito). Raramente era apenas uma questão de fatos.

A maioria dos filósofos da ficção hoje defende a opinião, pelo menos tão antiga quanto Sir Philip Sidney, de que as proposições ficcionais não são nem verdadeiras nem falsas porque, em primeiro lugar, não pretendem ser asserções genuínas. Tal como os juízos estéticos de Kant, ou muitas declarações ideológicas, as proposições ficcionais têm a forma de relatos genuínos sobre o mundo, muito embora sejam enganosos. A verdade é que tais relatos funcionam do ponto de vista retórico, registrando valores e atitudes sob a justificativa de descrever como as coisas são. Isso não quer dizer que a não ficção seja sempre assertiva, ao passo que a ficção nunca o é. Muitas vezes, as obras de ficção apresentam proposições genuínas, como o fato de ter havido uma guerra mundial na década de 1940, enquanto

---

35 Jameson, *The Ideologies of Theory*, p.146.
36 Gray, *The Phenomenon of Literature*, p.117.

textos não ficcionais, como avisos de segurança, podem ser compostos de alertas ou comandos. As avaliações escolares são constituídas por atos de fala não assertórios conhecidos como perguntas. Apenas uma pequena parte da nossa fala cotidiana consiste em descrever as coisas tais como elas são. As piadas podem fazer uso de afirmações verdadeiras, ao mesmo tempo que suspendem temporariamente seu valor de verdade. O estatuto das declarações pode mudar à medida que elas passam da "linguagem" para o "discurso" – de proposições gerais sobre o mundo para os atributos de declarações ou atos de comunicação específicos. Uma afirmação num romance pode ser vista como nem verdadeira nem falsa (porque não pretende ser assertiva), mas ela pode se tornar verdadeira ou falsa quando proferida num bar, ou uma frase assertiva pode ser falsa agora e se tornar verdadeira mais tarde. Eric Hobsbawm salienta que aquilo que o *Manifesto comunista* de 1848 tem a dizer sobre o alcance global das classes médias não era verdade em seu momento histórico, mas se tornou verdade nos nossos dias: esse documento caracteriza melhor a nossa época do que aquela em que foi escrito.[37]

Em todo caso, deixar de lado a questão do valor de verdade de uma obra não a converterá espontaneamente em ficção. Você pode simplesmente permanecer indiferente quanto à veracidade de uma propaganda, o que não significa necessariamente que você a trate como ficcional. Você pode não a usar como uma oportunidade para um faz de conta nem recorrer a qualquer outra maneira de "ficcionalizar" um texto. Por outro lado, não é necessário ignorar a verdade ou a falsidade de declarações ficcionais, mesmo que o termo "romance" na folha de rosto convide o leitor a fazê-lo. Você ainda pode notar o quão grotescamente impreciso é o relato do autor sobre a fabricação de uísque, e isso, como veremos mais adiante, pode ocasionalmente solapar o efeito ficcional. Você também pode valorizar muito um texto porque sua visão de mundo lhe parece profundamente verdadeira, por mais

---

37 Hobsbawm, *How to Change the World*, p.111-2.

que você esteja ciente de que as afirmações empíricas que compõem essa visão são falsas, duvidosas ou irrelevantes para questões ligadas à verdade e à falsidade.

Nelson Goodman, de maneira pouco usual entre os filósofos da arte, defende que "toda ficção é falsidade literal, literária", por mais "metaforicamente" verdadeira que possa ser.[38] Bertrand Russell tinha praticamente a mesma opinião. Gregory Currie concorda igualmente com Platão ao insistir que as obras de ficção são tipicamente falsas. Ele adota essa visão porque crê que a verdade e a falsidade dizem respeito ao significado, e não à força, de modo que a força não assertória de um texto ficcional não pode desobrigar afirmações ficcionais de tais juízos.[39] Ele também acha que nós "propositadamente, e não ocasionalmente, desacreditamos as proposições de uma ficção",[40] o que significa que, enquanto lemos, não vemos com nitidez mental a falsidade, mas sem dúvida declararíamos que não acreditamos nela se questionados a respeito. Tal como a "suspensão da descrença" de Coleridge, isso sugere a natureza liminar do ato de ler ficção, em algum lugar entre a simulação e a realidade. Veremos a seguir uma ambivalência semelhante na ideia de que é possível realizar uma ação e, ao mesmo tempo, fingir que a estamos realizando. O fato de crianças pequenas entrarem e saírem tão facilmente de jogos de faz de conta insinua algo semelhante a uma fronteira tênue entre o fato e a fantasia. Isso não é surpreendente, dado que, para o pensamento psicanalítico, grande parte do que chamamos de realidade é, em primeiro lugar, fantasia.

Uma obra pode ser verdadeira em todas as suas palavras, mas ainda assim ficcional. Currie aceita essa afirmação, mas apenas no sentido bem precário de que um romance histórico poderia preencher as lacunas dos registos históricos com invenções que mais tarde

---

38 Goodman, *Of Mind and Other Matters*, p.124.
39 Currie, *The Nature of Fiction*, p.4-9.
40 Ibid., p.8.

revelar-se-iam verdadeiras. A ficção, na sua opinião, só pode ser "acidentalmente" verdadeira, no sentido de que uma narrativa hipotética pode coincidir com um curso real de acontecimentos desconhecidos pelo autor. Como observa Currie, o *National Enquirer* publicou uma matéria há pouco tempo relatando que Michael Jackson teria apenas seis semanas de vida, o que se revelou quase exatamente verdadeiro. Mesmo que os leitores não acreditem nas verdades publicadas pelo *Enquirer* – e muitos deles certamente não acreditam –, eles o leem, entre outros motivos, porque gostam de fingir que acreditam.

Existem, no entanto, sentidos mais sutis em que um texto pode ser factual e ficcional ao mesmo tempo. Numa frase memorável em *Uma defesa da poesia*, Shelley fala em "imaginar aquilo que sabemos". Fingir com relação a algo que sabemos ser verdadeiro não difere substancialmente de fingir com relação a algo que sabemos ser falso. Um escritor pode "ficcionalizar" um relato, mesmo que este seja verdadeiro do ponto de vista dos fatos: basta moldá-lo em forma dramática, criar personagens memoráveis, organizá-lo em uma narrativa absorvente e ordenar os atributos do relato de modo a realçar certos temas morais e motivos gerais. *A canção do carrasco*, de Norman Mailer, pode servir de exemplo. O mesmo pode acontecer com *Angela's Ashes*. Podemos então ler o livro não sob a égide da verdade ou da falsidade empírica de seu relato, mas precisamente por conta dessas qualidades "literárias".

Você também pode adotar um olhar ficcional em relação a uma obra que pretende ser puramente factual ou pragmática. É possível tratar uma obra pragmática de forma não pragmática, "refuncionalizando-a", por exemplo, ao procurar nela algum significado exemplar e, assim, separá-la da função pretendida. Você também pode ler uma obra não pragmática de forma pragmática, como quando os historiadores atacam *Macbeth* em busca de informações sobre os conceitos de bruxaria do início do século XVII. Peter McCormick pensa que obras que convidam a uma leitura ficcional são sempre rotuladas como ficcionais, embora você possa ler a *Autobiografia*, de Mill, ou até mesmo *A origem das espécies* de forma ficcional, ainda que obras desse tipo claramente não prevejam tal tratamento.[41] De qualquer forma, salienta Mary Louise Pratt, "os relatos narrativos não ficcionais criam mundos no mesmo sentido que as obras literárias e, digamos, os relatos de sonhos".[42]

Uma obra pode mudar de estatuto ao longo do tempo, passando de ficcional para não ficcional ou vice-versa. A Bíblia, para a maior parte da *intelligentsia* ocidental, passou de história para ficção. Ademais, um texto pode ser tratado como ficção numa cultura mas não em outra.[43] Em todo caso, toda obra de ficção, como J. O. Urmson nos lembra, vem com um conjunto inteiro de pressuposições que são de fato verdadeiras.[44] Curiosamente, Richard Gale acredita que não se pode ter ficção se os personagens principais de uma obra são extraídos da vida real.[45] John Searle pensa que algumas obras de ficção fazem referência genuína, enquanto outras apenas fingem fazê-lo, e, ainda, que as obras que realmente fazem referência devem fazê-lo com precisão. É preciso ficar atento à verdade histórica, por exemplo, ao escrever sobre figuras históricas.[46]

Isso negligencia dois pontos. Em primeiro lugar, as declarações ficcionais que, em certo sentido, fazem referência, como quando se diz que engolir pilhas inteiras de papelão deixará você doente, fazem-no dentro de um contexto que as "ficcionaliza". Quero dizer com isso que as referências são mobilizadas como atributos dentro de uma retórica geral ou de um jeito de olhar as coisas. E esse jeito de olhar muitas vezes não está sujeito a juízos de verdade e falsidade, embora qualificaremos tal afirmação mais adiante. Há muitas afirmações factualmente verdadeiras em quase todas as obras de ficção, bem como

---

41 McCormick, *Fiction, Philosophies, and the Problems of Poetics*, p.41.
42 Pratt, *Toward a Speech Act Theory of Literary Discourse*, p.95.
43 Ibid., p.124.
44 Urmson, "Fiction", p.154.
45 Gale, "The Fictive Use of Language", p.325.
46 Searle, "The Logical Status of Fictional Discourse", em *Expression and Meaning*. Ver também Ryan, "Fiction, Non-Factuals, and the Principle of Minimal Departure".

nas obras realistas, porém o que conta é a forma como essas afirmações funcionam estratégica ou retoricamente, e não o seu estatuto epistemológico. Uma afirmação, como Gale explica de forma útil, "pode ser verdadeira ou falsa mesmo que não estejamos dispostos a lhe atribuir qualquer valor de verdade", e, na mesma linha de raciocínio, aquilo que alguém diz pode ser verificável mesmo que não nos preocupemos em proceder à verificação.[47] Não estamos necessariamente concluindo que devemos perder de vista o valor de verdade de tais afirmações referenciais, mas simplesmente que podemos inscrever tais afirmações num contexto diferente e fazê-lo é parte do que entendemos por ficção.[48]

Searle – voltando a ele – imagina, com espírito puritano, que a ficção histórica deve ser leal à verdade do passado e, portanto, não vê que os romances históricos que tomam liberdade em relação aos fatos podem ser, em certo sentido, mais verdadeiros do que aqueles que não o fazem. Entre outras coisas, o objetivo de ficcionalizar a história está em reconfigurar os fatos de modo a realçar aquilo que se considera ser o seu significado subjacente. Isso não precisa parecer uma lorota stalinista, mas é preciso entender que, se estivermos escrevendo um romance histórico sobre Florence Nightingale, podemos destacar a figura quintessencialmente vitoriana que ela era, suprimindo criteriosamente o fato de ela só ter falecido no século XX. Em vez disso, podemos arranjar uma morte simbolicamente mais satisfatória para ela, talvez nos braços de um jovem soldado que ela acabou de socorrer e trazer de volta à vida. Não muito tempo atrás, um jornal

---

[47] Gale, "The Fictive Use of Language", p.327.
[48] Alguns filósofos como Searle defendem que as declarações ficcionais na verdade não fazem referência, uma vez que tudo a que se refere deve existir. Outros, como Martinich e Stroll, afirmam que, "se um nome fictício é aceito por uma comunidade, então ele tem um referente" (*Much Ado about Nonexistence*, p.28). Ver também Crittenden, *Unreality: The Metaphysics of Fictional Objects*. Graham Dunstan Martin está entre aqueles que argumentam que pode haver referentes não existentes (*Language, Truth, and Poetry*, p.76). Teun van Dijk, em contrapartida, considera irrelevante o valor referencial de uma obra literária (*Some Aspects of Text Grammars*, p.337).

do governo egípcio adulterou uma fotografia de líderes mundiais envolvidos no processo de paz no Oriente Médio, colocando o presidente egípcio à frente do presidente dos Estados Unidos; a justificativa era que o líder egípcio havia feito mais pelo avanço do processo de paz do que o norte-americano. Permite-se, por conseguinte, que a verdade moral prevaleça sobre a empírica num movimento classicamente ficcional, mesmo que na prática tudo não passe de uma obra cínica de manipulação orwelliana.

Alasdair MacIntyre sugeriu que podemos melhorar uma narrativa tornando-a menos verdadeira ou verdadeira em algum sentido diferente.[49] As obras de ficção podem ser fiéis à realidade por serem inventivamente falsas em relação a ela. A história nem sempre coloca as coisas na ordem certa e pode cometer alguns erros imperdoáveis: ela passa ao largo de algumas simetrias impressionantes e certas coincidências gratificantes, mata personagens assim que eles estão se tornando interessantes, muitas vezes termina em anticlímax ou farsa, agracia os mais com boa fortuna e sobrecarrega a narrativa principal com uma série de subtramas tediosas, além de permitir que algum incidente insignificante nos distraia no momento crucial em que a verdade aparece. É também um fato familiar que a verdade pode não só ser mais estranha que a ficção, mas também mais ficcional do que ela. Nenhum romancista preocupado com a sua reputação teria dado a Henry Kissinger o Prêmio Nobel da Paz. Há muita coisa na história que força a credulidade de alguém.

*

Uma das razões pelas quais a categoria de ficção surgiu foi, em primeiro lugar, para distinguir uma forma de escrita imaginativa que se tornava cada vez mais realista quando comparada aos relatos factuais. Não teríamos necessidade dessa distinção se as obras literárias

---

49 Em conversa pessoal com o autor.

fossem flagrantemente não factuais. Somente leitores extraordinariamente estúpidos precisariam da palavra "ficção" anexada a *Sir Gawain e o cavaleiro verde*[50] ou aos quadrinhos do Batman. Inicialmente, então, a ficção foi tacitamente definida em relação à não ficção, num contexto em que a diferença se tornava problemática. A instabilidade da distinção perdurou ao longo dos séculos, como fica evidente em uma série de confusões críticas. Christopher New pensa que "uma obra em que o número de declarações não ficcionais superasse notavelmente o número de declarações ficcionais não se qualificaria como uma obra de ficção",[51] porém nos questionamos: por que não? Afinal, um leitor pode muito bem deixar de lado o valor de verdade das declarações não ficcionais ou "ficcionalizar" toda a obra, unindo declarações ficcionais e não ficcionais, no sentido de atribuir ao conjunto alguma importância exemplar ou usá-lo para um faz de conta. Também é possível que as obras literárias sejam ficcionais num sentido e não em outro. Um sermão ou uma obra de propaganda política podem chegar ao leitor com a pretensão de serem verdadeiros, ao contrário de "Gerontion" ou *O pai Goriot*;[52] no entanto, também podem ser ficcionais no sentido de convidar o leitor a submetê-los a um ato de faz de conta ou a um livre jogo de imaginação. Um leitor pode manter ambas as operações juntas em sua mente. Um romance realista que nos permite captar personagens redondos, enquadrando-os, por assim dizer, simultaneamente a partir de vários ângulos, pode fazer que tais figuras pareçam mais reais, no sentido de serem mais intensamente presentes e plenamente acessíveis, do que muitos dos indivíduos que entram e saem da vida real. Iris Murdoch observou certa vez que todos vivemos nos interstícios da vida uns dos outros, mas isso pode deixar de ser o caso em alguns tipos de ficção.

---

50 Narrativa em versos ligada à lenda do rei Artur; de autor desconhecido, foi escrita no século XIV e publicada no século XIX. (N. T.)
51 New, *Philosophy of Literature*, p.40.
52 "Gerontion": poema de T. S. Eliot publicado em 1920. *O pai Goriot*: romance de Balzac publicado em 1835; trata-se de um dos volumes da coleção *A comédia humana*. (N. T.)

Um leitor pode registar a força cognitiva genuína de certas proposições enquanto as utiliza como adereços num jogo de faz de conta. "Imaginar algo", escreve Kendall Walton, "é inteiramente compatível com saber que aquilo é verdade".[53] Tolstoi nos conta que Napoleão invadiu a Rússia, e foi isso mesmo que aconteceu; contudo, por ser chamado de romance, *Guerra e paz* também nos convida a pensar no fato de um ponto de vista lúdico, a incorporá-lo num mundo ficcional. Um casal no romance *All That Follows*, de Jim Crace, "imagina fazer amor enquanto o faz". Larry David criou *Seinfeld* na vida real e também na série de televisão *Curb Your Enthusiasm*.[54] Oscar Wilde se interpretou com muito mais habilidade do que qualquer outro ator. A realidade pode ser objeto de fantasia, e uma fantasia permanece ficcional mesmo quando corresponde a um conjunto real de acontecimentos. Jean-Jacques Rousseau era tanto um paranoico realmente perseguido quanto um hipocondríaco que estava sempre doente.[55]

Portanto, algo pode ser factual e ficcional ao mesmo tempo. Tomemos emprestados alguns exemplos de Walton: alguém pode sonhar que gosta de climas quentes e realmente gostar deles; o Rio Mississippi corre ao lado do Rio Missouri em *Tom Sawyer* e também na vida real; uma criança grita "pare, ladrão!" numa ficção (um jogo) e também de fato pronuncia essas palavras, de modo que aquilo que ela faz é simultaneamente real e fictício. "O fato pode ser ficção, e a ficção pode ser fato", afirma Walton, o que significa que podemos tratar um fato ficcionalmente, incorporando-o num jogo de faz de conta; por conseguinte, uma narrativa ficcional pode ser composta inteiramente de verdades empíricas.[56] Poderíamos acrescentar que afirmações cuja

---

53 Walton, *Mimesis as Make-Believe*, p.73.
54 *Curb Your Enthusiasm*: no Brasil a série foi lançada com o título *Segura a onda*. (N. T.)
55 Sobre os temas da perseguição e da doença na vida e na obra de Rousseau, ver *Rousseau juiz de Jean-Jacques: Diálogos*, publicado pela Editora Unesp, com tradução de Claudio Reis e Jacira de Freitas. (N. T.)
56 Walton, *Mimesis as Make-Believe*, p.74.

veracidade não é literal podem se tornar verdadeiras num outro sentido quando transpostas para um registo verbal diferente. "Trabalhadores do mundo, uni-vos, vós não tendes nada a perder a não ser vossos grilhões": não há verdade literal aqui, uma vez que, quando se rebelam contra o Estado, os trabalhadores correm o risco de perder muito, inclusive, em alguns casos, a própria vida. Contudo, uma vez que a afirmação surge num manifesto político, as regras desse gênero literário a tornam verdadeira num sentido diferente, à medida que a convertem numa obra de exortação retórica. Ela é agora "verdade" no sentido de ajudar a impor uma verdade moral, a saber, que os trabalhadores só conseguirão alcançar a justiça caso se unam e se rebelem.

Voltemos por um momento à questão dos atos que são ao mesmo tempo factuais e ficcionais. Imagine (ofereço agora meu próprio exemplo em vez de um roubado de Walton) que você está ensaiando um drama e precisa de alguém para fazer o papel do arquiduque. Por um extraordinário golpe de sorte, um arquiduque de verdade passa andando a esmo e entra distraído na sala de ensaios. Você o sequestra imediatamente para o papel. A ilusão dramática que ele cria é ainda mais convincente porque ele sabe exatamente como os verdadeiros arquiduques se comportam. A realidade foi colocada a serviço da fantasia sem deixar de ser ela mesma. A mesma situação poderia ser aplicada quando fosse preciso socar alguém em uma peça. Se por acaso você sente aversão intensa a seu colega ator, ele pode ser socado com a violência desejada sem que nada ocorra fora do quadro ficcional. Se você precisa espirrar em uma peça e espirra de verdade, o espirro pode fazer parte da apresentação. Você está espirrando tanto de forma fictícia quanto de verdade. Posso jogar um jogo no qual a rainha de Inglaterra é uma espiã norte-coreana acreditando que ela realmente seja uma espiã norte-coreana. Também pode ser verdade que ela o seja. Há um filme chamado *Trovão tropical*, no qual um grupo de atores ocidentais que fazem um filme em um país distante fingem, pelo bem do filme, estar em guerra com a população local, sem perceber que a população realmente está em guerra com eles e está os atacando de verdade. Mas é claro que isso não está acontecendo, uma vez que tudo se passa em um filme.

É claro que o faz de conta não está confinado à ficção e, portanto, não pode ser uma definição suficiente dela. Mesmo assim, uma das várias virtudes do uso do conceito por Walton é que ele não desperta nenhuma fantasia subjetiva. O faz de conta, para ele, não é primariamente um estado de espírito, mas uma prática social, conduzida de acordo com determinado conjunto de regras e convenções. Num jogo de faz de conta, X (um ursinho de pelúcia, digamos) representa Y (papai), e não nenhuma outra coisa (embora significados múltiplos também sejam sempre possíveis). Nesse sentido, o que devemos imaginar num jogo assim e como devemos imaginá-lo está prescrito, não pode ser uma mera questão de capricho. Essa é, então, uma concepção agradavelmente não romântica da imaginação, que não deveria tolerar tal prescrição.

Joseph Margolis afirma que "não se pode fingir que uma proposição é verdadeira quando ela é, e todos sabem que é, verdadeira".[57] Gregory Currie escreve, numa linha de raciocínio semelhante, que "não se pode fazer algo e fingir que o faz ao mesmo tempo".[58] Porém, deve haver algum sentido da palavra "fingimento" (talvez haja vários) segundo o qual a afirmação anterior é certamente duvidosa. O garçom que brinca de ser garçom em *O ser e o nada*, de Jean-Paul Sartre, é um exemplo célebre. É possível representar ou interpretar o papel daquilo que você realmente é, como acontece com aqueles tipos irritantes e francos que blefam e agem de forma autoindulgente, criando uma imagem de si mesmos a partir dessa atuação. Grande parte do comportamento humano é marcada por essa dualidade: realizar algo e, ao mesmo tempo, realizar a encenação de algo. Se somos atores, somos também o nosso próprio público, tanto para aplaudir quanto para criticar. Se Platão baniu o teatro da sua república ideal, foi em

---

57 Margolis, *Philosophy Looks at the Arts*, p.429.
58 Currie, *The Nature of Fiction*, p.51.

parte porque o teatro fazia que os atores de palco fossem, a uma só vez, eles próprios e outras pessoas, o que seria nocivo para a estabilidade da identidade essencial numa sociedade bem-ordenada. Se um sapateiro começar a imaginar que não é sapateiro, poderão surgir consequências politicamente corrosivas.

Esse tipo de consciência duplicada ou cindida se situa no campo do descompasso entre nós e o nosso entorno. Ser capaz de manter a realidade, incluindo nós mesmos, à distância faz parte da maneira especificamente humana como estamos ligados ao mundo. Não se trata de ficar fora do mundo nem de flutuar acima dele. Nossa relação com o real é, portanto, irônica. Estou de fato furioso, mas, ao mesmo tempo, posso me ver tendo um comportamento convencionalmente furioso, obedecendo espontaneamente a um roteiro, embora o que sinto seja totalmente autêntico. Ao observar o comportamento de cães e coelhos, temos a sensação de que, para o bem ou para o mal, eles não compartilham esse modo irônico de consciência. Wittgenstein observa que "[u]m cão não pode mentir, mas também não pode ser sincero", ao que poderíamos acrescentar que ele não pode viver ironicamente, assim como é o caso das crianças muito pequenas, o que faz parte do seu encanto. Alguns observadores chegaram a essa conclusão sobre nações inteiras. Nesse sentido, pelo menos, a ficcionalidade é parte integrante da realidade. A ficção envolve o leitor no processo de ser envolvido em uma ilusão e ser indiferente a ela. É, portanto, uma espécie de ironia e, como tal, dá grande importância à natureza da nossa experiência cotidiana. Estamos consternados com a morte de Cordélia, embora, como observa Samuel Johnson, nunca esqueçamos, nem por um instante, que estamos num teatro. Samuel Richardson escreve numa carta sobre "aquele tipo de fé histórica com a qual a ficção é geralmente lida, mesmo que saibamos que se trata de ficção".[59]

---

59 Carroll (ed.), *Selected Letters of Samuel Richardson*, p.85.

Se, como Kendall Walton, você pensa no fingimento como um faz de conta,[60] então fica claro que o fingimento e a realidade não precisam estar em desacordo. Imagine um cantor fazendo mímica ao som de sua própria voz após descobrir que pode tornar a mímica mais convincente se cantar de verdade. Ele ainda finge cantar, no sentido de adequar os movimentos da boca aos sons da faixa, mas na verdade também está cantando. Posso dirigir meu carro fingindo que sou um piloto famoso como Michael Schumacher, mas também posso ser de fato o Michael Schumacher, dirigindo seu carro enquanto fantasia sobre o fato, saboreando narcisicamente imagens de sua própria fama. Posso, ainda, estar lutando para acordar, mas também fingindo que estou, no sentido de simular que estou fazendo isso. Uma antiga canção intitulada "Only Make Believe" contém os versos: *"Might as well make believe I love you,/ For to tell the truth, I do"*.[61]

Um dos acontecimentos culturais mais surpreendentes do século XX ocorreu em novembro de 1920, em Petrogrado, quando dezenas de milhares de trabalhadores, soldados, estudantes e artistas reencenaram a tomada do Palácio de Inverno. A apresentação, coordenada por oficiais do Exército e artistas de vanguarda, durou vários dias, utilizando armas reais e um navio de guerra real. Muitos dos soldados e marinheiros envolvidos nessa ficção teatral não só participaram dos acontecimentos que comemoravam, mas também estavam ativamente envolvidos na guerra civil na Rússia à época. As revoluções, como Marx entende em *O 18 de brumário de Luís Bonaparte*, parecem envolver um curioso cruzamento entre fato e ficção. Parte disso também se aplica à Revolta da Páscoa na Irlanda em 1916, como já descrevi em outro texto.[62]

---

60 Um significado autorizado pelo *Oxford English Dictionary*, que define *pretend* como "envolver-se em um jogo imaginativo ou em fantasia", bem como "agir de modo a fazer parecer que algo é verdadeiro quando na realidade não o é".
61 "Poderia fazer de conta que eu te amo/ Pois, para dizer a verdade, eu te amo." (N. T.)
62 Ver Eagleton, *Heathcliff and the Great Hunger*, p.304. Um relato esclarecedor de Austin sobre o fingimento pode ser encontrado em Bull, *Seeing Things Hidden*, cap.1.

J. L. Austin oferece o seguinte exemplo de fingimento enquanto se faz algo de verdade: um convidado de uma festa se comporta de maneira extravagantemente "vulgar" apenas para se divertir e descobre que, nesse ambiente elegante, até mesmo fingir ser vulgar é visto como uma grosseria genuína.[63] Um verdadeiro cavalheiro é incapaz até mesmo de imitar comportamentos vulgares. De forma talvez mais dúbia, Austin nos pede para imaginar dois criminosos envolvidos em um ato criminoso que procuram desviar a atenção serrando uma árvore. Eles realmente estão serrando a árvore, porém mesmo assim se trata de um espetáculo ou uma simulação para enganar os outros. Serrar de verdade é melhorar o fingimento. Fingir não é necessariamente fazer algo sem realmente sentir o que se está fazendo. Uma demonstração de tristeza pode melhorar se você conseguir estimular uma angústia genuína. De qualquer forma, fingir não é necessariamente parecer triste sem realmente sentir tristeza. Muitas pessoas, por alguma peculiaridade de temperamento ou fisionomia, parecem estar taciturnas mesmo quando se sentem perfeitamente alegres. O que faz a diferença entre se comportar respeitosamente num funeral e simplesmente parecer fazê-lo nem sempre é uma questão de sentimento. Você pode se comportar com respeito sem sentir nada em particular.

É possível, pergunta Austin em um estilo devastador, fingir que está tossindo? Você pode fingir que tosse sem realmente tossir, como quando leva a mão à boca e mexe os ombros silenciosamente para enganar alguém que esteja a certa distância. Contudo, você pode emitir um som de tosse e ainda assim fingir que está tossindo. Isso significa emitir o som deliberadamente, em vez de ser espontaneamente tomado por um espasmo angustiante? Não necessariamente. Alguém pode tossir deliberadamente apenas para pigarrear, ao passo que fingir é uma prática social e uma questão de contexto. ("Fingir" e "ficção" têm a mesma raiz etimológica.) Deve haver alguém que

---

63 Austin, "Pretending", em *Philosophical Papers*, p.259n.

A natureza da ficção

você está tentando enganar ou a quem você está tentando convencer. Alguns norte-americanos começaram a fingir tosse ao encontrar um fumante a fim de manifestar desaprovação moral. A visão de Austin sobre a tosse é um exemplo particularmente assustador de um capricho meticuloso. Há questões mais importantes na história da filosofia. Seria difícil imaginar Hegel ou Heidegger perdendo o sono com essa questão, embora, apesar de tudo, ela possa ajudar a lançar luz sobre questões de ficção, realidade, mimese, atuação, intenção, experiência etc. Não é de admirar que Jacques Derrida tivesse uma queda por Austin, em cujas piadas, provocações maliciosas, solenidades simuladas e transgressões do decoro acadêmico ele sem dúvida vislumbrou uma versão anglo-saxã do seu próprio estilo mais gaulês de antifilosofia.

Stanley Cavell afirma que, para Wittgenstein, a diferença entre fingir e fazer algo de verdade não é criteriosa.[64] Com isso, ele quer dizer que alguém que finge sofrer por amor não é alguém que tenta, sem sucesso, cumprir os critérios de uma verdadeira paixão não correspondida. Os critérios nos dizem o que algo é, e não se algum exemplar específico dele é o artigo genuíno. Os critérios que determinam o que pode ser considerado sofrer por amor podem ser satisfeitos nos casos em que alguém está apenas fazendo uma demonstração plausível disso.[65] É por isso que podemos dizer: o fingimento dela é o de sofrer por um amor não correspondido, e não de estar apaixonada, nem com dor, nem desesperada. Ela cumpre todos os critérios habituais de comportamento de uma pessoa apaixonada que não é correspondida. O conceito de amor não correspondido e as formas habituais como o aplicamos entram em jogo tanto aqui quanto em casos reais do problema. Compreender o conceito de algo é independente da existência real desse algo; ademais, o conceito não nos dirá se algo existe ou não. Alguém pode me ensinar o que é impaciência, tanto fingindo impaciência quanto me mostrando uma amostra da coisa real.

---

64 Cavell, *A Pitch of Philosophy*, p.91-2.
65 Id., *The Claim of Reason*, p.43.

Eu poderia aprender muito mais – e também de maneira bem menos dolorosa – sobre o ciúme sexual lendo Proust ou *Otelo* do que aprenderia na vida real.

Pareceria difícil fingir e não saber disso. Entretanto, um nacionalista católico em Belfast, encurralado por paramilitares lealistas durante o conflito na Irlanda do Norte, pode involuntariamente falar com um sotaque inglês. Pode não haver uma distinção nítida entre fingimento e realidade. Afinal, fingir é fazer algo de verdade.

Fingir o fingimento também é possível. Posso ser tomado por um verdadeiro ataque de tosse, porém dou a entender que estou apenas fingindo ao levar as mãos teatralmente à garganta. Podemos ainda pensar em como, ao fazer uma demonstração ridiculamente exagerada de estar emocionalmente magoado, posso esconder o fato de que estou realmente ofendido. Em certo sentido, um romancista finge estar fingindo, já que deveria nos convencer de que certos fatos ficcionais realmente aconteceram, embora saiba que não acreditamos que eles tenham acontecido. Assim como uma demonstração exagerada de mágoa é um fingimento que deliberadamente se apresenta como tal, uma obra literária pode sinalizar a irrealidade de se fingir que a história registrada por ela realmente aconteceu por meio da evidente implausibilidade de seus fatos ou pela natureza hiperbólica de sua linguagem altamente forjada.

A. P. Martinich e Avrum Stroll afirmam que uma história que começasse com "Era uma vez" não seria ficcional se continuasse com "numa grande casa branca, um presidente dos Estados Unidos chamado Bill Clinton, que sofreu *impeachment* por agir como um adolescente quando tinha meio século de idade".[66] Mas o fato de sabermos que isso é mais ou menos verdade não necessariamente nos impede de tratar a história como ficção. Já vimos que, ao ler ficção, regularmente fazemos de conta em relação àquilo que reconhecemos como verdadeiro. A frase "Era uma vez" é um marcador genérico convencional

---

66 Martinich e Stroll, *Much Ado about Nonexistence*, p.15.

que alerta o leitor para não se preocupar muito com questões como "Isso realmente aconteceu?". Ela foi criada para empurrar a ação para um terreno fabuloso e quase lendário, numa distância tão grande do presente que a sua verdade ou falsidade pode ser indeterminável, bem como irrelevante para a nossa leitura.

Kendall Walton, no trabalho mais original e ousado sobre a teoria da ficção publicado nas últimas décadas, observa que um leitor que sofre por uma figura histórica digna de pena retratada na ficção pode estar sofrendo tanto "ficcionalmente" quanto de verdade.[67] "O que [um leitor] sabe que é ficcional", comenta ele, "não [...] afeta aquilo que é ficcional que ele sabe ser verdade".[68] Ele quer dizer que um leitor pode saber que as sereias não existem, mas aceita o fato de que elas são verdadeiras para uma história específica. Walton explica que *Um conto de duas cidades*, de Dickens, torna ficcional a existência de Paris, no sentido de que a ficção espera que o leitor acredite que Paris é uma cidade real. Poderíamos também ter uma história em que é fictício o fato de os escoceses serem autômatos habilmente moldados. Uma afirmação sobre uma pessoa ou lugar real pode ser ao mesmo tempo verdadeira e ficcional ou pode ser falsa e não ficcional. O nome "Londres" num romance é ficcional no sentido de que a cidade real entra no texto apenas sob certos aspectos relevantes, editada, organizada e "focalizada" (no termo de Gérard Genette) de maneiras específicas.

Portanto, não se trata exatamente, como observa Marianne Moore sobre a poesia, de "jardins imaginários com sapos reais dentro deles". É mais complicado do que isso. Para John Searle, a ficção contém afirmações verdadeiras e falsas, e um autor pode fazer afirmações "sérias" enquanto escreve ficção.[69] No entanto, ele passa ao largo do problema de identificar tais afirmações. Muitos teóricos consideram a frase inicial de *Anna Kariênina*, que declara que todas as famílias

---

67 Walton, *Mimesis as Make-Believe*, p.253.
68 Ibid., p.261.
69 Ver Searle, "The Logical Status of Fictional Discourse", *passim*.

felizes são felizes da mesma forma, mas que as famílias infelizes são infelizes cada uma à sua maneira, como uma afirmação genuína da parte do autor. Mas como sabemos? As obras literárias certamente fazem declarações em nome de seus narradores em que o próprio autor não acredita. Mesmo que Tolstoi acreditasse no que escreveu, ele pode não ter tido a intenção de afirmar a frase anterior como uma verdade. Ele pode simplesmente estar moldando um sentimento que exerceu certo peso na economia moral e estética do romance. Ou ele pode ter acreditado quando escreveu a frase e deixado de acreditar dez minutos depois. Ele pode não ter se perguntado se acreditava ou não, ou pode ter sido genuinamente agnóstico quanto ao fato. Não é tão incomum não saber se você acredita em algo ou não. Os filósofos muitas vezes tendem a presumir que as crenças são mais claras do que geralmente o são.

Tolstoi também pode ter acreditado na afirmação, mas na verdade havia se enganado. Ou ele pode ter concedido à observação alguma credibilidade provisória enquanto se preparava para o julgamento definitivo. O leitor, da mesma forma, pode não saber se acredita ou não nessa afirmação, se deve ou não acreditar nela, ou se ela deve ser tratada da mesma forma que as opiniões dos personagens do romance. Ou, ainda, ele pode concordar com a afirmação sem necessariamente acreditar que Tolstoi concorde com ela ou sem achar que importa o fato de o autor concordar ou não com ela.[70] Nas palavras de Nicholas Wolterstorff,

> [n]ão é necessário, para uma obra de ficção, que os estados de coisas indicados sejam falsos, nem que o autor acredite que sejam falsos. Ele pode de fato acreditar que todos esses estados de coisas são verdadeiros, e todos eles podem *ser* verdadeiros. O que o torna um ficcionista, no entanto, é que ele nada afirma, mas apresenta algo.[71]

---

70 Sobre a crença na ficção, ver Isenberg, "The Problem of Belief".
71 Wolterstorff, *Works and Worlds of Art*, p.234.

A natureza da ficção

Aos olhos de Wolterstorff, um autor de ficção não finge, mas apresenta – ele oferece algo para que o examinemos, e o faz em primeiro lugar por conta de seu valor de verdade. Peter Lamarque nos recorda corretamente que esse movimento não é exclusivo da ficção.[72] Vou sugerir em breve algumas observações sobre essa visão.

Um autor pode sair de trás de sua *persona* narrativa e falar por um momento *in propria persona*. Thomas Mann faz isso de forma bastante pungente no final de *Doutor Fausto*. Mas como saberemos que esse não é simplesmente mais um movimento no jogo ficcional, mesmo que o autor insista que ele agora se dirige aos seus leitores de forma direta e sincera? Como podemos ter a certeza de que quebrar as regras do jogo não é uma regra do jogo? Estaria Shakespeare sendo sincero quando parece nos dizer, em *Rei Lear*, que "a maturidade é tudo"? E como saberíamos? Afinal, tais declarações às vezes refletem os pensamentos de um personagem ou narrador não confiável. Quantos dos pomposos conselhos moralistas de Polônio a seu filho são sabedoria shakespeariana madura, quantos são falsos e quantos são um meio-termo disso? Até que ponto o próprio Shakespeare sabia a resposta?

Um discurso moral desse tipo pode ou não expressar opiniões autorais, porém a questão principal não é essa. O seu objetivo é ser "ficcionalizado", tratado como um elemento num projeto global, em vez de abstraído do seu contexto para julgamento isolado. De fato, podemos considerar o conselho de Polônio como verdadeiro e útil, e esse juízo pode enriquecer a nossa resposta à passagem em questão. Descobrir que a perspectiva moral de uma obra é verdadeira e profunda pode aprofundar a nossa resposta a ela. Contudo, mesmo que a consideremos verdadeira e profunda, fazemos isso em termos da forma como esse modo de ver é formalmente constituído, o que difere do modo como poderíamos considerar verdadeiros e úteis os sentimentos de Polônio se os encontrássemos num calendário.

---

72 Lamarque, *The Philosophy of Literature*, p.180.

"A vivacidade da imaginação do leitor", escreve Walton, "pode ser reforçada pelo conhecimento de que aquilo que ele imagina é verdadeiro."[73] O fato de sabermos que Bucareste pode ser uma cidade perigosa para passear poderia dar substância ao nosso ato de fazer de conta quando encontrássemos esse fato em forma ficcional. A imaginação e a realidade podem estar em conluio, e não em conflito. Isso pode ser verdade tanto para a dimensão moral de uma obra como para a sua dimensão empírica. De acordo com a teoria dos atos de fala, as proposições ficcionais mais típicas não podem ser verificadas nem refutadas porque são, na verdade, pseudoproposições, como "Lok estava correndo o mais rápido que podia", o que, na visão dessa teoria, só parece fazer uma afirmação. As perspectivas morais, no entanto, podem, por vezes, ser julgadas como verdadeiras ou falsas, pelo menos se alguém for um realista moral. Digo "às vezes" porque não é verdadeiro nem falso que uma obra literária lamente a passagem do tempo ou tenha esperança de um futuro melhor. Por outro lado, um romance pode defender implicitamente a visão de que algumas pessoas são moralmente repulsivas, o que é inegavelmente verdadeiro. Se, no entanto, esse romance fizesse parecer que essa é a única verdade digna de nota sobre a humanidade, ele poderia muito bem ser repreendido pela sua visão moral distorcida. Podemos estar tão certos de que a afirmação não é verdadeira quanto o estamos de que o tempo em Montreal pode ser extremamente frio, ou de que Kerry é um condado irlandês mais bonito do que Louth. W. G. Sebald é um dos escritores modernos de língua inglesa cujo talento mais nos impressiona e, como tal, ele é objeto de pouquíssimas críticas negativas; porém, mesmo assim, podemos nos perguntar se o retrato incessantemente sombrio que ele faz da história moderna não é gravemente unilateral.

Se essa crítica for verdadeira, podemos admirar uma obra de arte literária mesmo considerando moralmente defeituosa a sua visão

---

73 Walton, *Mimesis as Make-Believe*, p.93.

global, uma atitude que teria parecido um tanto desrespeitosa a Samuel Johnson. Johnson não poderia ter gostado de uma obra literária sobre a qual tivesse graves reservas morais. Ele não poderia ter achado uma obra esteticamente atraente e moralmente questionável ao mesmo tempo. O contraste com a era moderna é claro. Poucos daqueles que classificam Samuel Beckett como um artista genial concordariam com a sua avaliação sombria da existência humana, e alguns podem até considerá-la moralmente debilitante. Tal conflito de opiniões provavelmente atormentará poucas dessas pessoas. Contudo, se considerassem a visão de mundo beckettiana realmente ofensiva, poderiam se colocar no lugar de um Johnson e mostrarem-se incapazes de desfrutar seu trabalho. Durante a primeira produção londrina de *Esperando Godot*, um espectador indignado gritou: "Este é o tipo de coisa que nos fez perder o Império!".

Portanto, há limites para essa liberdade. Lamarque e Olsen defendem que a verdade ou a falsidade da visão moral de uma obra literária não entra no mérito de sua qualidade, o que acabo de sugerir que nem sempre é o caso.[74] Obras de arte literárias que defendem atos morais repugnantes, como o genocídio, dificilmente irão se redimir por causa de seu esplendor formal. Uma obra pode ser ainda mais eficaz retoricamente por ter sólidos valores morais – um ponto também ignorado por Monroe Beardsley, para quem o valor literário é inteiramente independente da verdade ou da falsidade das ideias de uma obra.[75] Há momentos em que nada convence tanto quanto a verdade.

Da mesma forma, tendemos a dar muita corda a um autor, tanto no sentido empírico quanto no moral, porém não de forma absoluta. Pode-se afirmar que a literatura é um lugar onde é quase impossível mentir ou cometer erros. Pelo fato de uma obra literária conter a instrução implícita "Trate tudo aqui como algo planejado", os erros factuais de um autor tenderão a ser interpretados como deliberados e,

---

74 Lamarque e Olsen, *Truth, Fiction, and Literature*, p.325.
75 Ver Beardsley, *Aesthetics*, p.422-3.

portanto, como parte integrante do texto. Repetidos erros ortográficos na grafia do nome "Frankenstein", como W. B. Yeats quase certamente teria cometido se alguma vez o tivesse usado, provavelmente serão interpretados como elementos que têm um significado simbólico portentoso. Mesmo assim, pode haver erros evidentes. Pouco tempo atrás, uma família na Inglaterra em luto por um menino assassinado ergueu uma lápide para ele com os dizeres "Não passa um dia/ Que nos sentamos e choramos", o que presumivelmente não era o que eles queriam dizer. Se você cometer o que Arnold Isenberg chama de erro "sensacional",[76] seu trabalho poderá sofrer artisticamente por isso. À medida que o leitor percebe que o autor realmente acha que o Homem-Aranha é uma pessoa real, é bem provável que a credibilidade de seu romance venha a sofrer um golpe.

2

A chamada teoria dos atos de fala foi pioneira na explicação da ficcionalidade na filosofia da literatura. Uma declaração inicial muito influente acerca do estudo pode ser encontrada num ensaio clássico de Richard Ohmann.[77] Segundo essa teoria, as obras de arte literárias "não são um tipo particular de linguagem, mas um tipo particular de enunciação".[78] São imitações de atos de fala da vida real, principalmente o ato de fala de contar histórias; contudo, ao violarem as condições usuais de um ato de fala válido, eles imitam tais enunciados de uma forma "infeliz".[79] Não perguntamos a um escritor de ficção, por exemplo, se ele tem condições de atestar a verdade do que relata, ou se está sendo sincero, ou se está apto a fazer as afirmações que faz.

---

76 Isenberg apud Coleman (ed.), *Contemporary Studies in Aesthetics*, p.251.
77 Ohmann, "Speech Acts and the Definition of Literature".
78 Lamarque e Olsen, *Truth, Fiction, and Literature*, p.32. Devo acrescentar que esses autores criticam de forma útil o modelo inteiro dos atos de fala.
79 Sobre a teoria dos atos de fala em geral, ver Austin, *How to Do Things with Words*.

Nem pode o autor saber que a *"uptake"*[80] do leitor foi assegurada em qualquer caso particular, o que J. L. Austin considera essencial para a conclusão de um ato ilocucionário.

Os textos de ficção têm sido frequentemente vistos, em certo sentido, como dúbios. Eles são ilusões verbais que se apresentam como relatos verdadeiros do mundo. A teoria dos atos de fala reformula essa duplicidade de uma maneira nova e sugestiva. O que costumava ser pensado como uma lacuna entre a linguagem e a realidade é agora uma diferença entre dois usos da linguagem. Uma obra literária é aquela que carece da chamada força ilocucionária que normalmente estaria associada às frases que a compõem e é, portanto, uma enunciação desviante. Tal como os formalistas russos, os teóricos dos atos de fala apresentam uma abordagem essencialmente negativa ou aberrante da literatura, uma abordagem que a vê como parasitária do chamado comportamento linguístico comum.

Um leitor, ao ver as palavras "romance" ou "conto", sabe que não deve perguntar se os personagens e acontecimentos retratados no texto realmente existem, se todas as informações relevantes foram incluídas, se Hölderlin estava sendo sincero ou verdadeiro quando escreveu *Hipérion* e assim por diante. Em vez disso, "o escritor finge relatar o discurso e o leitor finge aceitar a simulação".[81] As regras que regem os atos de fala genuínos são suspensas no caso da literatura, embora Ohmann reconheça que isso pode ser tão verdadeiro para piadas e outras formas verbais quanto o é para Chekhov ou Manzoni. Não é, portanto, uma condição suficiente do literário, e veremos mais adiante que também não é uma condição necessária.

Para uma formulação particularmente dura da teoria, podemos recorrer a Gottlob Frege, que afirma que

---

80 Como já observado em nota anterior, *uptake* pode ser "apreensão" ou "compreensão". (N. T.)
81 Ohmann, "Speech Acts and the Definition of Literature", p.14.

as afirmações na ficção não devem ser levadas a sério, são apenas afirmações simuladas. Nem mesmo os pensamentos devem ser levados a sério, como acontece nas ciências; são apenas pensamentos simulados [...]. O lógico não precisa se preocupar com pensamentos simulados, assim como o físico que se propõe a investigar o trovão não prestará qualquer atenção ao trovão teatral.[82]

Poucos críticos defendem que as linhas pungentes de Milton em *Paraíso perdido* sobre a composição de seus versos na condição de cego e cercado por seus inimigos devem ser levadas a sério. Nós as levamos a sério, mesmo que suspeitemos que não sejam factualmente verdadeiras. Elas não estão lá simplesmente para nos proporcionar prazer estético, ainda que também o façam – e que o façam de uma forma inseparável da melancolia e da urgência do próprio pensamento. Chamar uma afirmação de pseudoproposição, se acharmos que vale a pena fazê-lo, é caracterizar o seu estatuto epistemológico, e não a descartar como afirmação vazia. As chamadas pseudoproposições como "A qualidade da misericórdia não é prejudicada" têm muito mais força do que proposições genuínas como "Este esquilo parece um pouco doente".

Apenas para se tornar ainda mais benquisto no meio literário, Frege observa, no mesmo ensaio clássico "On Sense and Meaning", que "a questão da verdade [ao ler literatura] faria que abandonássemos o deleite estético em troca de uma atitude de investigação científica".[83] Ele deve, portanto, estar convencido pelo preconceito científico de que verdade é sinônimo de verdade científica. Contudo, Frege sabia muito bem que há outros tipos de verdade, assim como outras vias, além da científica, de investigá-las. Você não precisa de um laboratório para determinar se Ofélia enlouquece, ou se a

---

[82] Geach e Black (eds.), *Translations from the Philosophical Writings of Gottlob Frege*, p.130.
[83] Ibid., p.132.

máxima de E. M. Forster "Receber é uma bênção maior do que dar" é astutamente perspicaz ou meramente superficial. No seu ensaio "The Rationale of Reward", Jeremy Bentham escreve que o propósito da arte é estimular as paixões, um projeto para o qual qualquer indício de verdade seria fatal. Bentham também pensa na verdade simplesmente como a verdade dos fatos. Porém, mesmo que limitemos o termo a isso, ainda assim não é verdade que a verdade seja a ruína de toda paixão. Bentham não contempla a possibilidade de que nada estimule as paixões mais do que a verdade.

Existem relações entre a teoria dos atos de fala e o que argumentamos sobre literatura até agora. Consideremos, por exemplo, a luz que essa teoria lança sobre o que dissemos acerca da ficcionalidade. Do ponto de vista dos atos de fala, as obras literárias dependem do faz de conta, no sentido de que os leitores devem fazer de conta que certas convenções são operativas, embora saibam que não o são. Além disso, as declarações de uma obra não passam de imitações das proposições genuínas e, por esse motivo, não estão empenhadas em levar a cabo o que Ohmann chama de "negócios do mundo": elas são não pragmáticas, e isso nos induz a lhes dar o tipo de atenção vigilante que normalmente não daríamos a uma circular que nos informasse sobre mudanças nos horários de coleta de lixo. Isso também nos convida a generalizar o seu significado de uma forma que em geral tal circular não o faz, ponderando as suas implicações morais em vez de as tratar simplesmente como um relatório empírico.

Existem, então, relações complexas entre a teoria dos atos de fala, a ficção, o faz de conta, a verdade moral e o não pragmático. Há uma relação, por exemplo, entre a teoria dos atos de fala e a questão da verdade ficcional. Os atos de fala literários pertencem à classe mais ampla de atos verbais conhecidos como performativos, que não descrevem o mundo mas realizam algo no ato de dizer. Saudar, amaldiçoar, implorar, abusar, ameaçar, acolher, prometer e coisas afins se enquadram nessa categoria. Dizer que você promete é prometer; declarar aberta a nova loja de departamentos é abri-la. O significado se encarna no ato da mesma forma que o significado se encarna em uma palavra. Da mesma forma, uma obra de ficção consiste num conjunto de realidades que não existem fora do seu ato de enunciação. Ou, se existirem, isso não é muito importante. Os atos performativos são a linguagem em sua forma mais potente e eficaz, mas também em sua forma mais autônoma; nesse sentido, eles têm uma afinidade interessante com a ficção. Esta também atinge seus fins simplesmente no ato de dizer. O que é verdadeiro num romance é verdadeiro simplesmente em virtude do próprio ato discursivo. No entanto, isso pode ter um impacto palpável na realidade.

Além disso, assim como os atos performativos não podem ser considerados verdadeiros ou falsos, uma vez que não são afirmações sobre o mundo, tampouco as declarações ficcionais, que na teoria dos atos de fala não passam de meras mímicas ou paródias daquelas afirmações, são candidatas a juízos de verdade/falsidade. Sandy Petrey escreve que "a verdade e a falsidade não vêm ao caso quando consideramos os atos performativos",[84] uma vez que tais atos – cumprimentar, amaldiçoar, implorar, negar e assim por diante – não são proposicionais. Arthur C. Danto, de forma bastante semelhante, vê uma diferença entre "sentenças que erram o alvo e aquelas que não têm nenhum alvo a errar".[85]

No entanto, relatar, retratar e descrever são atos tão performativos quanto apostar, negar ou injuriar. Eles também fazem alguma coisa. Na verdade, não existe uma linha rígida entre o performativo e o que Austin denomina constativo, ou seja, afirmações sobre o mundo. Na verdade, o próprio Austin tomou consciência disso ao reconhecer que a diferença entre os dois poderia depender do contexto. O que pode ser constativo numa situação pode não o ser em outra. Além disso, constativos e performativos são interdependentes não apenas no

---

84 Petrey, *Speech Acts and Literary Theory*, p.11.
85 Danto, "Philosophy as/and/of Literature", em *Literature and the Question of Philosophy*, p.8.

A natureza da ficção

sentido de que fazer afirmações sobre como as coisas são é, em si, um ato performativo, mas porque os performativos envolvem relatos de como as coisas são, porém comunicados de maneira tácita. Se puderem intervir no mundo, mudando o curso da história por meio de alguma promessa importante ou de um aviso de última hora, deverão também se submeter à forma como o mundo é. Denunciar o governo pelo plano de envenenar todos os cidadãos idosos é inútil se agora o esquema foi adiado sob a alegação de ser demasiado confuso e dispendioso. Prometer a você um lagarto de pintas roxas da Ilha de Man como presente de Natal é descabido se não houver lagartos de pintas roxas na Ilha de Man ou em qualquer outro lugar.

Parte do que Austin percebeu foi que tanto os constativos quanto os performativos têm suas condições apropriadas. As proposições sobre o mundo podem ser tão "suscetíveis de infelicidade" quanto os atos performativos, e não apenas suscetíveis de falsidade.[86] Por outro lado, atos performativos como ameaçar ou injuriar só podem ser *felizes* se o seu conteúdo for sólido (será uma ameaça inteligível?), o que envolve um apelo aos fatos. No final, Austin permite que a distinção entre os dois tipos de discurso se desfaça em suas mãos. O seu livro *Quando dizer é fazer*, comenta Stanley Fish, é um "artefato que consome a si mesmo".[87] Trata-se de um *locus classicus* de desconstrução.[88] Pouquíssimas afirmações que produzimos, salienta Austin, são simplesmente verdadeiras ou falsas. O crítico literário Kenneth Burke, que encontraremos no próximo capítulo, chama o constativo de "cientificismo" e o performativo de "dramatismo", mas ele também reconhece que nenhuma distinção absoluta pode ser feita entre eles. As próprias definições são um ato simbólico, e todas as terminologias descritivas incorporam decisões, seleções, exclusões, preferências e assim por diante.[89]

---

86 Austin, "Performative Utterances", p.248.
87 Fish, *Is There a Text in This Class?*, p.231.
88 Ver Schalkwyk, *Literature and the Touch of the Real*, p.104-13.
89 Ver Burke, *Language as Symbolic Action*, p.45.

A possível dificuldade na distinção entre constativos e performativos fica clara pela afirmação de Jonathan Culler de que a mentira não é um performativo como uma promessa, mas uma declaração do que é falso e, portanto, um constativo.[90] Entretanto, as mentiras não são meras declarações falsas. Posso anunciar que Oliver Cromwell era um zulu porque estou genuinamente convencido de que ele o era, o que não implica em mentira. Tampouco faz diferença vital saber que uma afirmação é falsa. Não é mentira dizer "Meu Deus, você chegou cedo!" quando ambos sabemos que você deveria estar aqui há três meses. Nem é mentira se descrever publicamente como a reencarnação de Alexandre, o Grande, já que ninguém acreditaria que você pretende levar essa descrição a sério. Mentir é uma questão de proferir conscientemente uma falsidade com a intenção de enganar. E embora isso possa não ser exatamente performativo no sentido que Austin dá ao termo, esse ato certamente envolve fazer alguma coisa. Também é possível, é claro, dizer a verdade de modo a sugerir que aquilo que se diz é falso.

Há um sentido fundamental em que os constativos dependem dos performativos e vice-versa. Caracterizamos, verificamos e falsificamos pelo emprego de significados, e os significados estão ligados às atuações ou às práticas sociais. Trata-se da prática de atribuir, em primeiro lugar, significados governados por regras às coisas. E essa prática é subjacente a todas as nossas proposições sobre a realidade. P. F. Strawson nos lembra que significar ou referir não é algo que uma expressão faz, mas algo que alguém pode fazer usando uma expressão.[91] No início, então, era o performativo. É verdade que apostar, abençoar, batizar e assim por diante são atos performativos cuja eficácia depende, entre outras coisas, do estatuto verídico de certas afirmações tácitas sobre como o mundo é. Não faz sentido levar adiante o batismo se o bebê sob o caro xale rendado for um texugo. No final,

---

90 Culler, *Structuralist Poetics*, p.108.
91 Strawson, "On Referring".

todavia, essas afirmações sobre o mundo dependem, por sua vez, daquilo que fazemos – de como atribuímos nomes e significados, por meio de que procedimentos instituímos critérios de verdade e falsidade numa forma específica de vida social, e assim por diante. Como observa Charles Altieri, trata-se de "saber como é logicamente anterior a qualquer afirmação específica que algo é verdade, pois devemos ter dominado técnicas antes de podermos apontar objetos de forma significativa e compreender enunciados".[92] Dizer que os significantes são arbitrários é apenas dizer que existe um nível abaixo do qual não podemos cavar. Não há razão para que uma garrafa deva ser chamada de garrafa, para se medir em pés e polegadas ou para que, no críquete, você possa pegar e lançar. Não há necessidade para nada. Imaginar que há, como diria Richard Rorty, é coçar onde não há comichão.

A teoria dos atos de fala dá um toque secular a uma antiga tradição para a qual a palavra humana é criativa. A ideia de que podemos afetar o mundo ao proferir uma palavra é um elemento básico da magia. Os sacerdotes e os poderosos podem realizar coisas simplesmente emitindo um som. *A tragédia do rei Ricardo II*, de Shakespeare, medita sobre os limites e as capacidades da palavra régia, os momentos em que ela pode criar ou desfazer a realidade, bem como os momentos em que impotentemente enfrenta sua recalcitrância bruta. A ideia também pode ser encontrada na Bíblia judaica, onde o termo hebraico *dabhar* pode significar tanto palavra quanto ação. A ideia de um sinal que realiza seu próprio significado recebe o antigo nome teológico de sacramento. Os sacramentos são atos de fala que atingem seus fins pelo mero ato de dizer: eu te batizo, eu te confirmo, eu te ordeno, eu te concedo a absolvição de seus pecados, eu te uno com esse homem etc. Como todos os atos performativos, eles realizam o que proclamam, tanto como atos materiais quanto como peças de discurso. O signo e a realidade são idênticos, como o são na teologia católica da eucaristia. (Em certas teologias protestantes, pelo

---

92 Altieri, *Act and Quality*, p.45.

contrário, os signos – pão e vinho – somente apontam ou comemoram a realidade – o corpo de Cristo.)

Considera-se que os sacramentos funcionam *ex opere operato*, o que significa que cumprem os seus fins simplesmente em virtude das ações que implicam, e não (por exemplo) devido à sinceridade – ou qualquer outra coisa – dos agentes que os realizam. Esses agentes devem ser autorizados ("ordenados") a realizá-los, e isso é tudo. Tudo isso também se aplica à ficção (embora os autores sejam autorizados por eles próprios), para a qual a sinceridade não é mais importante do que a falta de sinceridade. O signo não depende, para seu poder criativo, da expressão da experiência de um sujeito. Se eu prometer lhe emprestar cinquenta libras, tão logo as palavras da promessa passem pelos meus lábios, terei prometido, mesmo que eu não tenha a menor intenção de fazê-lo. Realizar uma cerimônia de casamento e depois exclamar com um semblante horrorizado ao vigário que você na verdade não pretendia se casar provavelmente não é o motivo mais sólido para garantir o divórcio, bem como não é a melhor maneira de encantar seus novos sogros.

Por outro lado, prender uma estranha em cima de um ônibus e tentar se casar com ela não funcionará do ponto de vista performativo, mesmo que você seja extremamente sincero, sinta-se perdidamente apaixonado e pronuncie todas as frases corretas. Isso acontece porque o casamento, assim como a sexualidade de modo geral, não é um assunto privado, mas uma instituição pública (política, no sentido lato) da qual a comunidade participa; casar-se em cima de um ônibus fora do contexto usual e sem a presença de um representante da comunidade é inaceitável, pois transforma o casamento num passatempo privado e contribui para sua despolitização. Mesmo que existam civilizações em que as ruas principais estejam permanentemente congestionadas com ônibus nos quais as pessoas se casam coletivamente, ainda assim o ato deve ser convencional ou institucional, no sentido de que, como acontece com todas as convenções e instituições sociais, deve envolver mais pessoas além de mim e mais considerações além de meus próprios desejos pessoais.

A natureza da ficção

A doutrina da palavra criativa surge novamente no romantismo, à medida que a imaginação poética cria mundos totalmente novos. Kenneth Burke sonha com um ato puramente criativo, original e gratuito, que só dependa de si mesmo e que, enquanto tal, seja uma imitação do ato divino da criação.[93] A noção de "acontecimento" de Alain Badiou tem alguma semelhança de família com essa fantasia.[94] São fragmentos secularizados de teologia semelhantes a muito daquilo que conhecemos como estética.

Poderíamos imaginar um visitante do planeta Zog ouvindo nosso discurso sem compreender que ele deveria fazer alguma coisa. Quero dizer "fazer alguma coisa" não num sentido estritamente prático, mas no sentido mais amplo de partilhar uma forma de vida. Talvez ele ouvisse a fala humana simplesmente como um conjunto de sons decorativos, como música de fundo para o nosso comportamento, sem compreender que havia ligações entre o que dissemos e o que fizemos. Ou talvez ele imaginasse que a linguagem era algum tipo de ritual cerimonial, ou apenas uma forma de se manter acordado. Ele poderia especular que os humanos caíam facilmente em estados de torpor por puro tédio ou indolência e que essa contínua pulverização e explosão de ruído uns contra os outros tinha como objetivo os manter em alerta mental.

Para compreender a noção de significado verbal, ele precisaria reconhecer que as nossas declarações têm propósito,[95] o que não consiste em pressupor que todas sejam comandos, instruções ou pedidos. Também não consiste em imaginar que todas sejam acompanhadas silenciosamente por algum impulso mental fantasmagórico conhecido como intenção. A intencionalidade é inerente à forma do discurso. Você não precisa associar suas palavras a um ato de intenção

---

93 Burke, *A Grammar of Motives*, p.66.
94 Em língua inglesa, *event*; em língua francesa, *événement*; em língua portuguesa, "acontecimento", de acordo com Waltensir Dutra para a tradução do livro de Eagleton *Teoria da literatura: uma introdução*. (N. T.)
95 Uma observação feita por Peter Jones em *Philosophy and the Novel*, p.183.

para que elas tenham significado, como E. D. Hirsch considera que os poetas e romancistas precisam fazer.[96] Isso equivaleria a imaginar que realizo um ato de vontade sempre que estou prestes a fazer alguma coisa, o que pode ser verdade para sair da cama ou do bar, mas não para coçar a cabeça ou dar um tapa em seu ombro. Um zogiano dotado de cérebro provavelmente seria capaz de descobrir que a linguagem tem propósito observando a maneira como ela interage com o nosso comportamento, e assim chegaria espontaneamente às conclusões de Wittgenstein. Um zogiano genial poderia até descobrir por conta própria que certas partes do nosso discurso foram concebidas para serem não funcionais em qualquer sentido mais prático do termo – que tal falta de propósito fazia parte de seu propósito e daquilo que entendemos por palavras como "literário" e "artístico".

*

A ficção, então, como os atos performativos em geral, é um acontecimento inseparável de seu ato de enunciação. Ela não tem apoio externo, no sentido de que aquilo que afirma não pode ser verificado de modo confiável com algum testemunho independente. Nesse sentido, ela está mais próxima do xingamento do que da denúncia de um assalto a mão armada. A ficção fabrica os próprios objetos aos quais parece se referir. Ela molda secretamente o que pretende descrever. Assemelha-se a um relatório, mas na verdade é parte da retórica. No jargão austiniano, é um ato performativo disfarçado de ato constativo. Como o crítico alemão Karlheinz Stierle afirma de forma esclarecedora, a ficção é o autorreferencial em forma referencial.[97] O seu referente – um mistério envolvendo um assassinato, uma crise política, um caso de adultério – é puramente interno, existindo apenas na descrição que a ficção faz dele. Como afirmam Lamarque e Olsen, "os

---
96 Ver Hirsch Jr., *Validity in Interpretation*.
97 Ver Stierle, "The Reading of Fictional Texts", p.111-2.

estados de coisas concretas devem a sua identidade ao seu modo de apresentação".[98] As narrativas ficcionais projetam para si um exterior aparente a partir de suas próprias atividades internas. No entanto, é exatamente essa qualidade autônoma ou autorreferencial que dá à ficção sua força peculiar. Se é "criativo", é porque é, por natureza, menos limitado pelas pressões do real do que um artigo sobre a glândula tireoide, e isso se aplica tanto à ficção espetacularmente ruim quanto à ficção soberbamente boa. Por conseguinte, "criativo" aqui é mais um termo descritivo do que normativo.

Nesse sentido, toda ficção trata fundamentalmente de si mesma. No entanto, visto que extrai os materiais para essa automodelação do mundo que a rodeia, o paradoxo da ficção é que ela se refere à realidade no ato de se referir a si mesma. Tal como as formas de vida de Wittgenstein, as ficções são autofundadas; isso, porém, não significa negar que incorporem aspectos do mundo que as rodeia na sua autoconstrução, tal como ocorre com as formas de vida. Elas não poderiam ser automodeladas de outra forma. Em *The Prison-House of Language*, Fredric Jameson observa que, para formalistas e estruturalistas, a obra literária "fala apenas de seu próprio surgimento, de sua própria construção";[99] Terence Hawkes acrescenta acertadamente que "uma obra de ficção só pode falar de si mesma a partir de um contexto no qual fala de outra coisa".[100]

Uma ambiguidade similar opera em atos performativos linguísticos como "eu juro" ou "eu prometo". Num certo sentido, essas frases são puramente autorreferenciais – atos verbais autônomos que não denotam um referente. Nesse contexto, para adotar uma frase de Émile Benveniste, "a palavra jura sobre si mesma, ela própria se torna o fato fundamental".[101] No entanto, tais atos performativos, como já

---

98 Lamarque e Olsen, *Truth, Fiction, and Literature*, p.88.
99 Jameson, *The Prison-House of Language*, p.89.
100 Hawkes, *Structuralism and Semiotics*, p.51.
101 Apud Agamben, *The Time That Remains*, p.133.

sugeri, também podem ser intervenções poderosas no mundo, realizando mudanças relevantes e produzindo efeitos tangíveis. É por sua força peculiar que fortunas são acumuladas, casamentos para toda a vida são firmados e promessas de servir o *führer* são seladas. Ao se relacionarem consigo mesmos, em vez de relatarem um estado de coisas, os atos performativos estabelecem uma relação produtiva com a realidade. E nisso eles têm algo da estrutura paradoxal da ficção.

Pierre Macherey faz uma afirmação semelhante:

> A novidade dessa linguagem [fictícia] deriva de seu poder autoconstitutivo. Sem nada aparentemente antes ou atrás dela, sem ser perturbada por qualquer presença estranha, ela é autônoma à medida que, na verdade, carece de profundidade, desdobrada inteiramente em sua própria superfície [...]. [A ficção é] a linguagem reduzida à sua magreza, forjando um significado no interior da trajetória estreita de seu próprio desenvolvimento, abrindo uma perspectiva exclusivamente interna; sem um substituto, a linguagem se repete, se reproduz e se prolonga, com exclusão de todo o resto [...]. [A] obra do escritor constrói seu próprio horizonte mediante o próprio trabalho necessário para produzi-la.[102]

Talvez o formalismo de Macherey tenha superado momentaneamente o seu marxismo aqui. O discurso ficcional está de fato ligado a algo exterior a si, perturbado por uma presença estranha, no sentido de que o autor de uma narrativa realista não pode situar a Times Square no Cairo. Macherey está certo ao entender que um escritor é perfeitamente livre para povoar a Times Square com quaisquer personagens e acontecimentos que escolher e que a forma como o lugar figura em sua narrativa será determinada por fatores que são, em sua maioria, internos ao texto.

Macherey não pretende sugerir que as obras de arte literárias permaneçam magicamente distantes das histórias que lhes deram

---

102 Macherey, *A Theory of Literary Production*, p.434.

origem. Ao contrário, elas são o produto de muitos fatores históricos: gênero, linguagem, história, ideologia, códigos semióticos, desejos inconscientes, normas institucionais, experiência cotidiana, modos literários de produção, outras obras literárias etc. Esses fatores se combinam de maneira a permitir, acima de tudo, que o trabalho evolua de acordo com a sua própria lógica interna. Dizer que uma obra de arte é autodeterminada não é afirmar, de maneira absurda, que ela é livre de determinações, mas que ela faz uso dessas determinações para moldar sua própria lógica e dar origem a si mesma. As determinações fornecem o material para a autoprodução da obra. A obra de arte não apenas reflete ou reproduz os materiais utilizados na sua fabricação; em vez disso, ela os reelabora ativamente no mesmo processo em que ela própria se produz. A ficção trata do mundo à medida que adere à sua lógica interna. Ou, melhor dizendo, ela trata de si mesma de tal maneira a projetar um mundo. Seu interior e seu exterior são reversíveis.

Há outro sentido em que as obras literárias são autoconstituídas. Um de seus atributos é o de serem claramente fragmentos de "discurso", e não espécimes de "linguagem", o que significa que as obras dizem respeito à ligação entre linguagem e situações específicas. Na vida cotidiana, essas situações desempenham um papel importante na forma como entendemos os signos. Em geral, pelo estado do trânsito e pela posição dos nossos veículos, sei que, quando você pisca os faróis, quer dizer "Vá em frente!", e não "Cuidado!", embora a ação em si possa convencionalmente significar ambas as frases. A estranheza das obras literárias decorre tanto da carência de tais contextos práticos quanto do fato de tal ausência as ajudar a se tornarem o que são. É isso que John Ellis busca capturar com a sua noção de literatura contextualmente flutuante. Sem um contexto, entretanto, uma obra correria o risco de ser ininteligível: por conseguinte, a solução para esse dilema consiste em produzir um contexto para si própria à medida que avança. Cada uma das enunciações de um texto é ao mesmo tempo um ato verbal por direito próprio e uma contribuição para o quadro no interior do qual elas devem ser lidas. Se, por um lado, a obra gera o seu próprio subtexto ideológico, como veremos mais adiante, por outro, ela também extrai de sua própria substância muitos dos termos de referência em meio aos quais o sentido emerge. Isso faz parte do que entendemos por "mundo" de uma obra.

As comparações entre obras de arte e seres humanos são, em geral, equívocos. A obra literária, ao contrário do que crê Georges Poulet, não é um sujeito com quem podemos comungar, mas um conjunto de marcas numa página.[103] Mesmo assim, há paralelismo entre textos ficcionais e indivíduos no que diz respeito aos modos de autodeterminação. Quando falamos em liberdade humana, não estamos falando em uma ausência de determinantes, mas em se apropriar deles a fim de os transformar na base de nossa autoconstituição. Essa é uma das razões pelas quais a arte tem sido por vezes considerada um paradigma de atividade livre. Agir autonomamente não é prescindir de leis, mas ser lei para si mesmo – é esse o significado da palavra "autônomo". Porém, é bastante que existem limites paralisantes para qualquer projeto desse tipo na vida real, o que é sem dúvida um dos motivos pelos quais a arte tem sido um fenômeno tão idealizado. Por ser menos restringida pelo real do que nós e mais radicalmente autoconstitutiva, a liberdade artística parece um exemplo peculiarmente puro de uma autonomia de que, no nosso caso, só podemos no máximo nos aproximar.

Nessa ideologia estética, a obra de arte é uma lei para si mesma, no sentido de que o princípio que a governa brota puramente de sua própria substância. Não se submete a nenhuma autoridade além dela mesma. Uma vez que cada parte da obra é moldada por sua lei ou por seu princípio geral, sem nada contingente ou externo, ela forma uma totalidade autogovernada. No entanto, uma vez que essa totalidade é simplesmente a forma assumida pelas relações entre os vários

---

103 Sobre a crítica fenomenológica de Georges Poulet, ver Poulet, "Phenomenology of Reading".

componentes da obra, pode-se dizer que estes se submetem a uma lei que eles próprios moldam. É isso que define a ordem social ideal para pensadores republicanos, como Rousseau e Kant. Em termos políticos, a obra de arte se assemelha mais a uma república do que a um Estado autoritário – eis uma das razões que nos ajudam a ter noção da crítica ao *ancien régime* elaborada no final do século XVIII pelas classes médias emergentes da Europa. O republicanismo significa autodeterminação coletiva, o que também se aplica à comunidade cooperativa conhecida como obra de arte. Como escreve Friedrich Schlegel, "a poesia é um discurso republicano: um discurso que é a sua própria lei e um fim em si mesmo, um discurso em que todas as partes são cidadãos livres e têm direito ao voto".[104]

Isso é, sem dúvida, perfeitamente compatível com a hierarquia, tanto na arte quanto na vida. Algumas características da obra de arte são mais dominantes do que outras, da mesma forma que alguns membros de uma república são mais poderosos do que outros. Ser republicano não é necessariamente ser igualitário. Não estamos falando aqui de democracia socialista. Charles Baudelaire denuncia o tipo de arte em que o artista se encontra "à mercê de uma profusão de detalhes, todos clamando por justiça com a fúria de uma multidão apaixonada pela igualdade absoluta".[105] É precisamente esse tipo de crítica, a uma só vez estética e política, que será dirigida a Zola e aos seus colegas naturalistas. A forma cooperativa de um poema ou de uma pintura é inteiramente compatível com a liberdade, contanto que esta última seja entendida, em seu sentido positivo, como autodeterminação, e não em seu sentido negativo, como liberdade de constrangimento. Uma vez que, no artefato, cada atributo funciona para melhorar os demais, levando-os ao seu potencial mais abundante, a autorrealização de cada um (adotando-se aqui uma frase de Marx) é a condição para a autorrealização de todos.

---

104 Schlegel, *"Lucinde" and the Fragments*, p.150.
105 Apud Compagnon, *The Five Paradoxes of Modernity*, p.20.

Para essa estética, então, as obras de arte correspondem à realidade menos em seu conteúdo do que em sua forma. Elas encarnam a essência da liberdade humana não por defenderem a independência nacional ou por promoverem a luta contra a escravatura, mas em virtude do tipo curioso de entidades que são. Talvez devêssemos acrescentar que, como imagens de autodeterminação, as obras refletem o real menos do que o possível. São exemplares de como os homens e as mulheres poderiam ser sob circunstâncias políticas transformadas. Se apontarem para além de si mesmas, aquilo para que as obras apontam é um futuro redimido. Nessa perspectiva, toda arte é utópica.

Há uma diferença entre uma obra de arte limitada pela realidade e uma obra que reflete essa realidade. Um dançarino é limitado por um conjunto de fatores – o seu corpo, a coreografia, o espaço material onde se move, a sua própria inventividade artística etc. Porém, em vez de "refletir" essas condições, a sua dança as converte em matéria da sua autorrealização. Se o dançarino mantém uma relação constante com o mundo, não é para algum fim prático, como acontece com a atividade laboral ou política; ele faz o que faz em benefício da lógica interna e autônoma das suas ações. O que quer dizer que dançar, diferentemente de lavar louça, é uma forma de práxis cujos bens são internos a ela própria. Pode-se dizer quase o mesmo sobre uma obra de arte.

Dizer, portanto, que uma obra de ficção se automodela não significa sugerir que ela não tenha limitações. Como já argumentamos, ela é restrita pela natureza de seus materiais (sobretudo se for uma obra realista), bem como por fatores formais, genéricos e ideológicos. No entanto, quando falamos em arte, estamos falando em internalizar tais restrições, incorporando-as em seu corpo, transformando-as na matéria de sua autoprodução e, assim, restringindo *a si mesma*. Há uma lógica na sua autoprodução, de modo que a obra não está isenta de certa necessidade. Porém, trata-se de uma necessidade que ela cria para si à medida que avança. Se um romance realista decide chamar a sua heroína de Bridget na página 1, não pode começar a chamá-la de Gertrude na página 13 sem razão discernível, como faria uma obra não realista. Esse é um exemplo (trivial ao extremo) de um texto que se autodetermina – criando a sua própria necessidade, conformando-se com a sua própria lógica autoconstitutiva, sendo fiel a uma lei que ele impõe a si mesmo. O fato de a heroína não poder ser renomeada de modo abrupto é, obviamente, mais do que uma decisão do autor. Tais determinações vêm de convenções genéricas e talvez também de convenções ideológicas. Um escritor vitoriano pode achar pouco cavalheiresco tomar essas liberdades com sua protagonista. Entretanto, as convenções não são meros limites externos àquilo que os textos podem fazer: elas também são matéria-prima para sua autoprodução.

Umberto Eco faz uma afirmação semelhante à de Macherey quando observa que "a semiose se explica por si mesma; a circularidade contínua é a condição normal da significação e permite até que a comunicação utilize signos para mencionar coisas".[106] Eco parece prestes a reduzir a linguagem a um sistema hermeticamente fechado e acrescenta que é precisamente assim que a comunicação acontece. É graças à sua circularidade – o fato de uma palavra nos remeter a outra, e esta a outra – que a semiose se abre perante o mundo. Eco pode, portanto, escrever na mesma obra, sem nenhuma incongruência, que "a semiótica se preocupa em primeiro lugar com os signos enquanto forças sociais".[107] Queixar-se de que nunca se sai da linguagem seria como protestar que nunca se pode sair do próprio corpo. Corpos e linguagens são formas de estar em meio às coisas, e não obstáculos que nos excluem delas. É estando "no interior" de um corpo ou de uma linguagem, e não os ultrapassando como tantas barreiras, que podemos nos encontrar uns com os outros e intervir naquilo que é erroneamente conhecido como mundo exterior.

*

---

106 Eco, *A Theory of Semiotics*, p.71.
107 Ibid., p.65. A afirmação se encontra em itálico no original.

Para a teoria dos atos de fala, como vimos, a ficção representa um tipo de discurso desviante, mas que, nessa medida, estabelece uma relação (negativa) com o discurso comum. Trata-se de uma versão não pragmática dos atos cotidianos. No entanto, por trazer à existência um mundo próprio, e porque o faz por meio de um ato de linguagem autorreferencial, a ficção tem uma autonomia que a diferencia do cotidiano. Nesse sentido, a teoria dos atos de fala capta, à sua maneira, uma ambivalência familiar em relação à ficção. Ela também identifica algo que qualifica a ficção como livre. Se os atos de fala ficcionais são não miméticos e não pragmáticos, então eles têm potencial de plena ludicidade. Torna-se assim possível unir a teoria dos atos de fala à ideia do significante brincalhão e auto-ostentoso, mesmo que os próprios teóricos dos atos de fala normalmente se calem sobre o tema da linguagem poética.[108] Fazer isso é também reunir, de um lado, um "ato" ou uma teoria comunicativa do texto literário e, de outro, uma visão deste como objeto verbal. Examinaremos essa convergência mais de perto no próximo capítulo.

Enquanto isso, desenvolvamos um pouco mais o paralelismo entre a ficção e a linguagem poética. Monroe Beardsley salienta que a ficção e a linguagem elevada ajudam a separar um discurso do mundo real – um deles, como ele elegantemente o expressa, "por deficiência de força ilocucionária, o outro por excesso de exibição semântica".[109] Vimos que alguns críticos defendem que as obras literárias são particularmente adequadas à ambiguidade semântica e à riqueza de implicações; essa afirmação influencia o argumento em questão. É a frouxidão do vínculo entre o signo e o referente, bem como entre a ficção e o mundo real, que nos convence a ver a arte literária como plural em termos de significado. Na verdade, alguns textos literários são menos polivalentes do que outros não literários. É muito simples ver o

---

[108] Monroe Beardsley faz essa conexão em "The Concept of Literature" (*Literary Theory and Structure*, p.135).
[109] Beardsley, *Literary Theory and Structure*, p.39.

literário como inimigo do unívoco. No entanto, como a ficção não possui um único referente direto em relação ao qual ela possa ser verificada, o seu significado é provavelmente mais indeterminado e aberto do que um conjunto de instruções para montar uma luminária de mesa. De modo semelhante, o signo poético é geralmente menos restrito que o signo pragmático. Por ter menos função prática a desempenhar, ele pode se esbaldar num excedente de significado e possui mais espaço para circular livremente do que uma placa de trânsito.

Existem outras afinidades entre a ficção e a linguagem "literária". Na sua natureza circular, a estrutura da ficção se assemelha à estrutura do signo poético, que medita de modo semelhante sobre o seu próprio ser, denotando-se no ato de denotar outra coisa. Na verdade, a presença de tal linguagem num texto pode ser um jeito microcósmico de nos alertar acerca de suas operações macrocósmicas enquanto obra de ficção. Nem toda ficção é poética. Porém, quando a linguagem nos sinaliza dessa maneira, ela pode estar nos alertando acerca das perguntas que não devemos fazer, como "Isso realmente aconteceu?", o que também é verdadeiro quando vemos a palavra "Romance".

Para um crítico como Paul de Man, a natureza autorreferencial da linguagem literária é o que a torna mais fiel à realidade, dado que, para esse teórico nietzschiano, o próprio mundo é uma construção linguística.[110] A ficção revela a verdade das coisas, porém não de modo absoluto no sentido humanístico clássico. Em vez disso, ela acaba dando com a língua nos dentes, traindo a natureza figurativa daquilo que consideramos incontestavelmente real. Na sua consciência de si mesma como um conjunto de tropos, na sua capacidade de conhecer e nomear a sua própria mistificação inevitável, a literatura representa a verdade negativa do discurso cotidiano. A obra literária modernista, que expõe com franqueza os seus modos de significação, indicando ironicamente o seu próprio artifício inescapável, representa, assim, o

---

110 Ver Paul de Man, *Allegories of Reading*.

segredo aberto da ficção realista, que dissimula a sua natureza retórica para nos persuadir de que estamos na presença do real. A ficção modernista é, nessa perspectiva, mera ficção em grande escala, com os seus dispositivos expostos e a sua natureza autorreferencial arrastada para o centro do palco. Se o mais próximo que se pode chegar da autenticidade no final da era moderna é uma consciência irônica da própria má-fé inescapável, então a literatura no mundo de Paul de Man é o fenômeno mais autêntico de todos.

Se existe um parentesco entre a ficção e o signo autoconsciente, também existe um parentesco entre a ficção e a moralidade. Já vimos que moldar uma visão moral envolve a espécie de tipificação, seleção e destaque para o qual a ficção é especialmente hospitaleira. Trata-se de um dos poucos lugares onde o empírico está totalmente sob a influência da moral. O mundo real é mantido à distância, transfigurado, reorganizado, e a ele são concedidos graus extraordinários de liberdade e de flexibilidade, para que certas verdades morais acerca dele possam ser trazidas à luz de forma mais eficaz. Na verdade, isso pode significar editar a realidade cotidiana com a mesma ousadia de um filme de vanguarda. Pensemos, por exemplo, na ideia de justiça poética, que obriga Henry Fielding a conceder a Tom Jones a sua recompensa quando, na realidade, ele provavelmente teria sido enforcado, a mesma justiça que inspira Charlotte Brontë a lançar a infeliz Bertha Mason de um telhado em chamas para unir sua heroína de forma não bígama ao amante, agora viúvo.

Até mesmo a obra de ficção mais carinhosamente particularizada esquematiza o mundo, editando-o de acordo com as exigências de certo jeito de ver as coisas. Não pretendo sugerir simplesmente que esse jeito de ver venha primeiro e, somente depois, ele seja exemplificado com detalhes da obra. Nada poderia ser menos verdadeiro no que diz respeito ao processo de composição real, isso para não falar do acontecimento da leitura. Um romance em que cada personagem e cada situação fossem determinados por uma agenda moral predeterminada (lembro-me de *A história de Rasselas*, de Samuel Johnson) não só soaria implausível, mas também solaparia a força de sua própria visão moral. Ironicamente, é a presença da contingência, sobretudo na ficção realista, que torna a perspectiva de um romance tão convincente. É como se, tendo passado a realidade na sua peneira moral, a obra ocultasse esse fato mediante a introdução de uma série de detalhes dispersos. Dessa forma, o não necessário vem para apoiar o necessário. A residência dos Linton, em *O morro dos ventos uivantes*, chama-se Thrushcross Grange, mas o detalhe é bastante arbitrário, embora alguns outros nomes do romance não o sejam. Como bem sabem aqueles que palestraram sobre a obra, o local poderia perfeitamente ter sido chamado de algo um pouco mais pronunciável. Um protagonista que diz ter 1,75 m de altura provavelmente poderia ter 1,80 m, com pouco prejuízo para o propósito do romance. É dessa maneira que certa espécie de ficção produz o que Roland Barthes chama de "efeito do real". Sua arbitrariedade cuidadosamente planejada lhe dá a sensação áspera da existência cotidiana.

*

Os atos de fala não apenas transmitem significado, mas são significativos em si mesmos. Podemos falar do significado de um ato de enunciação, bem como do significado da própria enunciação. "Por que ele está me contando isso?", penso comigo mesmo enquanto uma pessoa totalmente estranha me aborrece com relatos das conquistas acadêmicas de seus vários pirralhos. Como diz Denys Turner: "Dizer que os seres humanos são 'racionais' é dizer que eles não podem evitar que as suas ações mais grosseiras falem, pois não podem fazer nada sem sentido. Portanto, mesmo que eles nada digam, suas ações dizem alguma coisa".[111] Esse tipo de significado, considera Turner, pertence ao domínio da retórica. Há uma sensação de que as pessoas podem realmente fazer coisas sem sentido, como tropeçar na soleira de uma

---

111 Turner, *Faith, Reason and the Existence of God*, p.98-9.

porta ou mexer no cabelo distraidamente. (Deixo de lado a questão do significado inconsciente.) Contudo, esses não são atos no sentido que Turner tem em mente. "Dizer algo nunca é *meramente* dizer algo", como observa Stanley Cavell.[112] Os chamados atos de fala fática, como "Bem, aqui estamos nós de novo, tagarelando como nos velhos tempos!", referem-se ao próprio ato de comunicação, de modo que o significado do que é dito está de acordo com a execução do ato. No caso da ficção realista, pelo contrário, o significado transmitido pela execução – "isto é uma peça de ficção, que não deve ser tomada como verdadeira" – está em desacordo com a força das declarações individuais.

Quentin Skinner afirma que, para compreender o significado de um texto, precisamos compreender o que o autor estava fazendo, e considerou que estava fazendo, enquanto escrevia, o que equivale à força ilocucionária de Austin. Pelo menos nesse sentido, a pragmática tem precedência sobre a semântica. Que tipo de *ato* é esse – irônico, polêmico, satírico, informativo, laudatório, apologético ou o quê? Na opinião de Skinner, não podemos compreender o significado de um trecho de discurso apenas a partir das suas palavras, assim como colocar as palavras em seu contexto tampouco revelará automaticamente o seu sentido. Em vez disso, precisamos decifrar não apenas o significado da expressão, mas também a sua força – ou seja, o que o ato de falar ou escrever está tentando alcançar.[113]

Skinner distingue aqui entre o que ele chama de "intenção de fazer" e "intenção ao fazer". A intenção "de fazer" se refere a um objetivo por parte do autor, que pode ou não se concretizar; a intenção "ao fazer" se refere ao *propósito* em que o que ele escreve é realizado na escrita. Trata-se de uma distinção frutífera para a crítica literária. Há uma diferença entre "o que Turguêniev tem em mente aqui" e "o que

---

112 Cavell, *Must We Mean What We Say?*, p.66.
113 Ver Skinner, "Meaning and Understanding in the History of Ideas". Para uma abordagem fortemente intencionalista das obras literárias, ver Knapp e Benn Michaels, "Against Theory".

A véspera[114] está tentando fazer aqui". Comparada à primeira frase, a segunda é mais produtiva no relato da intencionalidade. A primeira afirmação invoca intenções que podem ser irrecuperáveis, ou recuperáveis porém irrelevantes; a segunda declaração trata o texto como uma espécie de estratégia, uma abordagem que consideraremos mais detalhadamente no próximo capítulo. Como diz Noël Carroll: "A intenção é evidente na própria obra e, na medida em que é identificada como a estrutura de propósito da obra, ela é, de nossa parte, motivo de interesse e atenção à obra de arte".[115] Isso não resolve o problema da intencionalidade artística, uma questão notoriamente espinhosa; contudo, ela nos coloca no terreno certo.

Há ainda o problema da pretensão de um escritor *ao* fazer algo. Se um ateu enrustido escrever em 1608 um poema irônico em louvor à Virgem Maria, dir-se-á que ele realiza um ato de devoção religiosa. Na verdade, em um sentido ele *realizou* um ato de devoção religiosa, que pode enriquecer espiritualmente a vida dos seus leitores. Isso pode ser verdade, embora possamos estabelecer (a partir das cartas privadas e altamente blasfemas do autor, por exemplo, registrando, entre outras coisas, suas exóticas fantasias sexuais sobre a Virgem Maria) que ele não sentia de forma alguma tal piedade. O que ele estava fazendo ao escrever a peça, esse é o ponto, pode ser determinado a partir do que ele escreveu, ou seja, louvar a Virgem Maria; o que ele fazia ao escrever o poema era tentar exibir sua ortodoxia religiosa, salvando-se, assim, de uma acusação de heresia e de uma morte particularmente desagradável.

É questionável se podemos identificar as intenções de um autor com a força ilocucionária do seu texto, uma vez que os textos podem ter intenções próprias, das quais os seus autores sabem pouco ou nada. Turguêniev pode não ter consciência do que *A véspera* estava tentando fazer em determinado momento. O que um escritor faz ao

---

114 Romance de Ivan Turguêniev publicado em 1860. (N. T.)
115 Carroll, *Beyond Aesthetics*, p.160.

escrever pode ser determinado tanto, se não mais, pelas regras do gênero ou pelo contexto histórico quanto por suas intenções pessoais. Conclui-se, então, que as intenções de sua obra, no sentido de algo que se organiza tendo em vista um alvo, nem sempre podem ser identificadas com o que o próprio autor tem em mente, se é que ele realmente tinha alguma coisa em mente. Isso também se aplica a grande parte do discurso ideológico. O que um autor pode estar fazendo ao escrever – defendendo indiretamente os interesses das classes proprietárias pela celebração de um robusto individualismo de espírito, por exemplo – pode nem sequer ser inteligível para ele nesses termos. Tal como a maioria dos ingleses de classe média, Skinner é inflexível quanto à necessidade de se descartar essa possibilidade. Há também o caso do que Freud chama de intenções inconscientes, noção que deixa os ingleses ainda mais nervosos do que quando se fala de ideologia. Na parapraxia freudiana (ou ato falho), as intenções conscientes e inconscientes colidem em uma conversa dupla.

A intencionalidade incorporada num gênero, por assim dizer, pode ir contra as intenções de um autor. Ele pode considerar que está envolvido numa polêmica política, mas se isso se passar numa obra de ficção, sua força será provavelmente neutralizada ou transformada. Por mais sério que ele seja sobre o que está fazendo, o contexto ficcional tenderá a se impor. Da mesma forma, não se pode produzir efeitos irônicos num gênero que exclui a ironia por a considerar inaceitável, uma vez que esses efeitos simplesmente não serão recebidos como irônicos. Leitores regulares do *The New York Times*, um jornal cujos editores certa vez me disseram para não usar ironia num artigo encomendado, provavelmente considerariam tais efeitos irônicos como não irônicos, por mais familiarizados que estivessem com as convenções do jornal. Os leitores do *The Guardian* podem fazer o oposto. (Também fui informado uma vez por um jornal norte-americano que tinha de me referir ao jornal inglês *The Times* como *London Times* num artigo que escrevi para eles, embora tal jornal não exista. Parece que o neocolonialismo dos Estados Unidos se ampliou, e agora as outras

A natureza da ficção

nações precisam saber quais são os títulos de seus jornais.) Ao escrever minha autobiografia, posso pretender revelar ao mundo como a graça pode abundar até mesmo para o mais miserável dos pecadores; porém, se vivo numa cultura que considera toda autobiografia como um exercício de egoísmo, é provável que essa humilhação seja interpretada como uma forma tortuosa de autoelogio. O que vemos o gênero fazer superará o que eu me vejo a fazer.

Na maioria das situações comunicativas, o significado da execução enquadra e orienta o significado das declarações, determinando o modo como devemos considerá-las. Uma vez que eu perceba que você está me contando todas essas coisas autodepreciativas porque está magoado com a minha opinião de que você é arrogante e indiferente, posso me orientar melhor perante o seu discurso. Nesses termos, a postura retórica de uma obra de linguagem pode ajudar a determinar o seu sentido locucionário. Considerar uma afirmação como sarcástica é compreender que o seu significado locucionário é o inverso do que ela diz. Ao perceber que sua conversa sobre atear fogo em meu casaco enquanto ainda estou dentro dele é ficcional e que ela diz respeito ao modo retórico conhecido como *comédie noire*, consigo entender suas palavras em um sentido diferente e jogar fora a barra de ferro que eu tinha em mãos. Algo parecido vale para os atos de fala da ficção literária, segundo os quais o ato performativo (ou ato de dizer) sobrevém constantemente ao constativo (ou ao que é dito).

*

Há um ar duvidosamente logocêntrico em toda a concepção de atos de fala das obras literárias. É melhor não pensar nos textos literários como atos de comunicação modelados na fala humana, nem mesmo no caso dos miméticos ou aberrantes. Não é como se tudo numa obra estivesse sujeito a uma intenção unitária, como em enunciados como "Manche-a com azeite de oliva!" ou "Por que é que ela continua a ficar corada?". Na sua forma mais ingênua, a teoria postula um autor autotransparente totalmente de posse das próprias intenções. Não somos convidados a perguntar sobre a gênese desse sujeito e de suas intenções. Em vez disso, essas coisas são tomadas como ponto de origem. Os textos, porém, não são mais vistos como veículos de intenções da fábrica de ficção. Na verdade, pode haver textos sem qualquer intenção, como as rachaduras numa rocha que, por uma coincidência milagrosa, formam as palavras "Era uma vez três ursos". Isso significa o que diz, mesmo que ninguém queira dizer isso. A densidade de uma obra literária não deve estar subordinada à trajetória de um enunciado. Como comenta Joseph Margolis, "há uma boa razão para acreditar que os atributos sutis do discurso literário [...] não cederão de forma produtiva à análise dos atos de fala".[116] De qualquer modo, a teoria atinge um nível de abstração elevado demais para lidar de forma útil com questões formais como ponto de vista, subtrama, peripécia, signo poético e assim por diante. Peter Lamarque, em *Fictional Points of View*, comenta perspicazmente sobre a forma como a teoria dos atos de fala, juntamente com grande parte da filosofia da literatura, não leva em conta a ironia, a narração não confiável, a mudança de ponto de vista e outros recursos semelhantes.

Outro hábito jejuno da teoria é postular um narrador que enuncia um texto mesmo quando não há nenhum narrador real por perto. Gregory Currie, por exemplo, parece pensar que, quando encontramos uma obra literária, temos sempre de imaginar um orador. Entretanto, esse certamente não é o caso. Não ajuda imaginar que *As afinidades eletivas*, de Goethe, ou "Little Boy Blue"[117] estão sendo recitados para nós por algum personagem sombrio, talvez uma velha imaginária agachada perto de uma lareira igualmente imaginária. Nem todas as histórias dependem de terem autoria identificável. Quem está falando em *Finnegans Wake*? Quem fala em *A terra*

---

116 Margolis, *Art and Philosophy*, p.237.
117 Cantiga de autoria desconhecida que remonta ao século XVIII. (N. T.)

devastada? O que fazemos com obras polifônicas? O conceito de ficção está ligado aos textos e aos seus contextos, não às intenções hipotéticas de um suposto narrador. Mesmo que a presença de tal narrador possa ser sentida numa obra, as verdades ficcionais que ele apresenta podem exceder ou subverter as suas intenções.

Um estudioso escreve que "não nos é dito que o orador em 'Felix Randal', de Gerard Manley Hopkins, é um padre, nem que está falando com um mensageiro. Mas se não inferirmos isso, a obra não será compreensível para nós".[118] Na verdade, não é necessário imaginar que o poema é dirigido a um mensageiro, e a maior parte dele ainda seria inteligível mesmo que não se perceba que o orador era um padre. A questão, porém, é que essa abordagem trata todas as obras literárias como se fossem monólogos dramáticos. O mesmo crítico prossegue observando de forma bastante surpreendente que inferimos de "Ode a um rouxinol", de Keats, se o orador é um homem ou uma mulher. Richard Gale estranhamente toma como seu caso paradigmático de ficção um contador de histórias narrando na presença de um público.[119] Os textos, no entanto, nem sempre são declarações de narradores e, como Walton aponta, pode haver culturas que carecem por completo do conceito de um narrador implícito. Os textos falam por si mesmos, por assim dizer – uma fala própria que pode incluir, de tempos em tempos, a presença de um narrador fictício.

A teoria dos atos de fala pretende ser uma descrição da literatura enquanto tal, mas, de modo geral, é muito dependente do caso da ficção realista. Um poema lírico é ficcional no sentido de convidar o leitor a fazer de conta, a tratá-lo de maneira não pragmática, e talvez insinue esse estatuto não pragmático ao colocar o significante em primeiro plano. Não pode, porém, assumir a forma de um pseudorrelatório, como normalmente faz uma narrativa realista. Esta última, como "Michael", de Wordsworth, é uma parte menor daquilo que é

---

118 Gray, *The Phenomenon of Literature*, p.156.
119 Gale, "The Fictive Use of Language", p.337.

considerado poesia. A teoria dos atos de fala às vezes parece pressupor que todos os textos literários são moldados no modo indicativo, compostos de afirmações como "Não havia fotografias do pai do menino na casa ao norte". Porém, e quanto a "Batter my heart, three-person'd God" ou "How can we know the dancer from the dance?". Os poemas são tão ficcionais quanto os romances, no sentido de que sua precisão empírica não é o que está primordialmente em jogo, bem como no sentido de que aquilo que eles dizem tem em vista implicações gerais, e não uma referência direta. Contudo, não são necessariamente ficções no sentido de consistirem em quase-afirmações, uma vez que, como Lamarque e Olsen salientam, uma obra literária pode não conter quaisquer proposições.[120]

A teoria dos atos de fala pressupõe que os autores de ficção não pretendem enganar, uma vez que não afirmam, mas alguns deles certamente pretendem nos tapear. Os escritores podem querer que seus leitores acreditem parcialmente que aquilo que dizem é verdade, provavelmente aquilo que Richardson queria dizer com seus comentários sobre *Clarissa*. Ou podem querer que eles acreditem totalmente nisso, como acontece com as histórias fantásticas dos viajantes. Ainda que os autores não pretendam engambelar os seus leitores, é duvidoso que fingir seja a melhor maneira de descrever o que fazem. É verdade que um fingimento que todos reconhecem como tal ainda é um fingimento, como quando me disfarço ineptamente de Groucho Marx diante de um grupo de amigos secretamente zombadores. Um ator no palco não está tentando enganar o público quando se passa por outra pessoa, a menos que a plateia esteja cheia de crianças pequenas. Ele está representando um personagem de ficção em seus modos de sentir e de agir. Não admiraríamos tanto a atuação se pensássemos que ele é idêntico àquilo que retrata. Ser você mesmo não requer nenhuma habilidade específica. No entanto, o que o ator faz ainda pode ser descrito como um fingimento.

---

[120] Lamarque e Olsen, *Truth, Fiction and Literature*, p.9.

Mesmo assim, fingimento não parece ser a palavra certa para ficção. Como Gregory Currie argumenta em *The Nature of Fiction*, poetas e romancistas realizam atos de fala verdadeiros, convidando o leitor a realizar um ato de faz de conta. Lamarque e Olsen salientam acertadamente que os escritores de ficção fazem algo de verdade, a saber, engajam-se na instituição social da escrita de ficção. A ficção é uma prática social reconhecida e provavelmente universal, não é apenas um parasita social. De todo modo, não se deve presumir um modelo demasiado unívoco do chamado discurso corriqueiro; se não o presumirmos, menor será o padrão fixo em relação ao qual poderemos dizer que os atos ficcionais desviam. Além disso, quando se trata de um sentido de literatura mais amplo do que a ficção, os autores podem nem estar fingindo. Laurence Sterne não finge elogiar atos de caridade em seus sermões, e George Orwell não finge admirar os mineradores em *O caminho para Wigan Pier*. A teoria dos atos de fala funciona como uma teoria geral da literatura apenas se você restringir a literatura à ficção e, em geral, à ficção realista.

O que não quer dizer que não haja nada a aprender com isso. Entre outras coisas, a teoria lança nova luz sobre a qualidade autorreferencial da ficção. No entanto, precisamos repensar o preconceito de que as obras literárias são versões criativamente defeituosas de alguma outra coisa. Vimos também que, quando se trata de literatura em um sentido amplo, a teoria dos atos de fala pode ser inútil. As obras literárias não precisam envolver pseudoproposições, tantas vezes tomadas como exemplares pela teoria. E mesmo que se pense que os escritores estão fingindo, "apenas fingir realizar o ato ilocucionário de afirmar não é realizar outro tipo de ato ilocucionário, assim como apenas fingir cometer o ato de assassinato não é cometer outro tipo de crime", como aponta Christopher New.[121]

Não é apenas na ficção que as regras que regem os atos de fala "normais" são suspensas ou transgredidas. É possível ler um discurso

---

[121] New, *Philosophy of Literature*, p.26.

não ficcional sem parar para se perguntar se o autor está sendo verdadeiro e sincero, se sabe do que está falando, se poderia brandir evidências para sustentar suas afirmações etc. Talvez ele seja meio sincero, ou não tenha ideia de quão verdadeiro está sendo, ou talvez isso não importe. Para a teoria dos atos de fala em geral, supõe-se que os falantes se "comprometam" em condições normais com a verdade das suas declarações, tomando-as como válidas, planejadas com sinceridade e assim por diante; porém, como salienta Thomas Pavel, por vezes é possível não ter a certeza se estamos ou não comprometidos com tais declarações. Sempre há casos, tanto por parte do escritor quanto do leitor, de ambiguidade, semiceticismo, compromisso temporário, aceitação de declarações mediante fé provisória e assim por diante.[122]

A teoria dos atos de fala surge de uma era histórica em que os textos literários, bem como as obras de arte em geral, não parecem mais ter uma função social direta. É compreensível, portanto, presumir que a maior façanha das obras seja imitar outros tipos de funções, como atos genuínos de reportagem. Nessa situação, a natureza socialmente disfuncional das obras literárias se torna quase parte da sua definição. Richard Gale vê a ficção como inimiga do perlocucionário, no sentido do impacto real que a linguagem pode ter no mundo. "Ouvir ficcionalmente um uso da linguagem", escreve ele, "é verificar, inibir ou sublimar a resposta habitual e apropriada que o uso da linguagem suscitaria".[123] As obras literárias, em suma, assemelham-se mais ou menos a um narcótico agradável ou a uma droga paralisante pela qual, como num sonho, nossa vida prática é temporariamente suspensa. Por outro lado, elas equivalem ao pesadelo em que estamos presos em um local enquanto somos perseguidos por um monstro. A literatura não é uma questão de evocar as nossas respostas cotidianas, mas de as reprimir.

---

122 Pavel, *Fictional Worlds*, p.21.
123 Gale, "The Fictive Use of Language", p.337.

A natureza da ficção

Não foi bem assim que o antigo genealogista da tribo encarava o seu papel, ou a razão pela qual Yeats escreveu canções de marcha para o movimento fascista irlandês. Nem sempre é verdade que a poesia não faz nada acontecer. Os antigos praticantes judeus do *midrash* afirmavam que um texto não pode ser compreendido até que se encontre uma maneira de o colocar em prática.[124] Ou então, pensemos no teatro *agitprop*[125] do início do século XX, com o público sendo convidado a votar no final da peça ou a discutir que ação política deveria decorrer dela. Em qualquer caso, qual é a resposta diária "habitual e apropriada" a "Golfinho-roto, gongo-amargurado mar" ou "Inviolada noiva de quietude e paz"?[126] Quais são as respostas do mundo real a esses excertos de linguagem que são bloqueados e sublimados quando os encontramos na literatura?

3

Em *Insight and Illusion*, um estudo da filosofia de Wittgenstein, P. M. S. Hacker argumenta que, na visão de Wittgenstein, não há conexão entre linguagem e realidade, pois linguagem e realidade não são duas instâncias que poderiam ser relacionadas de modo geral em termos de correspondência, construção, isomorfismo e assim por diante. O austríaco seria, então, um cético inveterado que duvida que o nosso pensamento possa algum dia encontrar uma base no real?

---

124 Ver Bruns, "Midrash and Allegory: The Beginnings of Scriptural Interpretation", em *The Literary Guide to the Bible*, p.629.
125 Estratégia política utilizada pelo Partido Comunista da União Soviética destinada a divulgar certas ideias políticas. A palavra *agitprop* aglutina os termos *agitatsiya* [agitação] e *propaganda*. (N. T.)
126 *"That dolphin-torn, that gong-tormented sea"*: último verso do poema "Byzantium" ("Bizâncio"), de W. B. Yeats; "Golfinho-roto, gongo-amargurado mar", na tradução de Augusto de Campos. *"Thou still unravished bride of quietness"*: primeiro verso do poema "Ode on a Grecian Urn" ("Ode sobre uma urna grega"), de John Keats; "Inviolada noiva de quietude e paz", na tradução de Augusto de Campos. (N. T.)

Não. Pelo contrário: o seu trabalho apresenta alguns dos argumentos mais surpreendentemente originais contra o ceticismo que a filosofia já apresentou. Wittgenstein não tem dúvidas de que algumas das nossas afirmações sobre o mundo são verdadeiras e outras são falsas. Contudo, ele não acredita que o modo como isso acontece seja mais bem explicado pela imagem da harmonia, da coerência, da homologia ou da correspondência entre linguagem e realidade. Na verdade, para ele, isso é uma amostra de metafísica fracassada que frustra qualquer intuição real das operações envolvendo a verdade e o significado. A partir desse ponto de vista, a hipótese de que a linguagem "constrói" ou "constitui" o mundo pertence a essa metafísica tanto quanto a ideia de que a linguagem reflete o mundo ou corresponde a ele. Ademais, tal hipótese postula uma relação invariante entre dois domínios distintos. Aos olhos de Wittgenstein, no entanto, a linguagem não corresponde à realidade nem a constitui. Em vez disso, ela nos fornece os critérios para determinar que tipos de coisas existem e como devemos falar delas.

Suas reflexões sobre esse tema giram em torno da ideia de uma gramática, ou seja, um conjunto de regras que determinam como as expressões devem ser utilizadas em uma forma de vida prática. As próprias gramáticas não podem ser verdadeiras ou falsas, ao contrário de alguns dos postulados que elas geram. Não faria sentido falar da verdade da língua finlandesa ou da falsidade do africânder. As gramáticas, nesse sentido, não devem satisfação à realidade. Elas antecedem a verdade e a falsidade, no sentido de definirem o que faz sentido dizer numa determinada forma de vida. Se, por exemplo, uma afirmação é do tipo que poderia ser considerada verdadeira ou falsa, isso é determinado pela própria gramática, que é, nesse sentido, a matriz de toda inteligibilidade.

Uma gramática nada afirma sobre os fatos. Ela não nos dirá se criaturas como os elfos realmente existem. Estabelecer os fatos é, de acordo com Wittgenstein, uma questão de investigação empírica para a qual a própria filosofia nada tem a contribuir. Em vez disso, uma gramática determina o que pode ser afirmado de modo inteligível acerca dos fatos. Existem maneiras de falar sobre elfos que fazem sentido, e há outras maneiras, como "Acenda-me um elfo", que não fazem. Uma regra gramatical não pode ser justificada, assim como as regras do xadrez não podem ser justificadas. Nesse sentido, a gramática é arbitrária e autofundamentada. A sua eficácia não depende de nada que seja exterior à própria gramática. "A linguagem permanece autocontida e autônoma", escreve Wittgenstein em *Sobre a certeza*. Isso não significa negar que uma gramática esteja profundamente entrelaçada com o mundo; nega simplesmente que ela seja fundamentada no mundo, no sentido de ser justificada por um apelo à forma como as coisas são. Uma gramática não reflete nada da realidade, como o próprio Wittgenstein chegou a acreditar. Trata-se de uma atividade, não de uma imagem.

Isso não significa afirmar que o mundo não tem nenhuma participação em assuntos referentes à verdade e ao significado. Trata-se de afirmar que ele não tem qualquer influência na questão, como alguns filósofos consideravam que tinha – eles defendiam, por exemplo, que o significado de uma expressão é um objeto com o qual o mundo pode ser correlacionado. Wittgenstein caracteriza sarcasticamente essa visão nas *Investigações filosóficas*: "você pensa no significado como uma coisa do mesmo tipo que a palavra, embora também diferente da palavra. Aqui a palavra, ali o significado. O dinheiro e a vaca que com ele você pode comprar. (Contudo, por outro lado: o dinheiro e seu uso)".[127] Se pensarmos no sentido como um "significado", podemos ser tentados pelas armadilhas da linguagem a imaginá-lo como algo semelhante a uma palavra ou um significante, porém um pouco mais elusivo – uma figura obscura na mente, que talvez esteja por trás da palavra e possa ganhar vida cada vez que eu a falo ou a leio. Da mesma forma, podemos pensar que o valor do dinheiro é determinado pelo objeto (a vaca) que podemos comprar com ele – como algo

---

127 Wittgenstein, *Philosophical Investigations*, § 120.

que envolve algum tipo de correlação entre os dois. Contudo, o valor do dinheiro é determinado por seu uso numa forma de vida. O mesmo raciocínio é válido no caso das palavras. O significado de uma palavra é a maneira como ela se comporta. Trata-se de uma prática social, e não um tipo de um objeto.

Considerar a linguagem como autônoma, portanto, não é uma questão de a separar do real. Certos tribunais judiciais e inquéritos oficiais são autônomos, mas isso não significa que não tenham relações com nada exterior a eles. Pelo contrário, adotar essa visão da linguagem é lhe conceder a sua plena materialidade, em vez de a tratar como um pálido reflexo de alguma outra coisa. A linguagem e o mundo se relacionam no sentido de que as regras e os critérios que governam a aplicação das expressões se entrelaçam nas nossas práticas sociais – de tal modo que Wittgenstein pode argumentar, em *Sobre a certeza*, que aquilo que está na base dos nossos jogos de linguagem é "o que nós fazemos". Ou, como diz Umberto Eco, "a ação é o lugar onde a hecceidade finaliza o jogo da semiose",[128] o que significa que a linguagem cessa temporariamente quando conduz a mudanças de *habitus* ou de tendências comportamentais. Kenneth Burke fala de maneira similar sobre como as obras de arte podem alterar atitudes e disposições.[129] (Ele também observa, em *A Grammar of Motives*, que as atitudes podem levar a ações ou atuar como substitutas delas, uma distinção pertinente à diferença entre materialismo e idealismo.) Poderíamos acrescentar que, como uma espécie de orientação permanente para a ação, a ideia aristotélica de uma disposição faz a mediação entre a psique e a conduta, o interior e o exterior.

Aos olhos de Wittgenstein, o significado e a verdade se resumem a questões de ação, embora não num sentido grosseiramente pragmatista. Significado e verdade têm origem nas atividades habituais de uma forma compartilhada de existência social. Tanto para

---

128 Eco, *The Role of the Reader*, p.195.
129 Burke, *A Rhetoric of Motives*, p.50.

Wittgenstein como para Marx e Nietzsche, são essas atividades que, no final, determinam como procederemos para dividir o mundo em conceitos. Parte desse comportamento reflete a nossa natureza humana comum – o que Wittgenstein chama, em estilo marxista, de "a história natural dos seres humanos", que não é peculiar a uma cultura específica. Wittgenstein não é, nesses termos, um "culturalista", no sentido de acreditar que, nos assuntos humanos, a cultura deve ser levada até as últimas consequências. Ele pensa, de forma bastante oportuna, que existem formas instintivas de ação corporal e que grande parte do nosso comportamento é, nesse sentido, natural. É em parte devido a esses atributos antropológicos permanentes, bem como à relativa estabilidade do mundo físico, que podemos moldar os tipos de jogos de linguagem que praticamos. Criaturas que estivessem em constante mutação ou que habitassem um mundo onde ficar parado por um instante fosse impossível não teriam nada parecido com as nossas próprias regras e critérios de representação.

O consenso que uma gramática incorpora não é, em última análise, uma questão de ideias ou opiniões, mas diz respeito a formas comuns de fazer as coisas. É isso que Wittgenstein entende por forma de vida – que é fundamental no sentido de que, embora seja sempre passível de alteração e até mesmo de revolução, não oferece uma instância abaixo da qual possamos mergulhar em busca de algo mais fundamental. Não há tartaruga apoiando elefante. Poderíamos acrescentar que há aspectos de tais formas de vida que devem estar sempre invisivelmente já em vigor e que não podem, no instante atual, ser dragados para a consciência se quisermos fazer os tipos de coisas que queremos fazer (incluindo mudar essas formas de vida). A verdade é uma questão de linguagem, mas a linguagem é, em última análise, uma questão do que fazemos. É assim que Wittgenstein pode anunciar, em *Sobre a certeza*, na ilustre esteira de Goethe e Trotsky, que "no princípio era a ação".

Existem ainda outras maneiras pelas quais a linguagem está ligada ao real. Wittgenstein não pensa que os nossos conceitos se tornam verdadeiros ou falsos pelo modo como o mundo é, mas ele acredita que os conceitos só fazem sentido nesse contexto, assim como um sistema jurídico só faz sentido no contexto de homens e mulheres entusiasmados com a ideia de justiça, ocasionalmente criminosos, moralmente frágeis, capazes de sofrer punição, preparados para eletrocutar outras pessoas sem serem dominados pela náusea no processo e assim por diante. Como diz Hacker, fazendo que Wittgenstein soe mais como Nietzsche do que normalmente é o caso, "criamos as nossas formas de representação, motivados pelo nosso caráter biológico e psicológico, estimulados pela natureza, restringidos pela sociedade e incitados pelo nosso impulso para dominar o mundo".[130] Essas coisas fazem parte das condições materiais dos jogos de linguagem, em vez de serem materiais aos quais tais jogos "correspondem". Uma gramática não pressupõe o mundo mais do que o reflete.

Não é necessário endossar sem restrições essa visão para apreciar a luz que ela pode lançar sobre a ficção.[131] Vimos que, aos olhos de Wittgenstein, uma forma de vida é uma trama contínua de enunciados e atividades, e poucas coisas exemplificam isso de maneira mais gráfica do que a ficção realista. Muitas obras realistas transmitem as camadas de determinada forma de vida, virtude que compartilham com certas correntes da sociologia e da antropologia. Elas atuam como uma espécie de fenomenologia, concedendo novamente à linguagem uma riqueza de experiência que a filosofia dominante tende a abstrair dela. Não nos surpreende que a linhagem que poderia ser chamada de antifilosofia, começando com Kierkegaard, Marx, Nietzsche, Heidegger e Freud até chegar a Benjamin, Adorno, Wittgenstein e Derrida, esteja tão intimamente ligada à estética, como de fato está o mais literário dos movimentos filosóficos, a saber, o existencialismo.

---

130 Hacker, *Insight and Illusion*, p.195.
131 Nem deveria o meu uso de Wittgenstein ao longo deste livro ser tomado como um endosso acrítico do seu pensamento, por mais que eu tenha me beneficiado dele. Para uma avaliação mais geral de minha parte, ver Eagleton, "Wittgenstein's Friends".

A frase "romance existencialista" faz sentido, mas a frase "romance do positivismo lógico" não.

Ao ler a ficção realista, somos capazes de apreender, como numa experiência controlada, o significado do que é dito num contexto de experiência e atividade – um contexto que, para o próprio Wittgenstein, é, na vida real, tão complexo, implícito e não totalizável a ponto de ser "inexprimível", como observa em *Cultura e valor*, muito embora, por outro lado, esse pano de fundo possa receber da ficção uma forma mais determinada. Como diz Thomas Lewis, "a referência ficcional flexiona as percepções dos intérpretes de sinais para além das entidades explicitamente representadas, na direção das práticas sociais das quais emergem os vários discursos sobre o mundo".[132] Há aqui uma afinidade remota com o pensamento de Pierre Macherey. O que Wittgenstein chama de formas de vida, Macherey chama de ideologia. Há também algum parentesco entre o sentido de Wittgenstein desse contexto dado como certo, um contexto que deve estar inconscientemente presente para que qualquer tipo de inteligibilidade possa emergir, e a noção de "Outro" de Jacques Lacan, que serve praticamente ao mesmo propósito. Algo análogo acontece com o que Hans-Georg Gadamer chama de "a não definitividade fundamental do horizonte em que a compreensão se move".[133] Em todos esses casos, estamos falando do que poderia ser chamado de inconsciente social.

A ficção de fato leva a um extremo paródico o entrelaçamento contínuo entre discurso e atividade conhecido como jogo de linguagem, uma vez que a sua própria "realidade" nada mais é do que uma projeção da sua linguagem. Como afirma J. Hillis Miller: "Só podemos saber desse mundo [da ficção] aquilo que as palavras nos dizem";[134] assim, um fato que num romance tenha ficado mal esclarecido – se, digamos, não nos for dito o conteúdo de uma carta crucial, como em

---

132 Lewis, *Fiction and Reference*, p.180.
133 Gadamer, *Truth and Method*, p.336.
134 Hillis Miller, *On Literature*.

As asas da pomba, de Henry James – permanecerá um mistério eterno para nós. Isso ocorre porque não há nenhum fato a ser descoberto, assim como é impossível descobrir o que Hamlet estava fazendo antes de aparecer pela primeira vez no palco, porque ele não estava fazendo nada. Numa espécie de magia ou utopia da palavra criativa, a realidade na ficção responde inteiramente à linguagem, mas apenas porque ela é criação secreta da própria linguagem.

Existem, portanto, paralelos entre a ideia de Wittgenstein acerca de uma gramática e a ficção, sobretudo a ficção do tipo realista. Uma gramática é um conjunto de regras para organizar um mundo de significados, e a mesma definição se aplica às técnicas de ficção. Por conseguinte, longe de ser a aberração intrigante dos teóricos dos atos de fala, a ficção é um modelo de funcionamento das gramáticas em geral, um lugar onde podemos observar suas operações de forma excepcionalmente gráfica e condensada. Essas operações são outros jogos de linguagem levados a certo pico de autorreflexividade. É por isso que a ficção realista é um tipo sofisticado de magia. Ela nos oferece imagens do terreno acidentado da existência cotidiana, da sua confusão e indeterminação; ela também erradica o atrito entre a palavra e o mundo. A ficção realista é ao mesmo tempo realidade e utopia. Vista sob essa luz, ela concilia, por um lado, a doutrina dos primeiros trabalhos de Wittgenstein no que concerne a uma proximidade entre a linguagem e o mundo e, por outro lado, o sentido que os trabalhos posteriores do filósofo atribuem à qualidade confusa e improvisada das coisas, sua resistência teimosa à definição cristalina.

Existem outras maneiras de a ficção lançar luz sobre o resto dos nossos jogos de linguagem. Vimos que Wittgenstein rejeita a ideia de que o significado de uma expressão seja o seu referente, no sentido de algum objeto no mundo. Pensar dessa forma é ver o significado quase como uma espécie de apontamento verbal. Contudo, como mostra Wittgenstein no início das *Investigações filosóficas*, apontar demanda um contexto para fazer sentido. Você não poderia ensinar a alguém a palavra "estuque" indicando um pedaço de estuque e entoando a palavra, a menos que essa pessoa já tivesse alguma concepção de objeto, referência, nomenclatura, significado, definição ostensiva e assim por diante. E para qual objeto a palavra "cobiçosamente" aponta? Se você apontar alguém que está soluçando há dias para uma criança pequena e disser "soluço", a criança poderá passar o resto dos dias acreditando que soluço significa qualquer pessoa com quem não faz sentido tentar manter uma conversa, um conjunto no qual estariam incluídos os membros do Partido Nacional Britânico, bem como pessoas com dificuldades fisiológicas. Como pode a criança conhecer o que você está apontando? De qualquer forma, qual é o referente de "Oh, inferno!", "Olá!" ou "Quem você está olhando?"? A referência não é uma ligação pronta entre um signo e um objeto; é uma atividade social com uma diversidade de modos, que depende dos entendimentos compartilhados incorporados numa forma de vida. Como comenta Paul O'Grady, "a referência faz sentido no contexto do emprego de signos para determinados propósitos. Tais empregos ocorrem de múltiplas maneiras e não existe uma conexão única entre conceitos e objetos que se destaque como a verdadeira".[135]

Ironicamente, o fato de a ficção carecer de um referente individual direto significa que ela pode esclarecer a natureza da referência de forma ainda mais instrutiva. Num certo sentido da palavra, a ficção faz referência o tempo todo – a guerras e lutas pelo poder, à sexualidade e ao autossacrifício, aos afetos domésticos e aos desastres naturais. Entretanto, uma vez que ela faz tudo isso retratando personagens e acontecimentos que não existem – ou cuja existência real não vem ao caso –, a ficção é capaz de mostrar o ato de referir como algo dependente de contextos, critérios e inter-relações entre signos, e não como uma conexão direta. A ficção é, portanto, uma terapia útil para aqueles com ideias indevidamente redutivas de referencialidade. Sabemos como usar o nome "Julien Sorel" aprendendo as convenções e procedimentos que regem o uso dele em *O vermelho e o negro*.

---

135 O'Grady, *Relativism*, p.71.

Nesse sentido, pouco importa o fato de Julien não existir. Em geral, lidamos com conceitos e critérios na ficção – ou decidimos que algo numa obra é ficcionalmente verdadeiro – da mesma forma que o fazemos na vida cotidiana.

A referência não é um ato que se autoassegura. Ela apresenta uma série de problemas e pode ser um assunto bastante polêmico. Para algumas pessoas, o jogo de linguagem conhecido como religião tem um referente (Deus), enquanto para outras não. De todo modo, ele levanta a questão do que contaria como referente aqui. Um deus visto como um herói gigantesco, mesmo que existisse, não poderia ser considerado o referente último do jogo de linguagem judaico-cristão. Se acontecer de existir um Ser Supremo que seja como nós, porém infinitamente mais sábio, bom e poderoso, ele não pode ser o que a Bíblia judaica chama de Javé e a Bíblia cristã, de Deus. Ele seria excluído pela proibição da idolatria, bem como por uma série de outros motivos teológicos. Para saber o que contaria como referente aqui, precisamos olhar para o funcionamento interno do jogo de linguagem.

O fato de a cidade de Middlemarch não existir de verdade enriquece o ato de referência em vez de o empobrecer. Encoraja-nos a refletir sobre os costumes das pequenas cidades provinciais em geral, e não apenas a imaginar que estamos recebendo um relatório sobre um assentamento vitoriano específico nas Terras Médias inglesas. Como Ahab não existe, porém a psicose obsessiva sim, a representação dele em *Moby Dick* pode se libertar das restrições da vida real para encenar esse estado de espírito com ainda mais engenhosidade. Jan Mukařovský argumenta que a função referencial de uma obra de arte é enfraquecida no sentido de que ela não faz referência direta, mas é capacitada por essa mesma fraqueza a fazer referência de maneiras mais ricas e mais profundas.[136]

Assim como a fenomenologia coloca o referente "entre parênteses", a fim de focar mais de perto o ato de significá-lo, também a

---

136 Mukařovský, *Aesthetic Function, Norm and Value as Social Facts*, p.75.

A natureza da ficção

ficção chama nossa atenção para o ato de referência em toda a sua complexidade. O fato de lhe faltar um referente direto da vida real, ou de ele não ser importante caso exista, não difere, em princípio, do fato de podermos ensinar alguém sobre a Górgona ou sobre práticas antigas de drenagem, embora a primeira nunca tenha existido e as últimas não existam mais. Objetos não existentes também desempenham um papel nos nossos jogos de linguagem da vida real, não apenas nos jogos ficcionais. Esperamos e desejamos coisas que ainda não existem, assim como podemos celebrar ou lamentar o passado, que inexiste tanto quanto o futuro. A mentira é, por definição, uma linguagem sem referente. Como sugere Umberto Eco, "[t]oda vez que há significação, há a possibilidade de usá-la para mentir".[137] É por podermos falar a verdade que também podemos dissimular. Se for assim, então a condição de estar sem referente está embutida na própria linguagem.

A ficção é o tipo de jogo de linguagem que deve ser capaz de operar na ausência de um referente. Podemos ler um poema carinhosamente dedicado ao Secretário do Trabalho e Previdência na presença do Secretário do Trabalho e Previdência, mas a presença dele não é necessária para que o poema funcione como poema. Contudo, como salienta David Schalkwyk, isto é verdade para a linguagem em geral: "a linguagem não requer nenhuma ligação com qualquer entidade aqui e agora para funcionar como linguagem".[138] Ou, como Jacques Lacan coloca de forma muito mais portentosa, o símbolo é a morte da coisa. A ficção é, portanto, um exemplo mais atraente de uma condição essencial de toda atividade linguística.

Já havíamos mencionado um outro modo pelo qual a ficção é exemplar dos jogos de linguagem em geral. No caso da ficção – uma peça, por exemplo –, fica claro que o significado não depende da experiência de um sujeito. Um ator não precisa se sentir em harmonia

---

137 Eco, *A Theory of Semiotics*, p.59.
138 Schalkwyk, *Literature and the Touch of the Real*, p.114.

com a psiquê de um assassino em série para o representar de forma convincente, a menos que tenha assistido demais a Marlon Brando. Não é que faltem sentimentos a um ator, mas sim que ele tem os sentimentos apropriados àquilo que faz – às técnicas que utiliza, às ações que executa e às palavras que articula. "Quem pergunta a uma pessoa numa peça o que ela está vivenciando quando fala?", pergunta Wittgenstein.[139] Os contextos de uma sentença, comenta ele nas *Investigações filosóficas*, são mais bem retratados numa peça. Um poeta não precisa ter caído em uma mina ou estar violentamente apaixonado para que suas palavras sobre esses assuntos nos pareçam autênticas. O significado não é um processo mental ou emocional que obscurece a fala de alguém. Não é uma experiência, assim como prometer, esperar ou pretender não são experiências. Essas coisas podem vir acompanhadas de sentimentos (de afeto, impaciência, determinação, expectativa etc.), mas isso é outra questão. Minha mente pode estar repleta de todos os tipos de imagens mentais intrigantes enquanto leio Condorcet, mas elas não podem fazer parte do significado da obra; elas interessam apenas a mim e ao meu psicanalista.

O assentimento provisório de que jogos de linguagem precisam colocar algo provisoriamente fora de qualquer dúvida a fim de estabelecerem um pano de fundo em relação ao qual possam funcionar se aplica à ficção de modo semelhante. Trata-se daquilo que é tradicionalmente conhecido como suspensão da descrença. Para jogar o jogo ficcional, concordamos em não perguntar, durante certo tempo, se um gorila poderia realmente ser do tamanho de King Kong ou se alguém na vida real poderia realmente ser tão imbecil quanto o Werther de Goethe. Semelhante a uma gramática, uma obra de ficção contém um conjunto de regras e convenções implícitas para determinar o que pode ser dito e feito de modo inteligível dentro do seu âmbito, bem como o que conta nessas condições como verdadeiro ou falso. Essas regras, assim como as regras de um jogo de linguagem

---

139 Wittgenstein, *Last Writings*, v.1, p.38.

wittgensteiniano, são, em certo sentido, arbitrárias e autônomas. Isso não significa que elas caiam em nosso colo vindas do espaço sideral. Na opinião de Wittgenstein, trata-se de regras de representação ou técnicas de constituição de mundos ficcionais, as quais têm uma história social. Para Wittgenstein, contudo, elas não são dadas espontaneamente pela própria realidade. O mundo não se divide naturalmente em duas tramas principais e um conjunto de três subtramas. Nesse sentido, os jogos de linguagem são ficcionais num sentido semelhante ao dos romances.

É verdade que, tanto na ficção quanto em nossos outros jogos de linguagem, o que pode ser proposto de modo inteligível é estabelecido pela forma como as coisas se apresentam a nós e ao mundo. Numa narrativa realista, um anjo não pode aparecer num bar de Manhattan, embora pudesse aparecer num poema de Rilke. No entanto, em geral, não é errado introduzir um anjo num poema se isso parecer um movimento produtivo no âmbito de certo tipo de gramática estética. *Jane Eyre* ter no final o casamento de sua protagonista não é mais errado do que o seria se ela fosse desmascarada como lésbica e associada a Grace Poole ou Bertha Mason, ou, ainda, se as três participassem de um *ménage à trois*. A ficção recorre a outros jogos de linguagem e, por sua vez, desempenha um papel neles. Para Wittgenstein, eles desempenham um papel vital no jogo de linguagem da filosofia: "Nada é mais importante para a compreensão dos conceitos que temos do que construir conceitos fictícios", observa ele.[140]

Mesmo assim, as formas e técnicas da ficção são autônomas perante a realidade, no sentido de que, se não se mantivessem distantes dela, não poderiam esculpir a matéria de tantas maneiras diferentes. A ficção é o testemunho de que o mundo não nos obriga a retratá-lo de uma maneira única, o que não quer dizer que possamos retratá-lo de qualquer jeito. Podemos tomar muito mais liberdade ao representá-lo na ficção do que na vida real, mas até mesmo na ficção

---

140 Ibid., p.19.

a nossa imaginação é limitada. Existem certos estados de coisas que, pelo fato de sermos determinado tipo de criatura material que vive em certo tipo de mundo material, nem sequer poderíamos, em princípio, imaginar. A imaginação não é tão desenfreada como insistiriam os românticos deste mundo. Essa é uma das razões pelas quais quase todos os relatos sobre alienígenas os fazem parecer versões de Tony Blair de cor verde, com vários membros e cheiro sulfuroso. Além disso, uma vez que estamos no interior de um mundo ficcional, como se estivéssemos dentro de uma gramática ou de um jogo de xadrez, a nossa liberdade de pensamento e de ação é drasticamente reduzida. Regras que vistas de fora parecem arbitrárias se tornam de repente muito mais coercitivas. Contudo, um certo tipo de terapia filosófica pode ajudar a nos libertar desse rígido senso de coerção, tal como a psicanálise procura nos libertar de várias restrições paralisantes e tal como a ficção que, apesar dos seus limites, pode revelar possibilidades para além do real.

5.
Estratégias

1

Chegou a hora de mudar a questão de saber se as coisas compartilham uma natureza comum, passando da própria literatura para as teorias que a investigam. O que as teorias literárias têm em comum? O que liga a semiótica e o feminismo, o formalismo e a psicanálise, o marxismo e a hermenêutica ou o pós-estruturalismo e a estética da recepção?

Uma resposta pode ser que todas são *teorias*. Isso significa que elas têm pelo menos um atributo (negativo) em comum: uma oposição compartilhada em relação à crítica empirista ou impressionista. Mesmo assim, a distinção entre crítica teórica e outros tipos de crítica está longe de ser clara. Não vale dizer que a primeira utiliza conceitos abstratos complexos e as outras não, pois a chamada crítica não teórica recorre constantemente a tais conceitos (símbolo, alegoria, personagem, métrica, metáfora, catarse etc.). O que acontece é que, na sua maior parte, a crítica não teórica deixou de reconhecer esses conceitos abstratos pelo que são. Supõe-se que as ideias de personagem, enredo ou pentâmetro iâmbico sejam autoevidentes, ao passo que o inconsciente, a luta de classes e o significante flutuante não o são. Nesses termos, os críticos que denunciam a chamada teoria como excessivamente abstrata muitas vezes demonstram má-fé, ainda que de modo involuntário. Talvez possam legitimamente se opor a ela por outros motivos, mas dificilmente por esse. Pode ser que os conceitos empregados pelos teóricos literários sejam, em certo sentido, mais abstratos do que aqueles utilizados por outros tipos de críticos ou extraídos mais frequentemente de fontes não literárias. Entretanto, isso também é discutível. Em que sentido o conceito de litotes[1] é menos abstrato do que imagens de homens sem inteligência emocional?

O modelo da semelhança de família parece se aplicar tanto à teoria literária como ao seu objeto. Não existe um atributo único ou conjunto de atributos que todas as teorias literárias tenham em comum. Existe, no entanto, nas palavras de Wittgenstein, "uma complicada rede de semelhanças que se sobrepõem e se entrecruzam". Tomemos como exemplo a ideia de que as obras literárias, em certo sentido, envolvem o inconsciente. Esse é obviamente o caso da crítica psicanalítica e (na medida em que se baseia nela) também de boa parte da teoria literária feminista. Porém, isso também é verdade num viés diferente de estruturalismo, para o qual uma obra literária, tal como um indivíduo, geralmente não tem consciência das "estruturas profundas" que a governam. A linguagem, observa Claude Lévi-Strauss, tem suas razões, e o homem nada sabe acerca delas. Para o pós-estruturalismo, a linguagem envolve o inconsciente num sentido diferente, na medida em que a expansão ilimitada de significantes nos quais qualquer discurso pode ser desvendado – "textualidade", numa palavra – nunca pode estar presente como um todo para a consciência. No caso da crítica política, como o marxismo, o inconsciente do texto se transforma nas forças históricas e ideológicas que o moldam até as

---

[1] Figura de linguagem responsável pelo abrandamento de ideias. (N. T.)

suas raízes, mas que são necessariamente excluídas de seu autoconhecimento. Se a obra tivesse consciência dessas forças, ela não existiria na forma que existe.

A crítica fenomenológica, por outro lado, deixa pouco espaço para um inconsciente, assim como a semiótica e a teoria da recepção o fazem. Mesmo assim, existem outros paralelos entre estas abordagens e as que acabamos de examinar. Na sua preocupação com o signo, por exemplo, a semiótica pertence ao mesmo mundo do discurso que o estruturalismo. As semelhanças de família podem ser ampliadas ainda mais. A fenomenologia e a teoria da recepção atribuem uma importância central à experiência da leitura. A noção de Paul Ricœur de uma "hermenêutica da suspeita" é relevante tanto para a crítica política como para a crítica psicanalítica. Não há essência na teoria literária, mas ela tampouco se constitui por um conjunto aleatório de ideias. Nesse aspecto, ela se assemelha ao próprio fenômeno da literatura.

É possível, no entanto, fazer melhor do que isso. Pode não haver uma única característica compartilhada por todas essas teorias da literatura; no entanto, há um conceito em particular que pode iluminar muitas delas, ainda que nem sempre seja um conceito que elas próprias utilizem. Trata-se da ideia de obra literária como *estratégia*. Como isso é relevante para diversos tipos de teoria literária, temos aqui o que, com a devida modéstia, poderia ser chamado de Teoria de (quase) Tudo, um equivalente literário da elusiva Teoria de Tudo da física.

Fredric Jameson nos lembrou que foi Kenneth Burke, mais do que qualquer outro, quem adicionou esse termo ao léxico crítico, embora Burke seja hoje em dia provavelmente o mais negligenciado dos grandes críticos do século XX.[2] Foi ele, acima de tudo, quem nos ensinou a pensar nas obras literárias – ou melhor, na linguagem em geral – em termos de ritos, drama, retórica, atuação e ação simbólica enquanto

---

2 Ver Jameson, *The Ideologies of Theory*, p.150.

respostas estratégicas a situações determinadas, resumindo toda essa filosofia crítica numa única palavra: dramatismo.[3] Uma das primeiras obras de teoria literária que temos, a *Poética*, de Aristóteles, vê a tragédia como um ato simbólico de purgação; e embora as origens da forma sejam obscuras, o próprio nome, que significa "canto do bode", pode sugerir que se trata de um ato simbólico fundado em outro ato simbólico, a saber, o sacrifício do bode expiatório. Existem outros gêneros com origens similares. O épico e o lírico nascem de apresentações orais. A sátira é um esfolamento simbólico. Talvez seja somente com o aparecimento do romance, auxiliado pela chegada da tecnologia de impressão em massa, que a ideia de obra literária como um objeto, e não como uma prática, tenha se enraizado mais firmemente no espírito crítico.

O próprio Jameson recorre, de maneira proveitosa, a essas noções burkeanas básicas já em *O inconsciente político*, onde recomenda um modo de interpretação em que, num gesto duplo, reescreve-se o texto literário de modo a revelá-lo enquanto reescrita de um subtexto histórico ou ideológico anterior.[4] No entanto, esse subtexto, ao qual o texto propriamente dito pode ser visto como uma resposta, tem a curiosa qualidade de não ter existência efetiva à parte do próprio texto, e certamente não como alguma "realidade externa do senso comum". Ele deve, na verdade, ser reconstruído após o fato – projetado para trás, por assim dizer, em relação à obra enquanto tal. A questão histórica que a obra aborda deve ser lida a partir das respostas que ela fornece. Como diz Paul Ricœur, obras como *Édipo rei* e *Hamlet* "não são simples projeções dos conflitos do artista, mas esboços das suas soluções".[5] Paradoxalmente, a obra de arte literária projeta a partir das suas entranhas o próprio subtexto histórico e ideológico em relação ao qual ela se

---

[3] Ver, por exemplo, Burke, *The Philosophy of Literary Form: Studies in Symbolic Action*; *A Grammar of Motives*; *Language as Symbolic Action*. Para um comentário valioso sobre Burke, ver Lentricchia, *Criticism and Social Change*, partes 2 a 5.
[4] Jameson, *The Political Unconscious*, p.81.
[5] Ricœur, *The Conflict of Interpretations*, p.140.

apresenta como resposta estratégica. Eis, então, mais um sentido em que há uma qualidade curiosamente circular ou automodelada nas obras de arte literárias, além do que já dissemos sobre a estrutura da ficção, a natureza dos atos de fala e o caráter do signo poético.

Tamanha engenhosidade do modelo se deve, em grande medida, à sua visão complexa envolvendo as relações entre texto e ideologia, ou entre texto e história. Essas instâncias já não devem ser apreendidas, como acontece em algumas estéticas marxistas convencionais, em relações de reflexividade, reprodução, correspondência, homologia etc., mas como facetas alternativas de uma única prática simbólica. A obra em si deve ser vista não como um reflexo de uma história que lhe é externa, mas como um trabalho estratégico – como uma maneira de começar o trabalho em uma realidade que, para ser acessível, deve de alguma forma estar contida no próprio trabalho e que, por conseguinte, confunde qualquer dicotomia simplista entre dentro e fora. Jameson escreve sobre como a obra, para agir sobre o mundo, deve ter esse mundo de alguma forma inerente a ela, "como o conteúdo que ela deve absorver para si mesma, a fim de a submeter às transformações de forma". "Todo o paradoxo daquilo que aqui chamamos de subtexto", afirma ele, "pode ser assim resumido: a obra literária, enquanto objeto cultural, cria uma situação anterior como se esta existisse pela primeira vez, contrapondo-se a ela, ao mesmo tempo, como uma reação".[6]

Num ensaio posterior sobre a crítica de Burke, Jameson volta a abordar esse tema, escrevendo sobre como "o gesto literário ou estético se mantém sempre numa relação ativa com o real [...]. No entanto, para agir sobre o real, o texto não pode simplesmente permitir que a realidade persevere, inerte e à distância, em seu estar fora de si; ele deve atrair o real para sua própria textura". "O ato simbólico", continua ele, "começa, portanto, pela produção de seu próprio contexto, ao mesmo tempo que recua no momento de emergência deste,

---

6 Ibid., p.81-2.

medindo-o com um olhar para seu próprio projeto ativo", fomentando, assim, a ilusão de que a situação para a qual a obra de arte é uma resposta não existia antes da obra – em suma, que nada além do texto existe. Há, então, dois momentos ou aspectos em questão aqui, os quais se distinguem apenas do ponto de vista analítico: o da própria realidade histórica e ideológica, agora adequadamente "textualizada", trabalhada ou "produzida" de uma forma na qual o texto possa operar, e esse tal projeto transformador, que, nas palavras de Jameson, representa a "postura ativa e quase instrumental do texto em relação à nova realidade ou à nova situação assim produzida".[7]

Poderíamos ver o processo que Jameson descreve aqui como um caso exemplar da prática humana em geral. Os seres humanos não trabalham num ambiente bruto e inerte, mas num ambiente sempre já "textualizado", dotado de significados como antigos palimpsestos por incontáveis projetos humanos anteriores ou simultâneos. Em geral, a espécie humana reage às condições que ela mesma criou. É assombrada pelos seus próprios produtos, mas também ocasionalmente prejudicada por eles. Se o mundo oferece uma resistência tão obstinada ao esforço humano, não é tanto por ser um terreno virgem e acidentado, mas porque já assumiu determinada forma, moldado pelos significados e atividades de outrem. A própria palavra "trabalho" indica tal resistência por parte do mundo perante os nossos desígnios sobre ele. A realidade, para adaptar uma frase jamesoniana, é aquilo que dói.

Não é o caso, porém, da obra literária. Não que a atividade de escrever seja, é claro, magicamente isenta de coisas desagradáveis: antes, o ato de evocar um contexto ou subtexto e o processo de trabalhar sobre isso são aspectos da mesma prática (laboriosa). Nessa medida, a obra literária revela uma unidade utópica entre palavra e mundo, como já vimos no caso da teoria dos atos de fala. Se a escrita pode ser um deslocamento de outros tipos de prática, ela também pode

---

[7] Jameson, *The Ideologies of Theory*, p.148. Há alguns paralelos entre essa teoria de produção textual e aquela que desenvolvo em *Criticism and Ideology*, cap.3.

ser uma forma de compensação para essas práticas. Como Jameson expressa, é "a realização de um ato e do substituto deste último, uma forma de agir no mundo e de compensar a impossibilidade de tal ação de uma vez por todas".[8]

O termo técnico para um ato falho freudiano é parapraxia, que significa uma ação ou expressão desastrada ou substituta, e esta parece ser uma forma frutífera de considerar os atos simbólicos em geral. John Henry Newman, talvez o melhor estilista de prosa da Inglaterra vitoriana, queixou-se certa vez, num sermão sobre "Palavras irreais", de que a literatura é irreal "quase na sua essência", porque exibe a dissociação entre pensamento e prática. Num outro sermão, "The Danger of Accomplishments", ele adverte que a literatura imaginativa, ao separar o sentimento da ação, permite que nossos sentimentos sejam estimulados sem nenhum propósito, o que seria, portanto, moralmente prejudicial.

Em suma, a ação simbólica pareceria uma forma de ação defeituosa e macilenta, uma visão estranha para um devoto do sacramental como Newman. Estamos muito longe da catarse de Aristóteles, embora não muito longe das críticas de Platão à arte. A literatura pareceria depender, para a sua existência, de certa perda ou distanciamento do real, e essa ausência é vital para a constituição de sua presença. O mesmo poderia ser dito do sujeito humano conhecido pela psicanálise. É como se a obra procurasse compensar essa perda do real, que é condição de toda prática simbólica, reapropriando tal sujeito ainda mais intimamente na linguagem; ou seja, no próprio meio que o afastou num primeiro momento. Toda literatura, como toda linguagem, está condenada a essa ambiguidade perpétua. O mundo é recriado forçosamente num meio que envolve a perda do mundo, pelo menos em termos de imediatismo sensorial. O símbolo é a morte da coisa. Por conseguinte, escrever é ao mesmo tempo um sinal da Queda e uma tentativa de redimi-la.

---

8 Jameson, *The Ideologies of Theory*, p.158.

No entanto, se o texto é, nesse sentido, secundário e derivado, uma mera metáfora ou deslocamento da ação propriamente dita seria, num outro sentido, uma ação perfeitamente realizada, plenamente consumada, uma ação que não poderia ficar aquém da realidade porque a realidade perante a qual ela se mantém fiel é nada menos do que aquela autofabricada. É desse jeito que a obra literária clássica acaba com as trapalhadas e contingências a que está sujeita qualquer ação do mundo real, erradicando a forma acidental e conjugada de forma harmoniosa com o conteúdo. Os atos simbólicos, vistos como deslocamento e compensação, capturam algo da potência ambígua e da fragilidade da linguagem enquanto tal. Por um lado, a linguagem nada mais é do que palavras. Por outro lado, ela é o poder que torna possível a ação humana em primeiro lugar, uma vez que não pode haver tal ação sem significação. É somente porque somos animais linguísticos que o movimento de vaivém de uma mão pode ser visto como um gesto de despedida.

A ideia do texto como resposta não deve ser tomada muito literalmente. As obras literárias, sobretudo as modernas, normalmente não apresentam soluções didáticas para os problemas que apresentam. Não esperamos que uma obra de Borges ou de Naipaul termine com uma série de casamentos alegres, com vilões partindo com as mãos vazias e pessoas virtuosas premiadas com casas de campo. Se existe o texto de prazer, nos termos de Roland Barthes, com a sua acomodação afável dos nossos pressupostos normativos, existe também o texto de fruição, que, ao perturbar esses pressupostos, pretende colher prazeres maliciosos e contrários ao superego. O típico romance vitoriano termina com uma nota de reconciliação, que pode ser vista, entre outras coisas, como um dispositivo psíquico. "A força motriz das fantasias", observa Freud, "são os desejos insatisfeitos, e cada fantasia é a realização de um desejo, uma correção da realidade insatisfatória".[9]

---

9 Freud, "Creative Writers and Day-Dreaming", em *The Standard Edition of the Complete Psychological Works*, v.9, p.146.

No final feliz tradicional, o princípio do prazer intervém para suavizar os rigores do princípio de realidade, uma operação às vezes conhecida como comédia. Por outro lado, o típico romance moderno, como Raymond Williams observou certa vez, termina com o protagonista caminhando sozinho, após ter se livrado de alguma situação problemática.

"Nenhuma literatura no mundo", escreve Roland Barthes, "jamais respondeu à pergunta que fez, e é exatamente essa suspensão que sempre a constituiu como literatura: trata-se daquela linguagem muito frágil que os homens colocam entre a violência da questão e o silêncio da resposta [...]".[10] O texto não é obrigado a fornecer uma resposta no sentido que um diagnóstico médico pretende fornecer. Ele pode simplesmente representar uma resposta às questões que coloca, em vez de uma solução literal para elas. Se existem maneiras aceitáveis e não aceitáveis pelas quais uma obra pode resolver um problema, existem também maneiras aceitáveis e não aceitáveis pelas quais ela pode deixá-lo sem resposta.

O próprio Freud estava ciente de que uma realização de desejo muito flagrante e vigorosa de nossa parte tende a ser repugnante para os outros, embora isso dificilmente seja um problema premente quando falamos de literatura moderna. Um desfecho demasiado rápido ou previsível só satisfaria tal impulso de formação de uma obra se perturbasse o seu realismo lúcido. Isso ocorre porque a felicidade não é uma condição plausível na era moderna. A própria palavra chega a parecer débil, evocando maníacos sorridentes e comediantes de um pastelão. Um final cômico em nossos dias desencantados pode ser tão escandalosamente vanguardista quanto *A tempestade* teria sido se Miranda se casasse com Calibã. O contraste com os vitorianos é patente. *A casa soturna* não poderia ter matado seus protagonistas no parágrafo final, assim como não poderia ter terminado no meio de uma frase. Um grande romancista vitoriano poderia decentemente

---

10 Barthes, *Critical Essays*, p.202-3.

se safar se terminasse um romance com uma nota tão silenciosa e sobriamente desiludida quanto a que encerra *Middlemarch*, enquanto os desfechos desafiadoramente trágicos de *Tess dos d'Urbervilles* e *Judas, o obscuro* ainda poderiam enfurecer um leitor do final do período vitoriano.[11] Por outro lado, ficaríamos surpresos e consideravelmente inquietos se uma obra de Strindberg ou de Scott Fitzgerald terminasse com uma nota de afirmação extática.

Antes de Hardy, com poucas exceções ambíguas, dentre as quais *O morro dos ventos uivantes*, o único grande romance trágico na Inglaterra é *Clarissa*. Depois de Hardy, com algumas exceções discutíveis, dentre as quais *Ulisses*, o que é ideologicamente admissível são os finais cômicos. Os marxistas detectam uma relação entre esse fato e a transição das classes médias da sua fase progressista para a não progressista. No entanto, uma resposta trágica ainda é uma resposta construtiva. A morte de Clarissa, por exemplo, poderia ser vista como a resposta mais adequada à situação em que ela se encontra. Em qualquer caso, a resposta de uma obra à situação que ela molda não reside simplesmente em sua conclusão. O problema está no tratamento dado a tal situação.

Tampouco se deve limitar o modelo "problema e solução" a textos literários individuais. Ele ainda funciona no âmbito dos modos e dos gêneros literários. A elegia e a tragédia questionam como devemos dar sentido à nossa mortalidade e até mesmo extraem algum valor dela, enquanto os quebra-cabeças pastorais tratam de como devemos permanecer fiéis às fontes humildes de nossas vidas sofisticadas, sem perder o que há de precioso na civilidade conquistada a duras penas. A comédia propõe uma abundância de questões como: por que há algo tão escandalosamente engraçado em nossa fragilidade? O realismo é, entre outras coisas, uma resposta ao seguinte problema: como respeitar a aspereza do mundo empírico e, ao mesmo tempo,

---

11 *Tess dos d'Urbervilles* (1891) e *Judas, o obscuro* (1895): romances de Thomas Hardy (1840-1928). (N. T.)

discernir nele um desígnio significativo? O naturalismo é uma resposta *inter alia* à questão de saber se a arte literária também pode ser uma sociologia científica. Formas dramáticas como o expressionismo tendem a surgir quando os artistas começam a se perguntar: como podemos colocar no centro do palco as realidades espirituais ou psicológicas que o realismo nos obriga a manter nos bastidores? Como a maioria das correntes do modernismo, trata-se de "respostas" aos problemas do realismo.

A obra literária talvez seja menos uma resposta a uma pergunta do que a um conglomerado de perguntas. É possível lançar luz sobre o chamado Novo Testamento, por exemplo, se o lermos como uma resposta multifacetada à destruição do templo de Jerusalém em 70 a.D., bem como à turbulência, às esperanças, às divisões, aos desencantos e às intensas ansiedades que marcaram o período final do Segundo Templo. A *Oresteia*, de Ésquilo, questiona como os ciclos autoperpetuadores de vingança "pré-civilizada" podem ser transformados na ordem jurídica de um Estado civilizado sem negar o que é útil nesses sistemas de justiça mais antigos e sem emascular uma violência ou racionalizar um senso de reverência, ambos necessários para a sobrevivência da própria civilização. Em *Middlemarch*, George Eliot se esforça para conciliar uma fé dinâmica da classe média no progresso, na totalidade e nas grandes narrativas com uma cautela liberal em relação a esquemas tão ambiciosos, uma nostalgia pelo que é local e um sentimento trágico de finitude humana, que podem ser vistos como característicos de uma classe média cujas elevadas esperanças reformistas foram em grande parte frustradas. No entanto, todas essas questões trazem consigo outras questões, que, por sua vez, exigem outros tipos de resposta.

Há uma relação entre a visão de Jameson de que a obra literária evoca o contexto ao qual é uma reação e a afirmação hermenêutica de que compreender um texto é reconstruir a questão para a qual ele é uma resposta. Em *Verdade e método*, Hans-Georg Gadamer reconhece que deve essa ideia ao historiador R. G. Collingwood, num raro exemplo de filósofo alemão que menciona o nome de um filósofo inglês.[12] Collingwood defende que cada proposição pode ser entendida como a resposta a uma pergunta, e que todas essas questões envolvem uma pressuposição. Assim, "há um babuíno nas minhas costas" pode ser visto como uma resposta à pergunta "o que é aquela coisa horrível de olhos vermelhos e com os braços peludos enrolados em volta da sua garganta?" e diz respeito à pressuposição de que existem criaturas conhecidas como babuínos.[13] "Você não pode dizer o que é uma proposição", observa Collingwood, "a menos que saiba qual é a pergunta a que ela pretende responder".[14] Nas palavras de um estudioso, o que é preciso perguntar, do ponto de vista hermenêutico, é "Fulano pretendia que essa proposição fosse uma resposta a qual pergunta?".[15] Saber isso ajudará a determinar se a proposição é verdadeira.

Collingwood, portanto, quer substituir uma lógica proposicional por uma dialógica, que no seu constante desdobramento dialético lhe parece mais apropriada à natureza histórica da investigação humana. As proposições se tornam, então, práticas implícitas ou atos performativos. São respostas a questões que podem já não ser identificáveis como tais, tendo sido temporariamente suprimidas ou postas de lado. Há também o que Collingwood chama de "pressuposições absolutas", que não envolvem perguntas nem respostas. Em vez disso, são transcendentais, no sentido de representarem as premissas necessárias para que qualquer dialética particular de pergunta e resposta possa ser posta em marcha. De acordo com um estudioso do trabalho

---

12 Gadamer, *Truth and Method*, p.333. Existem, sem dúvida, alguns exemplos célebres de filósofos alemães que reconhecem as suas dívidas para com os ingleses; Kant em relação a Hume, bem como Carnap e Frege em relação a Russell vêm à mente.
13 Ver Collingwood, *An Autobiography*, cap.5, e *An Essay on Metaphysics*. O exemplo dos babuínos é meu.
14 Collingwood, *An Autobiography*, p.33.
15 Murphy, *Collingwood and the Crisis of Western Civilisation*, p.115. Ver também D'Oro, *Collingwood and the Metaphysics of Experience*, p.64.

de Collingwood, "compreender a questão a que determinada afirmação pretende responder envolve descobrir a pressuposição em cuja ausência a questão não poderia ter surgido".[16] Poderíamos dizer de forma semelhante que, para Jameson, compreender uma obra literária consiste em reconstruir o contexto ideológico que coloca a "questão" à qual o trabalho é uma resposta.

Existe uma relação óbvia entre esse modelo hermenêutico e o conceito de texto como estratégia. Apreender uma obra literária a fim de abordar uma questão implícita se torna, então, um caso especial de interpretação enquanto tal. Jameson inicia seu estudo *The Prison-House of Language* com a proposta de que a história do pensamento é a história de seus modelos, embora ele também pudesse ter afirmado que é a história de suas questões. Para os hermeneutas, a realidade é aquilo que dá uma resposta coerente a uma questão historicamente carregada. Um quadro de questões aceitáveis – *grosso modo*, o que Louis Althusser chama de problemática e Michel Foucault de *episteme* – determina o que contaria como uma resposta plausível ou inteligível num contexto histórico específico. Talvez fosse isso que Marx tinha em mente quando observou que os seres humanos só formulam os problemas que conseguem resolver. Se tivermos os meios para formular uma questão inicial, a resposta poderá não estar muito distante. Os próprios termos em que identificamos um problema podem nos apontar uma solução ou pelo menos sugerir o que contaria como tal. Em *A gaia ciência*, Nietzsche observa que só ouvimos aquelas perguntas às quais estamos em condições de encontrar uma resposta.

Mesmo assim, as perguntas não trazem as respostas a reboque. É por ocasionalmente podermos receber respostas surpreendentes ou imprevisíveis às nossas perguntas, ao contrário do que crê Stanley Fish, que os avanços no conhecimento são possíveis. É nessa capacidade de ser surpreendido que surge a ciência. Em grande parte do pensamento pré-moderno, pelo contrário, aprender algo é, na maior

---

16 Johnson, *R. G. Collingwood: An Introduction*, p.72.

parte das vezes, confirmar o que já se sabia. Quase tudo o que os homens e as mulheres encontram deve ser familiar de antemão, até mesmo porque, por exemplo, Deus não teria sido tão escandalosamente imprudente a ponto de não revelar, desde o início, todas as verdades necessárias para a salvação da humanidade. Teria sido injusto e irresponsável da parte dele ter escondido dos antigos etruscos a importância de não cometer adultério enquanto escrevia isso nos céus da França do século XVII.

Nessa perspectiva hermenêutica, não pode haver respostas definitivas, uma vez que as respostas, por sua vez, dão origem a novas questões. O que parece uma solução acaba levando à formulação de um novo problema. Somente no mito esse processo pode ser encerrado. Quando Édipo responde ao enigma insolúvel da esfinge, a besta se mata. No entanto, como aponta Claude Lévi-Strauss, também pode ocorrer um desastre no pensamento mítico se uma questão não for formulada. Buda morre porque Ananda não lhe pediu para permanecer vivo, enquanto o fracasso de Galvão e Percival em investigar a natureza do Santo Graal trará a catástrofe para o Rei Pescador.[17]

A crítica hermenêutica, então, consiste em reconstruir uma questão a fim de lançar luz sobre uma resposta. As obras literárias refletem algo dessa estrutura circular e autossustentável, que tivemos a oportunidade de observar em outros contextos. Elas parecem operar por si mesmas, porém, ao fazê-lo, estão ocupadas transformando materiais históricos em oportunidades para essa autoatividade. Compreender o significado de um texto é, portanto, vê-lo como uma tentativa de abranger uma situação – uma tentativa que, aos olhos de Kenneth Burke, envolve sempre certo domínio e, portanto, certa vontade de poder. Atos simbólicos, desde mitos, magias, cânticos e maldições até arte, sonhos, orações e rituais religiosos, fazem parte da forma como a humanidade subjuga o seu ambiente à significância e, assim, contribuem para a forma como a própria humanidade consegue sobreviver

---

17 Ver Leach, *Lévi-Strauss*, p.82.

e florescer. Os comentários de Burke sobre *Sansão agonista*, de Milton, insinuam um estilo muito saboroso e uma abordagem idiossincrática: ele descreve o poema como

> quase uma espécie de bruxaria, um feitiço milagroso feito por um velho sacerdote rabugento que mataria o inimigo em efígie, e cuja própria tradução da controvérsia política para elevados termos teológicos ajuda, com tal ampliação, a sancionar a obstinação mal-humorada de sua resistência.[18]

O trabalho humano é ele próprio um modo de atribuir sentido, uma maneira de organizar a realidade de forma coerente o bastante para satisfazer as nossas necessidades; entretanto, para que seja verdadeiramente eficaz, precisamos também de um modo de meta-atribuição de sentido, alguma forma mais especulativa de reflexão sobre o mundo que o nosso trabalho e a nossa linguagem abriram. Trata-se, no quadro que vai desde o mito e a filosofia até a arte, a religião e a ideologia, do domínio do simbólico. Se a arte é uma das maneiras pelas quais subjugamos o mundo ao sentido ou refletimos sobre esse processo de maneira mais geral, e se tal atribuição de sentido é necessária para a nossa sobrevivência, então o não pragmático fala, em última análise, em nome do pragmático. No entanto, também é possível que o oposto seja verdade – que, do ponto de vista histórico, o pragmático (ou domínio da necessidade) deva ser ultrapassado pelo não pragmático (ou domínio da liberdade). Essa é, em suma, a esperança do marxismo. O futuro mais desejável é aquele em que seríamos menos sujeitos à necessidade prática do que o somos no presente. Se isso é mais do que um anseio melancólico da parte de Marx, é porque ele acredita que os recursos acumulados pela narrativa tristemente pragmática da sociedade de classes poderão finalmente ser disponibilizados para esse fim. A riqueza que atualmente

---

18 Burke, *A Rhetoric of Motives*, p.5.

labutamos para produzir pode ser usada para nos libertar da labuta. Como estratégia, a obra de arte pertence ao domínio da necessidade, ou pelo menos àquele domínio um pouco menos restrito, conhecido como simbólico; como esporte, ela prefigura o domínio da liberdade.

Para ilustrar a ideia do texto como estratégia, vamos dar uma breve olhada em *Paraíso perdido*, de John Milton, um poema que pergunta, entre outras coisas, por que as grandes esperanças dos revolucionários puritanos foram frustradas? – por que o Todo-Poderoso parece ter desviado o rosto de seu povo escolhido, abandonando-os às ternas misericórdias de reis e sacerdotes? Será porque o seu projeto foi mal concebido, ou porque, na sua falta de fé, eles não mereciam ser vitoriosos, ou por causa de uma falha poderosa no próprio coração da humanidade, que, como tentação, leva o homem a abandonar seus propósitos morais maiores para fins ignóbeis (uma falha por vezes conhecida como mulher), ou porque o Senhor, na sua sabedoria insondável, ainda defenderá o seu próprio povo, tendo-o mergulhado nas suas angústias atuais como parte do seu plano obscuro e inescrutável voltado à salvação final? Será que a queda do Éden revelar-se-á, em retrospecto, um prelúdio essencial para uma forma ainda mais magnífica de existência humana, tal como o capitalismo pareceria a Marx um prelúdio essencial para o socialismo? Ou será possível encontrar nessa calamidade uma espécie de desculpa – uma razão pela qual homens e mulheres aspiram e fracassam, porém (como na teoria trágica clássica) sem serem inteiramente responsáveis por esse desastre?

Como o grande épico de Milton é um poema, e não um tratado político, ele apresenta essas questões e responde a elas em termos de narrativa, enredo, drama, retórica, imagem, personagem, postura emocional e assim por diante; contudo, nada disso pode ser compreendido como a mera aparência externa de uma investigação abstrata. Ademais, embora essa *mise en scène* nos ofereça tais questões sob a égide da experiência vivida, ela acaba complicando o problema da estratégia textual como um todo. O poema, por exemplo, apresenta o seu tema sagrado em forma narrativa, mas, ao fazê-lo, não pode deixar de realçar certos embaraços inerentes ao material bíblico, sobretudo a forma como toda a história parece particularmente ruim para Deus. Uma vez que as verdades eternas são projetadas na forma temporal, o surgimento de várias dificuldades morais e estéticas é inevitável. A forma da obra, por exemplo, não pode deixar de diminuir o Todo-Poderoso ao apresentá-lo como um personagem friamente distante, mesmo enquanto busca realizar o propósito de justificar os seus caminhos perante uma nação não regenerada. Milton é um poeta protestante que faz uso do bom senso, do discursivo e da razão e precisa reunir todos esses recursos para justificar um Ser Supremo que condenaria nossos primeiros pais pelo crime de comer uma maçã. No entanto, esse modo discursivo e argumentativo também corre o risco de solapar a grandeza do efeito épico. Uma vez que o Deus de Milton precisa argumentar muito para racionalizar sua conduta um tanto grosseira, o poema consegue, de tempos em tempos, fazer esse Criador majestosamente transcendente soar como um burocrata reprimido ou um funcionário público constipado.

Existem também algumas discrepâncias reveladoras entre o que o épico mostra e o que ele diz; entre, por exemplo, o retrato simpático de Adão e Eva feito pelo humanista Milton e a postura moral de censura que a obra adota oficialmente em relação ao casal pecador. O relato teológico formal do poema às vezes entra em conflito com a representação dramática. Existem inconsistências semelhantes no caso de Satanás. Não é verdade, como afirmou William Blake, que Milton seja partidário do diabo sem saber disso. O Satanás retratado por esse escritor republicano radical é um principezinho pomposo. No entanto, por ser apresentado com tanta magnificência e vividez como uma figura trágica, ele rouba o trovão do Todo-Poderoso de uma forma que vai, até certo ponto, contra as intenções ideológicas da obra. Fazer que a bondade pareça atraente se tornou uma tarefa árdua desde os tempos de Aristóteles e Tomás de Aquino e tornar-se-á quase impossível à medida que a modernidade avança.

Como muitos textos literários, *Paraíso perdido* continua a levantar problemas que procura resolver, às vezes criando ainda mais problemas no processo. O poema envolve um conjunto de concessões e negociações estratégicas que envolve uma interação constante entre "estético" e o "ideológico". A oposição é de fato enganosa, uma vez que as características formais de uma obra de arte são tão ideologicamente eloquentes quanto o seu conteúdo; contudo, ela terá que ser mantida por enquanto. O que acontece no projeto em evolução do texto é um vaivém complexo entre as duas instâncias. Uma contradição ideológica, por exemplo, pode ser resolvida provisoriamente por meio de uma medida formal, mas essa medida pode então gerar um problema adicional no âmbito ideológico, que, por sua vez, provoca um novo dilema formal, e assim por diante.

Seria necessário um estudo para demonstrar isso no caso do épico de Milton, mas poderíamos considerar brevemente um caso mais tratável como o de *Jane Eyre*. Faz parte do projeto estratégico do romance unir Jane e Rochester no final; entretanto, essa união violaria os cânones do realismo, além de representar de modo demasiado flagrante a realização de desejo, o que fica ainda mais claro pelo fato de os dois serem antes separados. Essa virada narrativa cumpre diversos fins ideológicos, começando por satisfazer a crença do romance (a uma só vez masoquista e puritana) na necessidade de sofrimento e abnegação, ao mesmo tempo que protege a sua decorosa heroína dos perigos da bigamia. A virada também permite à heroína ver no austero pastor John Rivers uma espécie de *alter ego* que a alerta para as armadilhas, bem como para os atrativos, da autorrenúncia. Além disso, abandonar o aristocrata esbanjador é uma das formas de o romance o punir por seus desígnios licenciosos em relação à virtuosa heroína. No entanto, Rochester não deve ser castigado a ponto de não poder mais funcionar como o objeto sublime do desejo de Jane. Pelo contrário, a narrativa deve unir mais uma vez os dois amantes; no entanto, como não existe uma técnica realista disponível para o fazer, o romance recorre forçosamente ao fabuloso: Jane ouve de muito longe o pedido de ajuda de seu mestre.

Isso corre o risco de só promover o projeto ideológico do livro caso se pague um preço: o solapamento de seu realismo; contudo, do ponto de vista formal, a obra é, de qualquer maneira, uma chocante mistura irregular de realismo, história de vida, gótico, romance, conto de fadas, fábula moral etc. Um dos efeitos disso consiste na sugestão de que afinidades secretas e paixões monstruosamente improváveis residem abaixo da superfície frágil do mundo cotidiano. Se *Jane Eyre* é um texto social dos Hungry Forties,[19] é também uma reprise de *A bela e a fera*. O romance pode (quase) escapar impune de sua tática antirrealista, e Jane é devolvida ao seu amante aflito. Nesse ínterim, a obra abre o caminho para a união conjugal do casal ao matar a esposa enlouquecida de Rochester, em um movimento que exige outro desvio do realismo propriamente dito para o melodrama, incluindo ainda a participação especial do gótico.

Como Bertha Rochester é retratada no inconsciente do romance como um duplo estranho[20] de seu marido (sua pele é escura como a dele, ela tem mais ou menos a mesma altura, é transgressora, estrangeira perigosa, potencialmente destrutiva e cheia de paixão animalesca), destruí-la é uma forma indireta de puni-lo. Mais exatamente, é uma forma de puni-lo sem matá-lo, pois sua morte dificilmente se adequaria ao desfecho benigno que a obra reserva para a sua heroína. Contudo, esse movimento moral é também um mecanismo narrativo para conceder a Jane o que ela deseja. Rochester também foi punido tanto pessoalmente quanto por meio de sua esposa, cegado e aleijado enquanto a história libera sobre esse bode expiatório toda a explosão de sua fúria sádica. Trata-se de cumprir uma função ideológica, pois, afinal, Rochester é obrigado a pagar pelos seus pecados, e a aspirante a mulher pequeno-burguesa humilha o aristocrata predador. Porém,

---

19 Nome dado ao período de fome na Europa, sobretudo na Irlanda, causado por uma praga nas plantações de batata durante a década de 1840. (N. T.)

20 No original, *uncanny*; Eagleton se refere aqui ao *Unheimlich* [estranho familiar] de Freud. (N. T.)

trata-se ainda de um artifício para a trama: coloca-se o patrício autoritário em seu devido lugar e, no processo, ele é humanizado – ou até mesmo feminilizado – para que Jane, a humilde governanta, possa se unir ao seu mestre como seu igual espiritual. Tudo isso, entretanto, é obtido sem que o vilão seja emasculado, o que, mais uma vez, dificilmente seria do interesse da própria Jane. Na verdade, há algo ainda mais sedutor em um Rochester ferido do que em alguém com saúde precária. Um homem menos vistoso causa menos preocupação.

Jane, no entanto, ganha mais do que isso. A cegueira e a mutilação de Rochester permitem que, pela primeira vez, ela exerça poder sobre seu mestre, reduzido agora a um resquício de masculinidade que precisa ser conduzido por uma mulher. Agir como sua companheira, porém, é também cumprir a função de serva ou de esposa humilde e submissa, o que perpetua o papel anterior de Jane sem deixar de repudiá-lo. A mudança narrativa permite à heroína do livro o reconhecimento e a soberania que ela inconscientemente procura, sem prejudicar sua piedade, sua modéstia e seu conformismo social, para não mencionarmos seu masoquismo sexual. No final das contas, o relacionamento de Jane e Rochester é simultaneamente uma relação de submissão, domínio e igualdade. No mundo de Charlotte Brontë, é difícil sentir maior realização do que esta. Não nos surpreende que D. H. Lawrence tenha considerado o final do romance "pornográfico", uma vez que ele culposamente ataca o magnífico macho que criou, entregando-o covardemente nas mãos de uma mera mulher. O projeto que o romance trabalhou tanto para realizar – permitir a Jane sua autorrealização, porém no interior seguro das convenções sociais – está finalmente concluído.

É assim que *Jane Eyre*, como muitas obras de ficção realista, procura fornecer uma solução imaginária para certas questões prementes que seu contexto histórico lhe apresenta. É nesse sentido que podemos falar da "necessidade" do texto, que não deve ser confundida com determinismo férreo. Como conciliar a autorrealização e a autorrendição, o dever e o desejo, o poder masculino e a deferência feminina, a astúcia das pessoas comuns e o refinamento invejável dos nobres, a rebelião romântica e o respeito pelas convenções sociais, o impulso da ambição social e uma suspeita pequeno-burguesa da arrogante elite?[21] As estratégias textuais que abordam essa tarefa envolvem um movimento constante pela fronteira entre "forma" e "conteúdo", um movimento que revela o derradeiro estratagema de qualquer divisão desse tipo. Tal como a estrela da manhã e a estrela da tarde, a forma e o conteúdo se distinguem do ponto de vista analítico, porém são idênticos do ponto de vista existencial.

Jane Eyre precisa negociar um equilíbrio entre conjuntos de valores conflitantes, mas também entre diferentes formas narrativas. Ao tentar resolver determinados dilemas morais ou sociais, a obra sabe que costura certos modos literários tradicionais com um realismo militante e recém-emergente; como Raymond Williams demonstrou, trata-se de tentar registrar, na turbulenta década de 1840, novas vertentes de experiência social.[22] No entanto, quando a narrativa encontra problemas para os quais não existe uma solução realista, ela pode optar por recursos mais fabulosos ou mitológicos, como um *deus ex machina*; estes – a herança oportuna, a descoberta do parente distante e desconhecido, a morte súbita e conveniente, a mudança milagrosa de atitude – podem ser encontrados em toda parte na ficção vitoriana. Tais dispositivos apontam, entre outras coisas, para os limites das "soluções" realistas. Contudo, esse pesado maquinário narrativo pode, por si só, produzir novos problemas, os quais, por sua vez, deverão ser "processados".

---

21 Examinei essas questões com mais detalhes em *Myths of Power: A Marxist Study of the Brontës*.
22 Williams, *The English Novel from Dickens to Lawrence*, p.32-3.

2

Esse cenário pode parecer bastante complicado; entretanto, quando reconhecemos que nada do que acontece ali pode ocorrer sem um leitor e que a leitura é uma operação estratégica tanto quanto a própria obra, as coisas se complicam ainda mais. Ler, então, é se envolver em um conjunto de estratégias para decifrar outro conjunto. A conquista da teoria da recepção foi ter transformado o ato da leitura – durante muito tempo considerado uma ação tão natural quanto dormir ou respirar – em um problema teórico por excelência; isso estava quase fadado a acontecer no despertar de um modernismo literário para o qual a obscuridade do texto – a leitura penosa que exige suor e muito esforço – é central para o significado da obra, e não apenas uma questão contingente. O texto modernista resiste à leitura fácil por uma série de razões: porque ele se volta sobre si mesmo, incomodado pela ausência de um público seguro, e toma a si mesmo como seu próprio tema, de modo a impedir qualquer acesso fácil do exterior; porque procura destilar algo da fragmentação e da ambiguidade da existência moderna, qualidades que invadem sua forma e sua linguagem e correm o risco de torná-la opaca; porque, por um lado, ele menospreza com altivez os discursos políticos, comerciais, técnicos e burocráticos que o rodeiam, que só são transparentes pelo fato de serem degradados, e, por outro lado, busca para si um idioma mais denso, mais sutil e mais evasivo; porque ele quer evitar ser tratado como uma mercadoria e usa a sua obscuridade como forma de evitar ser consumido com demasiada facilidade. Nesse sentido, a obscuridade da arte modernista se assemelha bastante aos mecanismos de defesa com os quais a natureza equipou cuidadosamente os animais que correm o risco de serem apanhados com demasiada facilidade por um predador.

James Joyce maliciosamente observou que queria que seus leitores passassem tanto tempo lendo *Finnegans Wake* quanto ele levou para escrevê-lo, e é esse leitor altamente modernista, confrontado com um conjunto enigmático de significantes e uma escassez ou sobrecarga de informações, que está na origem da teoria da recepção. O leitor, outrora o membro menos privilegiado e mais desconsiderado da sagrada trindade que inclui autor e obra, tratado como mero serviçal ou trabalhador faz-tudo por uma casta desdenhosa de autores, finalmente se torna cocriador da obra literária. Os consumidores são transformados em colaboradores. Wittgenstein faz algumas observações interessantes nas *Investigações filosóficas* sobre a leitura como utilização de certas técnicas adquiridas, e não como um "processo mental". O leitor tem certas experiências porque aprendeu a fazer certas coisas e a dominar certas estratégias e manobras no ato de leitura. Se ele não conseguisse empregar essas técnicas, não poderia ter as experiências características de um leitor habilidoso.

Com a teoria da recepção, entretanto, exigências ainda maiores são impostas ao infeliz manipulador de textos. O leitor é agora obrigado a se envolver numa operação estratégica que sobrecarregaria até mesmo o mais frenético dos indivíduos: conectar, revisar, mudar de código, sintetizar, correlacionar, despragmatizar, construir imagens, mudar de perspectiva, inferir, normalizar, reconhecer, idealizar, negar, colocar em primeiro ou segundo plano, dar um retorno, contextualizar, construir situações, coordenar, transformar a memória, modificar expectativas, construir ilusões, saber formular à maneira da *gestalt*, destruir imagens, preencher lacunas, concretizar, construir consistências, estruturar e antecipar. Depois de suar durante algumas horas lendo um livro, não há nada que o leitor precise mais do que um banho quente e uma boa noite de sono.

Wolfgang Iser, que relata essas atividades em *The Act of Reading*, usa explicitamente a palavra "estratégias" para descrever o funcionamento do texto. O "repertório" da obra consiste nos seus temas, conteúdos narrativos etc., os quais, contudo, devem ser estruturados e organizados, e a tarefa de cumprir essa função cabe às estratégias da obra. Tais estratégias, no entanto, não devem ser vistas simplesmente como atributos estruturais do texto, uma vez que, além de ordenarem os seus materiais, elas criam as condições que possibilitam a esses materiais se tornarem comunicáveis.[23] Elas abrangem, assim, tanto "a estrutura imanente do texto como os atos de compreensão desencadeados no leitor".[24] Se as estratégias pertencem à obra enquanto fato, também pertencem a ela enquanto ato.

As estratégias constituem, então, o elo vital entre a obra e o leitor, sendo a atividade cooperativa aquilo que primeiramente dá origem à obra literária. Elas desencadeiam uma "série de diferentes ações e interações",[25] como parte do projeto em desenvolvimento que conhecemos como obra literária. O texto é um conjunto de instruções para a produção de sentido, mais ou menos como uma partitura orquestral. "À medida que lemos", comenta Iser,

> oscilamos em maior ou menor grau entre a construção e a quebra de ilusões. Num processo de tentativa e erro, organizamos e reorganizamos os vários dados que o texto nos oferece [...]. Olhamos para frente, olhamos para trás, decidimos, mudamos as nossas decisões, criamos expectativas, ficamos chocados porque elas não se concretizam, questionamos, meditamos, aceitamos, rejeitamos [...]. Elementos do repertório são continuamente colocados em primeiro ou segundo plano, o que resulta em superampliação estratégica, banalização ou até mesmo aniquilação da alusão.[26]

Nesse processo potencialmente interminável, as nossas hipóteses interpretativas iniciais são desafiadas pela emergência gradual de outras leituras possíveis. As áreas de indeterminação devem ser preenchidas pela imaginação do leitor, pelas conexões forjadas, pelas inferências traçadas e pelas situações imaginárias montadas a partir

---

23 Ver Holub, *Reception Theory*, p.88.
24 Iser, *The Act of Reading*, p.86.
25 Ibid., p.95.
26 Iser, *The Implied Reader*, p.288.

dos esquemas que a obra nos oferece. Somos forçados, em retrospecto, a reconsiderar os dados que inicialmente consideramos não problemáticos e, assim, a reorientar os nossos preconceitos. O destinatário do texto deve intervir para preencher lacunas semânticas, escolher o seu caminho interpretativo preferido entre uma infinidade de possibilidades e testar perspectivas diferentes, talvez contraditórias. A obra pode reformular as suas próprias normas e convenções à medida que avança, e aí está o projeto do qual o leitor é participante pleno, se não um coautor. A propriedade da obra, por assim dizer, continua sendo do autor – porém esse é um autor/empregador atencioso, de mentalidade liberal e com uma consciência social viva, alguém que concede ao leitor/funcionário tanto poder na gestão da empresa quanto permitido pela relação necessariamente assimétrica entre eles. O significado do texto nessa perspectiva não é um objeto, mas uma prática. Ele emerge de um trânsito constante entre obra e leitor, de modo que (para colocar a questão no idioma lacaniano) o ato de ler é um projeto no qual a própria resposta que se recebe vem do outro (o texto) sob uma forma transfigurada ou desfamiliarizada.

Há algo do artefato automodelado de Jameson aqui também. "À medida que lemos", observa Iser, "reagimos ao que nós próprios produzimos, e é esse modo de reação que, na verdade, nos permite vivenciar o texto como um acontecimento real".[27] Uma obra literária deve ser entendida como "uma reação aos sistemas de pensamento que ela escolheu e incorporou em seu próprio repertório", uma formulação notavelmente próxima da de Jameson.[28] Em comum com a maioria dos teóricos da recepção, Iser mostra pouca consciência da esfera da ideologia, até mesmo de qualquer outra história diferente da história literária; no entanto, não é difícil ver na forma como a obra iseriana reage àquilo que produziu, uma versão do caso aqui examinado. Na verdade, a certa altura, Iser lança a questão em termos

---

27 Id., *The Act of Reading*, p.128-9.
28 Ibid., p.72.

explicitamente jamesonianos, falando da necessidade de a obra literária "abranger a situação histórica completa à qual reage".[29]

Stanley Fish também trata a leitura como uma estratégia, mas tal como a campanha de um general conquistador, trata-se de uma estratégia que destrói tudo no seu caminho e não encontra resistência. Isso ocorre porque não há nada ali que possa resistir à leitura.

> Todos os componentes de tal explicação [da teoria da recepção], as determinações ou segmentos textuais, as indeterminações ou lacunas [...], serão os produtos de uma estratégia interpretativa que faz uso deles e, portanto, nenhum desses componentes pode constituir o dado independente que serve para fundamentar o processo interpretativo.[30]

A interpretação, então, como as obras de ficção de que trata, é autogeradora e autolegitimadora. Uma vez que produz aquilo que pretende investigar, toda interpretação é autointerpretação. A tênue mancha de luz que você vê no microscópio acaba sendo seu próprio olho.

De um modo geral, é possível distinguir entre duas formas de considerar as obras literárias: como objetos e como acontecimentos.[31] Um caso exemplar do primeiro modo é a Nova Crítica norte-americana, para a qual o texto literário é um sistema fechado de signos a ser dissecado. É um edifício ou estrutura arquitetônica (algo completo com vários níveis e subsistemas) que supostamente existe na mente do leitor como um todo sincrônico, em vez de um ato dramático ou simbólico com sua própria história em evolução. Para os novos críticos, o poema tem dureza semelhante a uma urna ou a um ícone, além de ser desvinculado da intenção autoral, autotélico e não parafraseável.

---

29 Ibid., p.80.
30 Fish, "Why No One's Afraid of Wolfgang Iser", p.7.
31 Para a literatura como acontecimento, ver Attridge, *The Singularity of Literature*, p.58-62.

Ironicamente, então, pode-se dizer que a obra literária imita a forma da mercadoria no próprio ato de resistir a esta. A sua textura sensorial é uma recusa da abstração da mercadoria, da forma como ela despoja o mundo de seu ser carnal. No entanto, enquanto objeto fechado em si mesmo, que suprime a sua própria história e não tem meios visíveis de suporte, a obra é um exemplo por excelência de reificação. Como um delicado equilíbrio de forças conflitantes, o poema serve como uma crítica tácita do interesse próprio, da unilateralidade dogmática e da especialização excessiva. Como tal, faz um comentário implícito sobre a ordem social contemporânea. No entanto, o seu equilíbrio supremo tem um ar clínico e desapaixonado, que reflete o cientificismo de uma era tecnológica. Reflete também uma hostilidade liberal ao partidarismo. O poema pode estar à deriva da história e, portanto, da ideologia; contudo, se a ideologia é vista como uma resolução imaginária de contradições efetivas, então o texto literário se torna um modelo do próprio fenômeno sobre o qual lança um olhar tão amargoso.

O formalismo russo é outro caso de tratamento da obra como um objeto, embora, com o passar do tempo, ele abandone a visão bastante estática da obra como uma "combinação de dispositivos", dando lugar a uma concepção mais integrada e dinâmica das suas operações.[32] Os estruturalistas de Praga recebem essa teoria do texto como herança de seus colegas russos e passam a ver nele um sistema funcional e uma totalidade estrutural. No entanto, uma estratégia é mais do que uma questão de organização dinâmica. É, antes, uma estrutura com certa intencionalidade embutida, organizada para alcançar determinados efeitos. É um projeto, e não apenas um sistema. Sua disposição interna é determinada por suas relações ativas com aquilo a que

---

32 Sobre os escritos formalistas, ver Lemon e Reis (eds.), *Russian Formalist Criticism: Four Essays*; para uma antologia mais completa, ver Matejka e Pomorska (eds.), *Readings in Russian Poetics*. Ver ainda Erlich, *Russian Formalism: History and Doctrine* e Jameson, *The Prison-House of Language*.

se dirige. No caso dos formalistas, estamos falando do processo de "desautomatização" das percepções do leitor. Nesse sentido, a complexidade interna do poema existe para um fim "externo", o que significa que há aqui uma tentativa de transição em curso: do texto como objeto para o texto como ato estratégico. Roman Jakobson escreve sobre a obra literária como "uma estrutura complexa e multidimensional, integrada pela unidade do propósito estético".[33] É notável que a palavra *design* signifique tanto uma estrutura como um propósito que pretende alcançar.

Nesse ponto, a concepção formalista da obra como objeto está ligeiramente em desacordo com a noção de estranhamento. Este último com certeza pode ser especificado em termos dos atributos dados do texto e, nesse sentido, pertence à sua estrutura objetiva. Porém, trata-se também de um acontecimento. É a linguagem fazendo algo ao leitor, o que equivale a dizer: linguagem como retórica. E isso é consideravelmente menos fácil de especificar, dependendo de algo além da forma do texto em si. A obra formalista fica, portanto, suspensa entre o objeto e o acontecimento, pendendo para o primeiro. Isso ocorre em grande medida porque o fim estratégico do poema – a modificação das percepções – é completamente imanente a ele. Mesmo assim, o processo de produção do estranhamento envolve um trabalho transformador do leitor, o que significa que o poema é, ao mesmo tempo, um sistema estético e uma prática moral.

A noção de texto como estratégia é mais evidente na visão dos formalistas sobre a ficção em prosa. É hábito desses críticos distinguir, no interior da narrativa literária, entre "história" e "enredo" – história entendida como sequência "real" de acontecimentos tal como podem ser reconstruídos a partir da narrativa, e enredo como a organização específica desses acontecimentos pelo trabalho em si. O enredo, então, pode ser visto como uma operação estratégica sobre os materiais da

---

33 Citado em Erlich, *Russian Formalism: History and Doctrine*, p.198.

história, reorganizando-os de uma forma que (por meio do suspense, da "frenagem", do "retardo" etc.) os torna novamente perceptíveis.

*

O que dizer, então, do estruturalismo e da semiótica no que diz respeito à distinção objeto/acontecimento? Existem vertentes da semiótica que tratam o texto como um objeto a ser analisado, como nos escritos de Yury Lotman ou Michael Riffaterre.[34] Entretanto, existem outras correntes semióticas – o trabalho de Umberto Eco, por exemplo – que estão mais próximas daquilo que vimos da teoria da recepção e para as quais a interpretação dos signos é uma prática estratégica complexa.[35] O que Eco chama de "produção de signos" é uma atividade por parte do leitor, que por abdução (hipótese), indução, dedução, sobrecodificação, subcodificação e outras estratégias semelhantes decifra no texto uma "mensagem", que é "uma forma vazia à qual podem ser atribuídos vários sentidos".[36] O texto não é tanto uma estrutura sólida, mas sim "um grande jardim labiríntico" com caminhos que se entrecruzam, os quais nos permitem seguir muitas rotas diferentes. Por conseguinte, ler estaria mais próximo de passear pelo Hyde Park do que de atravessar a Ponte de Westminster. Essas rotas ou "passeios inferenciais" pelo artefato envolvem o leitor em às vezes endossar e às vezes repudiar os códigos do autor, em alguns casos sem o conhecimento das regras do "remetente", numa tentativa de extrapolar tais diretrizes interpretativas com base em

---

34 Sobre Lotman, ver *Analysis of the Poetic Text* e *The Structure of the Artistic Text*. Sobre Riffaterre, ver *Semiotics of Poetry*.

35 Existem ainda outras vertentes da semiótica que se apropriam do conceito de estratégia de forma bastante diferente da do autor de *O nome da rosa*. Há um trabalho de Jean-Marie Floch intitulado *Semiotics, Marketing and Communication: Beneath the Signs, the Strategies*. A teoria francesa certamente avançou rapidamente desde a época de Michel Foucault.

36 Eco, *A Theory of Semiotics*, p.139. Ver também Eco, *The Role of the Reader*.

fragmentos desconectados de dados, propondo certos códigos provisórios por conta própria para dar sentido aos segmentos problemáticos do trabalho e assim por diante. As "mensagens" textuais não devem ser simplesmente lidas a partir de códigos; são acontecimentos ou atos semióticos irredutíveis aos códigos que as geram. Pensemos nos comentários de Wittgenstein sobre a natureza criativa da aplicação de uma regra. Como argumenta Charles Altieri, as execuções não podem ser reduzidas a construções verbais.[37] E como os próprios códigos podem ser modificados ou transfigurados pelo ato de produção por parte do leitor, eles podem propor significados radicalmente diferentes daqueles que já produziram.

Os sinais do texto para Eco não são unidades estáveis, mas resultados transitórios de regras de codificação; e os próprios códigos não são estruturas fixas, mas dispositivos momentâneos ou hipóteses de trabalho postuladas pelo leitor para explicar uma "mensagem". Enquanto tais, eles são constituídos apenas durante a execução da leitura, pela reunião provisória de pedaços do texto para lançar luz sobre seus modos de construção de sentido. Tampouco a "mensagem" do texto é um dado: ela é uma "rede de restrições" que permite "inferências férteis" por parte do leitor, bem como "aberrações" produtivas. Mais do que uma ordem de significado, uma obra é um conjunto de instruções por vezes quase ilegíveis para a produção de tais significados; e isso é verdade até mesmo para os seus signos individuais, que são menos as unidades discretas e autoidênticas de Saussure do que "microtextos" contendo uma diversidade de possibilidades semânticas. Tanto no nível do signo quanto no do texto, a semiose finalmente desaparece no infinito. Tanto a produção quanto a recepção de signos, textos e mensagens são projetos de complexidade bizantina. E uma vez que tal atividade semiótica é em princípio ilimitada (pois o significado de um signo só pode ser fornecido por outro signo e o deste, por sua vez, por outro), não há lugar de

---

[37] Altieri, *Act and Quality*, p.234.

descanso natural para o leitor pelejador. Não se trata de uma estrutura estável, mas de um processo de estruturação. Como diz Eco,

> o texto estético transforma continuamente as suas denotações em novas conotações, nenhum dos seus itens fica preso ao seu primeiro interpretante, os conteúdos nunca são recebidos como um fim em si, mas sim porque são considerados o veículo-signo para alguma outra coisa.[38]

Nesse processo, cada característica da obra é atualizada pelo leitor, o que o estimula, por conseguinte, a uma nova atividade interpretativa. As estruturas de um texto são atualizadas pela aplicação de certos códigos provisórios à obra, ao mesmo tempo que o leitor responde àquilo que a obra faz das estruturas assim projetadas. Essa, poder-se-ia afirmar, é a própria versão semiótica do modelo jamesoniano de Eco. A interação entre leitor e texto, na qual o leitor projeta certos significados aos quais reage, é semelhante à visão de Jameson sobre o tráfego entre texto e subtexto. A obra literária de Eco é ao mesmo tempo estrutura e acontecimento, fato e ato, estando todos esses termos inter-relacionados. Os códigos textuais e os códigos do leitor se interpenetram incessantemente. Não existe obra literária, ao contrário de certos objetos materiais conhecidos como livros, sem as "atualizações" de um leitor, embora tal atividade não seja autodeterminada. Ela não é, de forma alguma, prescrita pelas estruturas dos próprios textos, e sim orientada, guiada e restringida por eles. (Pode-se notar nesse ponto uma diferença fundamental entre a abordagem de Eco e o ousado idealismo filosófico de Stanley Fish.) Ao decodificar a obra, o leitor demonstra certa competência geral em relação a ela; contudo, esse conjunto de capacidades governadas por regras é percebido de maneira única e distinta por meio da execução real da leitura, até o ponto em que se torna difícil distinguir competência e execução. O leitor não está simplesmente equipado com um conjunto

---

38 Eco, *A Theory of Semiotics*, p.274.

de capacidades fixas às quais obedece, assim como um tenista em Wimbledon não vence o campeonato primeiramente se aprofundando nas técnicas do jogo no vestiário e somente depois as colocando em prática na quadra.

Assim como existem formas cada vez menos estratégicas de semiótica, a mesma distinção se aplica ao estruturalismo. "O inventário [estruturalista] dos elementos [de uma obra]", escreve Wolfgang Iser,

> produz uma ordem, a soma de suas técnicas relaciona os elementos entre si, e assim emerge uma dimensão semântica que constitui o produto final do texto – no entanto, nada disso esclarece de forma alguma a razão pela qual tal produto deveria surgir, como ele funciona e quem o utilizará.

Em resposta a esse exercício curiosamente estéril, Iser cita, em espírito wittgensteiniano, o comentário arguto de um colega alemão: "Só podemos compreender a linguagem se compreendermos mais do que a linguagem".[39] É somente quando apreendemos a função dessa estrutura textual – ou seja, quando enquadramos suas relações num contexto e a vemos como *execução* (*performance*) – que a própria estrutura pode ser adequadamente exposta. Nesse sentido, a estrutura do texto não é o dado final. Isso também é verdade a partir de um ponto de vista mais abrangente, uma vez que uma estrutura só poderia ser fundacional se fosse apodíctica ou autointerpretável. Enquanto ela precisar ser interpretada, haverá algo anterior a ela, a saber, a língua em que essa interpretação ocorre.[40]

"As estruturas do texto literário", escreve Iser, "só se tornam relevantes pela função desse texto"[41] – eis uma afirmação que equivale

---

39 Iser, *Prospecting*, p.224. A frase, intencionalmente ou não, poderia ser considerada um breve resumo do conceito de formas de vida de Wittgenstein.
40 Ver Ricœur, *The Conflict of Interpretations*, parte 1.
41 Iser, *Prospecting*, p.224-5.

a propor que o texto é mais bem visto como estratégia. Uma estratégia é precisamente uma estrutura amplamente determinada pelos seus fins. Na verdade, a afirmação de Iser é verdadeira não apenas no que diz respeito às obras literárias: ela também se aplica ao significado enquanto tal. O significado, sem dúvida, é, num certo sentido, uma questão estrutural, como insistem os estruturalistas; porém, a diferença sistêmica entre os signos é uma condição necessária e não suficiente para a produção de sentido. Não sei como usar a palavra "ratificar" se eu apenas souber que ela não significa a mesma coisa que "retificar" e que, na verdade, significa exatamente o oposto num certo sentido. Em vez disso, preciso compreender as suas funções numa determinada forma de vida.

Do ponto de vista histórico, a função de uma obra literária é muito variável. As obras, como já vimos, podem cumprir uma gama de propósitos, desde inspirar jovens guerreiros para a batalha até quadruplicar o saldo bancário de alguém. Contudo, vimos também que o texto literário tem ainda uma espécie de contexto interno, com o qual mantém certa relação interna; e, de modo análogo, em termos gerais, é a função que determina a estrutura aqui. Trata-se daquilo que o trabalho tenta fazer com o contexto, que determina os dispositivos selecionados e a forma como a evolução ocorre. Como observa Iser:

> Se o texto literário representa um ato de intencionalidade dirigido a determinado mundo, então o mundo do qual ele se aproxima não será simplesmente repetido no texto; ele sofrerá vários ajustes e correções [...]. Ao elucidar a relação do texto com as realidades extratextuais, [o conceito de função] também elucida os problemas que o texto procurou resolver.[42]

A burocracia cautelosa de "vários ajustes e correções" dificilmente faz justiça ao processo poderosamente transformador pelo qual o mundo entra no texto; Iser, no entanto, está certo ao ver uma

---

42 Ibid., p.227-8.

relação estreita entre o conceito de função e a noção de obra como resolução de problemas.

Existe uma espécie de estruturalismo que se propõe a identificar as regras pelas quais os textos combinam os seus elementos distintos em unidades de significado, e este é um *locus classicus* da obra como objeto. A narratologia de Gérard Genette e A. J. Greimas pode ser tomada aqui como exemplo.[43] Pensemos também nas taxonomias literárias de Northrop Frye, que, embora não seja propriamente um estruturalista, ainda assim parece às vezes interessado na atividade de classificação como um fim em si mesmo. É essa linhagem de análise que Jacques Derrida certa vez criticou como sendo animada "apenas por uma mecânica, nunca por uma energética".[44] A abordagem seria pouco inspiradora por não conseguir compreender uma obra literária como uma obra de retórica – ou seja, ela não tenta fazer algo. É a visão da literatura do planeta Zog. Contudo, há também uma espécie de estruturalismo que apresenta mais pontos em comum com a noção de texto que proponho. Isso fica evidente no comentário de Claude Lévi-Strauss: "o pensamento mítico sempre progride da consciência dos opostos em direção à sua resolução".[45] "O propósito do mito", escreve ele, "é fornecer um modelo lógico capaz de superar uma contradição".[46] Vistos sob essa luz, os mitos são estratégias "boas para pensar", máquinas pré-modernas para processar antinomias e contradições. Não é necessário aceitar por completo essa teoria dos mitos para reconhecer o seu valor em análises literárias.

Tal como acontece com a teoria da recepção de Iser ou a semiótica de Eco, os mitos não realizam a tarefa num único golpe: eles seguem um processo estratégico. Assim, um conjunto de antíteses se transforma em outro, que por sua vez se transforma em um terceiro, bem

---

43 Ver Genette, *Figures*. Ver também Greimas, *Sémantique structurale*.
44 Derrida, *L'écriture et la différence*, p.29.
45 Lévi-Strauss, *Structural Anthropology*, p.224.
46 Ibid., p.229.

como uma contradição é mediada apenas para se desdobrar em uma segunda, ou um elemento é deslocado por outro que, por sua vez, é desalojado etc. Além disso, há uma "intertextualidade" operando de modo incessante aqui, pois um texto mitológico canibaliza outro apenas para ser reciclado, por sua vez, por um terceiro. O significado inconsciente de um mito, observa Lévi-Strauss, é o problema que ele procura resolver; e, para alcançar essa resolução, ele utiliza mecanismos conscientes como imagem, enredo e narrativa. Somos avisados, entretanto, para não pensarmos na relação entre consciente e inconsciente, enredo e problema, como imagem espelhada ou homologia, mas como uma transformação. Algo muito semelhante pode ser dito da relação entre as estratégias textuais e seus subtextos no modelo de Jameson.

Os mitos, para Lévi-Strauss, são uma "ciência do concreto", o que prefigura a ciência do concreto que emergirá no cerne do Iluminismo e que chamamos de estética.[47] Em certo sentido, como veremos em breve, os mitos tratam de si mesmos e nada mais; veem-se como formas simbólicas nas quais a estrutura da mente humana pode ser encontrada meditando sobre suas próprias operações incompreensivelmente intrincadas. Nesse sentido, são uma espécie de versão pré--moderna da poesia simbolista ou do romance (pós-)modernista. É verdade que os mitos revelam essas operações mentais no ato pelo qual parecem descrever a realidade; no entanto, para o antropólogo estruturalista, o mundo que eles pretendem descrever é também aquele que constroem. Mesmo assim, ao classificarem esse mundo com toda a precisão microscópica de um escolástico medieval, os mitos permitem que homens e mulheres se sintam mais à vontade nele e, por conseguinte, exerçam também as suas funções práticas. São formas de mapeamento cognitivo, bem como reflexões teóricas ou exemplos de jogo estético. Em todos esses aspectos, os mitos, tal

---

47 Ver Eagleton, *The Ideology of the Aesthetic*, cap.1.

como os estruturalistas os veem, têm um paralelo óbvio com a ficção literária.

Isso pode ser demonstrado na seguinte passagem de Lévi-Strauss, na qual inseri as minhas próprias leituras alternativas entre colchetes:

> Não importa que a mitologia do xamã não corresponda a uma realidade objetiva [que a ficção do autor não tenha um referente direto]. A mulher doente [leitor] acredita no mito [ficção] e pertence a uma sociedade [instituição literária] que acredita nele. Os espíritos tutelares e os espíritos malévolos, os monstros sobrenaturais e os animais mágicos fazem parte, todos eles, de um sistema ordenado e coerente sobre o qual se fundamenta a concepção natural do universo [ideologia]. A mulher doente [leitor] aceita esses seres míticos [suspende a descrença] ou, mais precisamente, nunca questiona a sua existência. O que ela não aceita são as dores incoerentes e arbitrárias [opressões e contradições sociais] que correspondem a elementos estranhos ao seu sistema; estes, porém, serão tratados pelo xamã [autor], que invocará o mito [ficção] a fim de reintegrá-los num todo em que tudo tem sentido. Por outro lado, uma vez que a mulher doente [leitor] compreende isso, ela faz mais do que se resignar; ela recupera a saúde [retoma seu papel prático na vida social].[48]

Não há dúvida de que o paralelo entre mito e ficção pode parecer um pouco reducionista. Nem toda obra literária funciona como um instrumento ideológico tão contundente. Na verdade, muitas obras literárias "canônicas" estão profundamente em desacordo com as ideologias dominantes de seu tempo, tal como muitas obras populares ou não canônicas as reproduzem obedientemente. Não se deve cometer o erro de equiparar o canônico ao conservador e o popular ao progressista. Mesmo assim, há algo a ser dito sobre as transposições grosseiras da passagem acima. Visto sob essa luz, o mito não é apenas uma máquina de pensar, mas um ato simbólico. É um conjunto

---

48 Lévi-Strauss, *Structural Anthropology*, p.197.

de técnicas para dar sentido a problemas e contradições que, de outra maneira, poderiam ser intoleráveis.

Simon Clarke argumenta que, enquanto o jovem Lévi-Strauss trata os mitos como dispositivos de resolução de problemas, o seu trabalho posterior, com um espírito mais racionalista, trata-os como exercícios intelectuais desinteressados.[49] Agora, despojados das suas motivações práticas, são simplesmente formas de organizar o mundo de acordo com uma lógica de paralelismo, antítese, inversão, homologia etc., e essa ordenação meticulosa, quase obsessiva, não necessita de qualquer justificação para além de si mesma. Poderíamos afirmar, em termos althusserianos, que, na visão de Lévi-Strauss, os mitos se deslocam da ideologia para a teoria – da legitimação da ordem social, enquanto provedores de soluções imaginárias para as suas contradições, para formas de pura cognição.

Contudo, tal cognição, na medida em que satisfaz certa ânsia por ordem, não é mais inocente do ponto de vista ideológico do que o conceito de teoria de Althusser. Clarke se refere às *Mitológicas*, de Lévi-Strauss, como práticas de uma forma de análise puramente imanente, para a qual os mitos, enquanto expressões codificadas das leis universais da mente, não tratam de nada que seja estranho a eles próprios. Nesse sentido, é como se o tratamento dado por Lévi-Strauss ao mito tivesse se deslocado não apenas da ideologia para a teoria, mas também do realismo para o modernismo. De modo semelhante a alguns textos modernistas ou pós-modernistas, os mitos são autorreferenciais. Na verdade, é possível ver o próprio estruturalismo como uma combinação incongruente do elevado racionalismo francês e de uma linhagem de simbolismo igualmente gaulesa. O racionalismo está presente na ideia de estruturas mentais universais; o simbolismo reside no fato de que essas estruturas não dizem respeito a nada além delas mesmas. A corrente mais "realista" ou pragmática na obra de Lévi-Strauss, pelo contrário, vê os mitos como operações

---

49 Clarke, *The Foundations of Structuralism*, cap.8.

estratégicas sobre a Natureza e a sociedade, ficções heurísticas que estabelecem, medeiam e transformam oposições. Ao operarem dessa maneira, procuram resolver enigmas do tipo: como a humanidade pode ser ao mesmo tempo parte da Natureza e separada dela? Como os homens e as mulheres podem nascer ao mesmo tempo da terra e de pais humanos?

Esses contos tribais adotam, à sua maneira, meios concretos para abordar questões abstratas, o que não deixa de ser outra forma de se assemelharem às obras literárias. Estamos falando aqui do criador de mitos como *bricoleur* – um artesão que junta pedaços ou restos de qualquer coisa que encontra à mão (sobras de acontecimentos, símbolos reciclados, fragmentos de outros mitos etc.) para qualquer tarefa simbólica que deva realizar. (Há aqui um paralelo com a noção de inconsciente de Freud, que deve igualmente juntar vários retalhos e peças soltas para fabricar os textos que conhecemos como sonhos.) O criador de mitos das *Mitológicas*, por outro lado, é normalmente uma criatura mais cerebral e estética, que se satisfaz em olhar desapaixonadamente para o mundo humano sem nenhuma outra razão a não ser encontrar nele uma expressão das mesmas leis que regulam sua própria mente – leis estas que, portanto, governam seu próprio olhar. Quando Lévi-Strauss escreve, em *O pensamento selvagem*, que os australianos revelam um gosto pela erudição, pela especulação e até por uma espécie de dandismo intelectual, o que ele tem em mente são os povos aborígenes, e não os surfistas da praia de Bondi.

O pensamento simbólico desse tipo busca restaurar a unidade de um mundo dividido entre a Natureza e a cultura. Trata-se de uma operação paradoxal, uma vez que os próprios meios pelos quais tal unidade pode ser restaurada – pensamento, linguagem, símbolo – são produzidos por essa fissura. São consequências da cisão que, com esforço, procuram reparar.[50] A emergência perturbadora da

---

50 O crítico Geoffrey Hartman mostrou que a poesia de William Wordsworth é paradoxal exatamente nesse sentido: ela afirma uma continuidade ininterrupta entre

cultura humana representa uma ameaça à integridade do mundo, uma ameaça que pode ser superada de forma simbólica nas mediações da mitologia e, na verdade, não apenas em seu conteúdo, mas em sua própria forma, que une a coisa ao pensamento, o fenômeno concreto ao conceito geral. Nesse sentido, há uma dimensão utópica secreta no mito, tal como existe na literatura. Já tivemos a oportunidade de notar essa qualidade mágica ou utópica das obras literárias na maneira como parecem reconciliar a linguagem e a realidade, mas apenas porque a realidade é secretamente um produto da linguagem. Assim, as obras literárias alcançam em sua forma o que muitas vezes não conseguem alcançar em seu conteúdo, meditando sobre o hiato entre o desejo e a realidade – sobre a maneira como a consciência humana e suas circunstâncias se mostram, cômica ou tragicamente, em desacordo. No aspecto utópico da sua forma, a arte literária busca compensar o *páthos* de seu conteúdo.

Os mitos podem ser estruturas construídas a partir dos escombros de acontecimentos, muito embora para alguns pensadores eles também ofereçam uma espécie de resistência aos acontecimentos. "A história mítica", comenta Paul Ricœur, "está ela própria a serviço da luta da estrutura contra os acontecimentos e representa um esforço das sociedades para anular a ação perturbadora dos fatores históricos; ela representa uma tática de anular a história, de amortecer o efeito dos acontecimentos".[51] Para Lévi-Strauss, um tipo diferente de relação entre estrutura e acontecimento domina na arte. A arte, observa ele em *O pensamento selvagem*, envolve um "equilíbrio

---

a natureza e a humanidade, ou entre a infância e a idade adulta, numa linguagem que a coloca resolutamente num dos lados dessa divisão ontológica. Tal projeto ideológico sofre ainda incessante solapamento por parte de um conjunto de forças associadas à morte, à solidão, ao infinito, à falta de fundamento, à imaginação abissal e à aniquilação apocalíptica da natureza, que desmascara o *páthos* de qualquer sonho de continuidade tranquila entre a natureza e a consciência. Ver Eagleton, *Trouble with Strangers: A Study of Ethics*, cap.8.

51 Ricœur, *The Conflict of Interpretations*, p.44.

entre estrutura e acontecimento".[52] Lévi-Strauss quer dizer: um equilíbrio entre o desígnio geral (ou a lógica interna) da obra de arte e os acontecimentos, no sentido de incidentes aparentemente irrelevantes, coisas que acontecem em uma história (ou em uma pintura) que sempre achamos que poderiam ter acontecido de outra forma. A obra realista, como vimos, tem um desígnio determinado; este, porém, não lhe permite forçar todos os atributos da obra em uma ordem rigorosa ou lhe dar uma aparência de estrita necessidade.

Essa concepção clássica – que a forma da obra de arte contém o seu conteúdo sem subjugá-lo – é menos sugestiva do que o conceito de *estruturação*. Esta última faz a mediação entre a estrutura e o acontecimento, no mesmo sentido que uma estratégia o faz. Ela certamente dá significado a uma estrutura: uma estrutura em ação, em constante processo de autorreconstituição, de acordo com os fins que procura alcançar, juntamente com os novos propósitos que continua a criar; ela é, portanto, *eventual*,[53] de certa forma, em desacordo, digamos, com a concepção saussureana de linguagem ou a noção primitiva de poema no formalismo. Compreender isso exige uma lógica dialética.

Poderíamos afirmar que uma estrutura pura ou total – o que Paul Ricœur denomina "formalismo absoluto" – é vazia. Se tudo o que acontece no interior de suas fronteiras for reduzido à lógica inflexível do próprio acontecimento, corre-se o risco de tornar tais acontecimentos arbitrários e intercambiáveis, significativos apenas na medida em que exemplificam as suas leis internas. Os acontecimentos podem apenas exemplificar a estrutura, não podem ameaçá-la. Um acontecimento puro, pelo contrário, é cego: por ser irredutível a qualquer estrutura explicativa, é tão inefável e enigmático como uma

---

52 Lévi-Strauss, *The Savage Mind*, p.26.
53 No original, *eventual*, com sentido de *événementiel*, em língua francesa. Em *O ser e o evento*, versão brasileira de *L'être et l'événement*, de Badiou, Maria Luiza Borges traduz *événement* como *evento* e *événementiel* como *eventual*. (N. T.)

intervenção dadaísta. (Há, portanto, algo próximo de um oximoro na teoria do acontecimento, uma ideia central no pensamento do maior filósofo francês vivo.)[54]

A ideia de estratégia ou estruturação, no entanto, desconstrói a distinção entre estrutura e acontecimento no sentido exato do termo "desconstrução" – o que significa que, em vez de abolir a diferença entre eles, a ideia demonstra como a diferença se desfaz constantemente, ao mesmo tempo que retém certa força inegável.[55] Uma estratégia é o tipo de estrutura que é forçada a se recompor a cada instante sob a égide das funções que deve desempenhar. Ela é alimentada por uma intenção: intenção no sentido de um desígnio proposital ou conjunto de desígnios inscritos nela, porém não no sentido de uma força fantasmagórica que a impulsiona de fora. Além disso, a estrutura das obras literárias gera eventos que podem então reagir a essa estrutura e transformar os seus termos; nessa medida, tais obras assumem a

---

54 Ver Badiou, *Being and Event*.
55 Para um excelente relato de algumas análises desse processo feitas por vários teóricos literários modernos, ver Ray, *Literary Meaning*. O estudo de Ray procura mostrar como estrutura e acontecimento, sistema e exemplo, teoria e prática, significado enquanto fato e significado enquanto ato são indissociáveis na obra literária, bem como na prática da crítica. Ele afirma, no entanto, que a maioria dos críticos põe fim a essa dialética com o intuito de recuperar a verdade e a autoridade da própria teoria frente às mutações e dissoluções que ela sofre nas mãos da história e da crítica na prática. Essa necessidade de reforçar a própria autoridade, numa tentativa de recuperar a teoria para que esta não seja apenas um conjunto de atos performativos, força esses críticos a uma autocontradição inevitável. Na opinião de Ray, somente críticos pós-estruturalistas como Paul de Man podem evitar esse movimento espúrio ao reconhecerem a natureza autodesconstrutiva de suas próprias teorias. O que esse caso fortemente sugestivo ignora é quão poderosa pode ser uma forma de autoridade envolvida na negação pós-estruturalista da autoridade – como a sua força reside em sua confissão da impotência de todos, a sua plenitude na sua *kenosis*, o seu conhecimento numa consciência pomposa da sua ignorância. Isso, inevitavelmente, deve se aplicar também à própria tese de Ray. No jogo pós-estruturalista, o perdedor leva tudo: a questão é emergir com o par de mãos mais vazio e, portanto, ser ao mesmo tempo antiautoritário e invulnerável à crítica.

forma de um ato humano livre. Dado que esse processo de mão dupla também se aplica à chamada linguagem corriqueira, os textos literários representam de uma forma mais dramática e perceptível o que acontece na fala cotidiana.

Paul Ricœur situa a própria palavra na junção entre estrutura e acontecimento. "Uma negociante entre o sistema e o ato", trata-se do "ponto de cristalização, a união de todas as trocas entre estrutura e função".[56] Por um lado, a palavra extrai o seu valor do sistema linguístico ao qual pertence; por outro lado, a sua "atualidade semântica" se identifica com a "atualidade do enunciado", que é um acontecimento perecível. A palavra, entretanto, "sobrevive à sentença", em ambos os sentidos de "sentença". Ela não está condenada a morrer com o ato de fala, pois sua repetibilidade lhe permite retomar o seu lugar na estrutura da linguagem, mantendo-se preparada para quaisquer novos usos imprevisíveis que possam surgir. Contudo, ela não regressa à posição em que foi alocada com a mesma inocência virginal de outrora, pois agora está "carregada com um novo valor de uso"; e isso significa que, ao se reintegrar ao sistema linguístico, ela muda o curso de sua história, porém com maior atenção aos detalhes.[57] A poesia é simplesmente essa dialética clara e óbvia.

Um dos paradoxos da obra literária é que, por um lado, ela é "estrutura", no sentido de ser inalterável e completa em si mesma, mas, por outro lado, ela é "evento", porque essa autocompletude está em movimento perpétuo, e é somente no ato de ler que ela se realiza como o que é. Nenhuma palavra da obra pode ser mudada, muito embora, nas vicissitudes de sua recepção, nenhuma palavra permaneça obedientemente no lugar. "O que perdura", escreve Jan Mukařovský,

> é apenas a identidade de uma estrutura ao longo do tempo, enquanto a sua composição interna – a correlação entre os seus componentes

---

56 Ricœur, *The Conflict of Interpretations*, p.92, 95.
57 Ibid., p.92-3.

– muda continuamente. Nas suas inter-relações, os componentes individuais procuram constantemente se dominar uns aos outros, e cada um deles se esforça para se afirmar em detrimento dos outros. Em outras palavras, a hierarquia – a subordinação e a dominação mútuas dos componentes [...] – encontra-se em estado de reagrupamento constante.[58]

Talvez Mukařovský exagere um pouco ao fazer a obra literária parecer com Wall Street, mas o cerne da verdade, no seu caso, sobreviverá a essa casca metafórica.

*

Vimos que alguns tipos de estruturalismo e semiótica oferecem mais hospitalidade ao conceito de estratégia do que outros, e quase o mesmo pode ser dito sobre a fenomenologia. Seria difícil implementar tal noção nas obras de Georges Poulet ou de Jean-Pierre Richard, ambos luminares da chamada Escola de Genebra, ou ainda na obra do jovem J. Hillis Miller, que apareceu por influência de Poulet na Johns Hopkins.[59] A leitura, para esses críticos, representa uma imersão da consciência na obra literária, de tal modo que, numa fusão quase mística de subjetividades, uma pessoa se torna objeto de pensamentos e imagens que não lhe são próprios. Há uma sugestão do registo imaginário de Jacques Lacan sobre essa habitação mútua entre texto e leitor, à medida que os dois entram e saem incessantemente um do outro numa reciprocidade selada de egos. Nessa interação constante entre intimidade e alteridade, a própria obra se transforma em "um ser humano [...], uma mente consciente de si mesma e que se

---

58 Mukařovský, *Structure, Sign, and Function*, p.4.
59 Talvez a melhor abordagem introdutória à fenomenologia da Escola de Genebra seja Poulet, "Phenomenology of Reading". Ver também Hillis Miller, *The Disappearance of God*. Um comentário útil se encontra em Magliola, *Phenomenology and Literature*.

constitui em mim como sujeito dos seus próprios objetos".[60] A leitura se torna um refúgio abençoado de alienação, permitindo algo que é constantemente recusado na realidade cotidiana: um acoplamento quase erótico envolvendo sujeito e objeto.

Esse estilo de fenomenologia, em que a tarefa do crítico consiste em recriar as estruturas mais íntimas da "consciência" do texto, extraindo a própria essência da subjetividade (sempre coerente) nele encarnada, é muito diferente da abordagem fenomenológica de Roman Ingarden em *A obra de arte literária*, que enfatiza a atividade do leitor em "concretizar" várias estruturas esqueléticas ou esquemas abstratos implícitos na obra. À medida que uma pessoa lê, ela destaca aspectos textuais, preenche indeterminações, estabelece contextos espaciais e temporais para vários objetos imaginários, penetra na experiência passada de outrem para dar sentido ao texto e, assim, elabora um "objeto estético" total que, embora nunca seja inteiramente idêntico à própria obra, é construído sob orientação desta. Se muito disso soa familiar ao trabalho de Wolfgang Iser, é porque este último foi muito influenciado pela fenomenologia de Ingarden, assim como seu colega Hans-Robert Jauss o foi pela hermenêutica gadameriana. A teoria da recepção se situa na confluência dessas duas correntes.

Há, contudo, outro sentido em que o pensamento fenomenológico, em sua vertente hermenêutica, e não transcendental, influencia a ideia de obra literária como estratégia. Poderíamos suspeitar que, como forma de pensar a arte, o conceito de estratégia é excessivamente instrumental. Não estaria ele demasiado reduzido à racionalidade dos meios e dos fins que a estética questiona? E quanto às dimensões lúdicas, sensoriais, prazerosas e autotélicas da obra de arte?

Aqui, no entanto, uma compreensão fenomenológica do corpo humano, cujo exemplo máximo se encontra na *Fenomenologia da*

---

60 Poulet, "Phenomenology of Reading", p.59.

percepção, de Maurice Merleau-Ponty, pode nos auxiliar.[61] O próprio corpo humano é uma forma de prática, um ponto a partir do qual um mundo é organizado. Um corpo que não é fonte de significações (uma bolsa de água quente, por exemplo) não é humano. Pode-se até falar do corpo como estratégia, no sentido de que ele se organiza para atingir determinados fins. Ele existe onde há algo a ser feito. Na verdade, esse poder de auto-organização, que em nada se assemelha à organização de um quebra-cabeça visto de fora, torna o corpo humano ainda mais notavelmente diferente dos corpos materiais, como fagotes e cimitarras, embora não tão diferente no caso de corpos como arminhos e aspidistras. Todavia, não há contradição entre conceber o corpo dessa forma estratégica e insistir, apesar da racionalidade instrumental, que os seres humanos não existem "para" algum fim. A sua existência é de fato um fim em si mesmo, tal como a de uma violeta. Somente os megalomaníacos imaginam que foram colocados na Terra para cumprir algum propósito poderoso.

Parte do que fazemos, como limpar o gelo de um para-brisa ou extrair o dente do siso de alguém, é, na verdade, puramente instrumental; contudo, há outras atividades que são realizadas primordialmente sem qualquer propósito, e estas com certeza são as mais preciosas. O seu objetivo reside não em alcançar fins fora de nós mesmos (embora possam envolver isso também), mas em serem formas de autorrealização. Uma vez que tal autorrealização diz respeito a se organizarem de maneiras específicas, ela não está em desacordo com a ideia do corpo como estratégia. Chutar uma bola para dentro da rede é uma questão de adequar certos meios a determinado fim, de modo que uma espécie de racionalidade instrumental é intrínseca à própria atividade. Contudo, a ação enquanto tal pode não ser instrumental no sentido de ser executada tendo em vista um fim além

---

61 Se o pós-modernismo, que está muito preocupado com o corpo, tem negligenciado de modo geral essa obra magistral, pode ser em parte porque o livro vai muito além de uma preocupação estreita com o corpo libidinal.

dela mesma, a menos que alguém ganhe vários milhões de libras por ano para fazê-lo. Mesmo assim, figurar como um fim em si mesmo ao mesmo tempo que se atinge um objetivo externo pode ser uma questão de atividade. Supõe-se que David Beckham não joga futebol *simplesmente* pelo dinheiro ou que Brad Pitt não atua em filmes simplesmente pela fama.

Um nome antigo para essa forma de atividade é práxis, que significa uma prática cujos fins são internos a ela. Para Aristóteles, a virtude é um exemplo supremo de tal conduta. Pessoas virtuosas concretizam os seus poderes e capacidades não por qualquer motivo utilitário, mas para realizarem um fim gratificante em si mesmo. O conceito desmantela, assim, a distinção entre o funcional e o autotélico.[62] Agimos com um fim em vista, mas esse fim não é distinto da atividade em si. A influência dessa ideia no âmbito das obras literárias é certamente evidente. Na verdade, outro nome tradicional para esse tipo de forma de prática autofundamentada, autorrealizável e autovalidada é arte.[63] Isso não significa negar que a arte tenha uma função. No sentido instrumental da palavra, como já vimos, a arte serviu a muitos desses objetivos, desde massagear o ego de um monarca até aliviar as angústias políticas das classes médias. Contudo, tal como ocorre com um jogador de futebol milionário que se deleita com o que faz, esses motivos externos podem coexistir com funções internas à própria prática. A arte pode gerar lucro ou propaganda política, mas o seu objetivo, como Marx entendeu, reside em seu poder de autorrealização.

Somente aqueles com uma compreensão demasiado rudimentar do conceito não conseguem ver isso como uma função. O esteta que proclama escandalosamente que a arte não tem função é, nesse sentido, o terrível gêmeo do filisteu. Ambos compartilham a mesma

---

[62] O trabalho de Alasdair MacIntyre tem sido o mais assíduo na promoção desse estudo. Ver, por exemplo, MacIntyre, *After Virtue*.

[63] O que conta como arte, presumo aqui, é tão problemático, como descobrimos, quanto o conceito de literatura.

visão anêmica de funcionalidade, e a única diferença é que, para o filisteu, qualquer coisa sem uma utilidade instantânea é inútil, enquanto o esteta presume falsamente que ser funcional e ser um fim em si mesmo estão necessariamente em desacordo. Entretanto, uma função cumprida gratuitamente ainda é uma função. Além disso, já vimos como, para a tradição romântica radical, a obra de arte tem uma função simplesmente por existir como um fim em si mesmo, prefigurando, assim, um futuro político no qual essa condição invejável também poderá ser verdadeira para os seres humanos.

Se recusarmos a falsa escolha entre a função de uma coisa e a sua existência em si, não mais precisaremos concordar com os formalistas acerca de só podermos colocar em foco o corpo material do texto mediante a suspensão de suas relações com o mundo exterior. Isso seria como supor que alguém só poderá prestar atenção à materialidade do corpo quando o próprio corpo tiver sido "despragmatizado", ou seja, resgatado do seu contexto instrumental, como o martelo quebrado de Heidegger em *Ser e tempo*,[64] e contemplado, em vez disso, como uma coisa em si. Em ambos os casos, a densidade material de uma coisa pareceria estar em desacordo com as suas atividades no mundo. No entanto, faz parte da própria ideia de "poético" que o significado e a materialidade trabalhem juntos, no sentido de que o corpo material do poema se encontra aberto para um mundo além de si mesmo, precisamente em virtude do seu funcionamento interno. A verdade desse raciocínio se verifica em todas as linguagens, mas ela é mais óbvia no caso da poesia. Quanto mais densamente texturizada for a linguagem do poema, mais ele tornar-se-á uma coisa independente e mais ainda poderá apontar para além de si mesmo.

Algo similar pode ser dito acerca do corpo humano. A sua existência material *são* simplesmente suas relações com um mundo, o que significa que o corpo existe fundamentalmente como uma forma de

---

[64] Ver o livro de Jonathan Rée, *História e verdade em Ser e Tempo*, publicado pela Editora Unesp, com tradução de José Oscar de Almeida Marques e Karin Volobuef. (N. T.)

prática.[65] A prática é a vida do corpo, da mesma forma que o significado (ou uso) é a vida de um signo. Essa é uma das razões pelas quais Tomás de Aquino se recusou a falar de um corpo morto, pois o sintagma lhe pareceu uma contradição de termos. Em vez disso, ele via um cadáver simplesmente como os restos de um corpo vivo. A morte é uma hemorragia de sentidos da carne humana, nada mais restando, ao final, além de um pedaço bruto de matéria. O fato de a frase "o corpo na biblioteca" trazer à mente um cadáver em vez de um leitor assíduo se deve à influência maligna de um dualismo que Tomás de Aquino rejeitou firmemente. O corpo, para ele, era o princípio da identidade humana. Se Michael Jackson tem uma alma desencarnada, essa alma não seria, na opinião de Tomás de Aquino, Michael Jackson. Michael Jackson, portanto, não está em lugar nenhum. Eis o consolo proporcionado pela religião.

A arte e a humanidade podem, então, ser vistas como semelhantes, na medida em que, para ambas, a função não reside fora delas mesmas, mas na atividade de sua autorrealização. Aqui está, por conseguinte, outra maneira pela qual a arte exemplifica o valor moral em sua própria forma, e não simplesmente em sentimentos dignos quaisquer que possam surgir de tempos em tempos. Tal como o corpo, a arte é uma prática estratégica, o que significa que ela se organiza para atingir determinados fins. No entanto, como já vimos, os materiais sobre os quais ela opera são internos a ela mesma. Portanto, o que está em questão aqui não é uma racionalidade instrumental no sentido mais comum da expressão, pois isso não diria respeito às atividades autorrealizadas e autodeterminadas do corpo humano. Ademais, assim como para Aristóteles, Tomás de Aquino, Hegel e Marx a prática da autorrealização envolve prazer sensorial, a mesma constatação pode ser feita no caso da arte. No entanto, tal como ocorre com a prática da virtude, o prazer próprio da obra é inseparável de sua

---

[65] Para um estudo excelente dessa concepção de corpo, ver MacMurray, *The Self as Agent*.

execução. Não se trata de alguma espécie de elemento extra-agradável, mas de um prazer inerente e próprio ao seu tipo específico de prática autorrealizável. O prazer não é um fim que a atividade pretende alcançar, como quando se diz que comprar um bilhete de trem pode atingir o objetivo de chegar a Edimburgo. O deleite é inseparável da estratégia. Somente os hedonistas buscam a gratificação – os proprietários de terra *tory*[66] anseiam por perseguir as raposas.

Assim, a noção de estratégia não precisa ser excessivamente voltada para objetivos, como acontece no Pentágono ou na sala de reuniões da Microsoft. Em vez disso, pode falar, recorrendo às palavras de Kant, numa finalidade sem fins.[67] A presença material do corpo humano é máxima quando ele está encarnado em alguma prática, como a dança ou o amor sexual. Num idioma estético mais antigo, fazer e ser estão aqui juntos. É em atividades como essas que a carne é consumada, em contraste com ações como martelar um prego ou investir em imóveis, casos em que a substância sensual do corpo é deixada de lado em prol de um objetivo pragmático. O que permite que o corpo material esteja em sua forma mais significativamente luminosa não é uma suspensão da prática, mas uma suspensão de formas particulares de prática.

Nada disso deveria suprimir o fato de que o corpo também é um objeto, apesar dos protestos daqueles que se ofendem ao sentir nessa conversa um cheiro de objetivação. Os seres humanos são objetos materiais fundamentalmente naturais – aflorações da Natureza ou peças da biologia. Se não fossem objetos, não seriam capazes de estabelecer relações entre si. Contudo, os indivíduos só são pessoais (em oposição a humanos) na medida em que se passa gradualmente a atribuir significado a essa objetividade, ou seja, na medida em que o

---

66 Referência ao partido Tory, que existiu no Reino Unido entre 1678 e 1834 representando a tendência conservadora da aristocracia britânica. (N. T.)

67 No original, *purposiveness without purpose*. Adoto aqui a expressão "finalidade sem fins" empregada por Fernando Costa Mattos na tradução da *Crítica da faculdade de julgar* publicada pela Editora Vozes. (N. T.)

corpo se torna um signo. E isso envolve uma evolução repugnantemente precária, que – se quisermos dar crédito a Freud – representa um sucesso apenas parcial. O corpo pode se tornar independente por meio de sinais, mas nunca se sente inteiramente à vontade entre eles.

Se o corpo é um signo, de que ele é um signo? De algo além de si mesmo ou de seu interior? Que tipo de semiótica do corpo está em jogo aqui? Chamar o corpo de signo não é vê-lo como substituto de outra coisa; nesse caso, seria possível, como acontece com a palavra "marmelada", outro signo funcionar igualmente bem em seu lugar. Trata-se de descrever a forma como o seu material expressa tão intrinsecamente significados quanto uma palavra expressa significados. Um corpo é um pedaço de matéria significativa, assim como uma palavra. O que o corpo significa é ele mesmo, e é por isso que ele se assemelha a uma obra de arte. Mesmo antes de poder falar, uma criança pequena estende a mão para agarrar um brinquedo, e essa ação é intrinsecamente significativa, e não simplesmente significativa para um observador que possua linguagem. O significado humano é sempre significado carnal. Pensamos da maneira que pensamos por causa do tipo de corpo que temos.

Poderíamos chamar isso de teoria dominicana do significado.[68] Influenciada pela doutrina de Aristóteles de que a alma é a forma animada do corpo, e não algo separado deste, a Ordem Dominicana do século XIII converteu isso em uma teoria de interpretação, com seus postulados de que o "espírito" da escrita não era um mistério esotérico escondido no texto, mas um mistério encontrado em seu significado literal e histórico comum. É uma pena que os dominicanos tenham apagado o seu caderno ao liderarem a Inquisição, que demonstrava uma atitude bastante menos esclarecida em relação à carne e ao sangue humanos.

---

68 Talvez o herdeiro moderno mais ilustre desse legado seja o teólogo e filósofo dominicano Herbert McCabe. Ver, em particular, *Law, Love and Language*.

Chamar o corpo humano de racional não é dizer que a sua conduta é sempre eminentemente sensata, mas sim que ela é plena de sentido.[69] O maior dos dominicanos, Tomás de Aquino, considera a metáfora o tipo de linguagem mais apropriado para discutir verdades espirituais, pois, sendo sensorial, é mais adequada à nossa natureza corpórea. A racionalidade humana, acredita ele, é uma racionalidade caracteristicamente animal. A nossa forma de raciocínio é encarnada, inseparável da natureza material dos nossos corpos.[70] Pensamos e compreendemos como animais. Se um anjo pudesse falar, não seríamos capazes de entender o que ele diz.[71]

Ver a carne humana como intrinsecamente expressiva é outra maneira de dizer que o corpo não é simplesmente um objeto, mas uma forma intencional de prática. Suas ações são uma espécie de eloquência. (Não devemos, contudo, alimentar uma imagem muito viril e ruborizada de ação proposital aqui, tirada dos campos esportivos de Eton. Provar um pêssego, cheirar lavanda, discutir se vai chover e ouvir um saxofonista de jazz também são atividades.) Simplesmente em virtude da sua estrutura material e das práticas que dela se originam, o corpo gera uma enorme variedade de pressupostos tácitos e acordos implícitos, razão pela qual indivíduos que falam línguas mutuamente incompreensíveis podem facilmente colaborar nas mesmas tarefas práticas. O corpo é, em si mesmo, um modo de inteligibilidade.

Alguns teóricos, vimos isso, consideram as obras literárias como atos ou acontecimentos, e outros, como estruturas ou objetos. Há aqui uma analogia em relação às formas de se encarar o corpo. Um cirurgião necessariamente trata o corpo sob o bisturi como um objeto. Agir de outra forma seria trair a falta de compaixão necessária nesse caso. Não seria benéfico para o paciente que sua vida privada fosse objeto

---

69 Ver Turner, *Faith, Reason and the Existence of God*, capítulos 4 a 6.
70 Ver MacIntyre, *Dependent Rational Animals*.
71 Essa não é uma visão que atribuo a Tomás de Aquino, que acreditava que o arcanjo Gabriel falava de forma inteligível com Maria.

de devaneios sombrios por parte do cirurgião enquanto as entranhas abertas estivessem sob investigação. A fenomenologia, por outro lado, trata a substância do corpo como uma revelação da subjetividade, embora sempre de forma ambígua. O corpo humano não passa de uma matéria opaca para um significado transparente. Ele continua a ser uma espécie de objeto até para si mesmo. Posso falar corretamente sobre usar meu corpo, como quando me transformo abnegadamente em um tapete humano para permitir que Tom Cruise desça de sua limusine sem sujar os sapatos com lama. O corpo paira num espaço indeterminado entre sujeito e objeto, tal como a nossa conversa sobre ele tende a pairar entre "ter" um corpo e "ser" um corpo. Por ser ao mesmo tempo significado e materialidade (a palavra "sentido" abrange ambos), preso perpetuamente no salto entre os dois, o corpo resiste ao sonho de unidade entre ambos, e é isso que conhecemos, entre outras coisas, como obra de arte.

Ou, mais precisamente, certa concepção clássica da obra de arte. A doutrina da unidade de forma e conteúdo implica que não existe nenhuma partícula do corpo material da obra que não seja significativa, nenhum atributo que não assuma o seu lugar dentro de um padrão unificado de sentido. Trata-se da obra de arte como corpo redimido ou corpo ressuscitado, a palavra transformada em carne, cujo material expressa tão transparentemente significado quanto um sorriso ou um aceno de mão. Transfiguração utópica da nossa carne prosaica, que normalmente é forçada a conduzir a sua atividade significativa com um perpétuo ruído de fundo que é o absurdo biológico e cujos gestos podem obstruir o significado no próprio ato de articulá-lo.

O corpo fragmentado da obra modernista ou pós-modernista representa uma resposta a essa nobre mentira. O significado e a materialidade começam agora a divergir entre si, à medida que as coisas parecem ter deixado de secretar o seu sentido no interior delas mesmas. A obra do alto modernismo tem consciência do seu próprio corpo material, forçando-nos, no caso da escrita, à seguinte pergunta:

como pode um conjunto de humildes marcas pretas numa página ser portador de algo tão relevante como o significado? No entanto, quanto mais o seu meio material se agiganta, mais espectral e elusivo parece ser o crescimento de seus signos. É como se a obra interpusesse seu volume entre o leitor e seus significados. O meio material não pode estar plenamente presente em qualquer uma de suas significações, assim como um corpo humano não pode estar em qualquer uma de suas ações. Deixamos para trás a fantasia romântica da ação singular que diria tudo, do único acontecimento puro que manifestaria a verdade do eu num único relâmpago ou epifania, a palavra das palavras que comprimiria uma história complexa inteira, reduzida à sua presença a uma só vez silenciosa e eloquente. Em uma palavra, interrompemos o símbolo, no qual o significado e a materialidade são reconciliados.

Semelhante ao corpo, as obras literárias se encontram suspensas entre o fato e o ato, entre a estrutura e a prática, entre o material e o semântico. Se um corpo não é tanto um objeto no mundo, mas um ponto a partir do qual um mundo é organizado, assim também é o texto literário. Corpos e textos são autodeterminados, o que não quer dizer que existam no vazio. Pelo contrário, a atividade de autodeterminação é inseparável da maneira como operam sobre seus arredores. Vimos que, para Jameson, esses arredores não existem simplesmente externamente à obra, mas se instalam como um subtexto em seu interior; a analogia é válida, num sentido diferente, para o corpo, que não existe num mundo que lhe é "externo". O mundo é um lugar do qual fazemos parte, não um lugar fora de nós. Seria estranho falar da cerveja como algo "externo" ao barril que a contém. Somente se meu verdadeiro eu estivesse escondido dentro do meu corpo, como um fantasma na máquina, é que a realidade poderia ser considerada externa a ele. O corpo também se tornaria externo ao eu, como o é para Descartes. Wittgenstein, sem dúvida com um toque de *faux naïvité* [falsa ingenuidade], certa vez se declarou intrigado com a expressão "o mundo exterior". Ele certamente tinha razão em achar isso estranho. De qualquer forma, a maior parte do mundo que nos rodeia é uma extensão do próprio corpo. Castelos, bancos, canais de televisão etc. são formas pelas quais o corpo humano se estende além dos seus limites para constituir uma civilização.

3

Em nenhum lugar a ideia do que se realiza num ato de fala é mais vital do que no âmbito da psicanálise.[72] Discurso para a ciência do descontentamento humano (assim poderíamos denominar a teoria psicanalítica), ela é ao mesmo tempo significado e força; de modo semelhante, o inconsciente pode ser visto como um campo semântico e, ao mesmo tempo, uma cabine de comando para poderes em conflito. À questão sobre o que fazemos quando falamos, a psicanálise acrescenta uma outra: o que fazemos quando não falamos? Existem muitas maneiras de não dizer algo, algumas delas consideravelmente mais loquazes que outras. Assim como o crítico literário trata o que uma obra diz à luz de como ela o diz, marcando assim uma diferença entre como lemos poemas e como lemos sinais de trânsito, de modo análogo o analista ouve o discurso do analisando como uma execução, e não como um conjunto de proposições. É o que o paciente realiza no ato de enunciação – ele reprime, resiste, desloca, racionaliza, recusa, nega, projeta, transfere, sublima, idealiza, agride, regressa, aplaca, seduz e assim por diante – que é a chave para as transações entre ambas as partes.

Em todos esses estratagemas e artifícios, o analista está atento ao murmúrio anônimo do desejo; e o desejo tem o efeito de distorcer o significado da verdade, perturbando a coerência narrativa, confundindo um significante com outro, sequestrando o discurso para seus

---

72 Talvez eu deva salientar que, no que se segue, estou apresentando um relato da teoria psicanalítica e de sua prática, porém não uma avaliação delas.

próprios fins tortuosos com certo desrespeito arrogante pela verdade empírica. Nesse cenário analítico, a verdade é uma questão tão performativa quanto o é na ficção. Trata-se de uma espécie de ação, e não de teoria nem de proposição. A verdade consiste, sobretudo, no drama da transferência – a reorganização da realidade psíquica do analisando em torno da figura significativa do analista. Nos termos de Kenneth Burke, nada poderia ser mais "dramatístico" e menos teórico do que esse encontro no qual, como num poema lírico, o material empírico ou conceitual só tem valor quando a ele é atribuído um papel a ser desempenhado num cenário que, em si, não é nem empírico nem teórico. A interpretação que conta nessa situação é aquela capaz de desvelar a verdade do assunto e que, ao fazê-lo, demonstra ser transformadora de vidas. Mais uma vez, algo similar poderia ser dito a respeito de poemas e romances. Como aponta Philip Rieff, "[c]omo estrategista nas guerras da verdade, Freud insistia habitualmente que teoria e terapia são de fato a mesma coisa".[73]

As interpretações são forças estratégicas no drama da transferência, a serem modificadas, elaboradas ou descartadas de acordo com o quão longe elas "levam" ou "aderem". O mesmo pode ser dito de um dramaturgo que revisa seu roteiro todas as manhãs à luz das reações do público na noite anterior. As interpretações devem ser julgadas em termos do sentido que, com elas, o paciente atribui à própria experiência, considerando-se até onde elas permitem que o paciente apresente uma narrativa coerente acerca de si mesmo. O discurso do paciente é tratado estrategicamente, como um conjunto de movimentos em um jogo, uma obra de retórica viva com as agitações do poder e do desejo. Tal como acontece com a ficção, o que parece constativo é desmascarado como performativo. Nesse sentido, o cenário de análise, no qual a teoria constantemente se transforma em prática e a prática constantemente se transforma em processo de modificação

---

73 Rieff, *Freud: The Mind of the Moralist*, p.102.

da teoria, assemelha-se mais a um local de luta política do que a um seminário acadêmico.

Sem dúvida, o analista pode ficar intrigado ao ouvir que seu paciente que faz três sessões por semana acabou de massacrar os cinco filhos antes de pegar o ônibus para a sessão do dia. Entretanto, o que conta, do ponto de vista psicanalítico, é o que essa ação significa para o inconsciente e como ela figura no processo transferencial. O importante é o papel que a ação desempenha no mundo ficcional em que ambas as partes estão ocupadas colaborando como coautores – como ela ressoa ou deixa de ressoar no diálogo íntimo, enclausurado e profundamente impessoal entre os dois. De forma semelhante, um crítico pode ficar ligeiramente interessado em saber que o poeta realmente correu nu pela High Street, em Tunbridge Wells (Inglaterra), gritando ser Joana d'Arc, embora a revelação não altere a sua descrição do poema. No cenário de análise, a questão de saber se um evento realmente aconteceu pode não ser tão importante quanto o é no cenário de um crime. Num certo sentido, o cenário de análise é exatamente o que é; entretanto, o crime em questão é desconhecido, anônimo, atemporal, não localizável, de autoria incerta, enterrado no esquecimento, nunca redutível a um acontecimento real, além de não ser um crime pelo qual sejamos, em todo caso, verdadeiramente responsáveis. Nisso, o crime tem muito em comum com o que os teólogos conhecem como pecado original.

O consultório do psicanalista é uma espécie de ficção em vários sentidos. Por um lado, o conteúdo do discurso deve sempre ser apreendido sob o signo da forma e da força. Por outro lado, a verdade diz respeito menos a uma questão de referência direta do que à função enunciativa dentro de um contexto fabricado mais amplo (o próprio cenário de análise), contexto esse que possui sua própria dinâmica interna peculiar. É esse contexto como um todo, e não qualquer proposição individual extraída dele, que tem relação com a verdade, ou seja, com o Real do desejo do paciente.

Acontecimentos e emoções da vida real entram no cenário da análise, assim como em um poema ou romance. Contudo, tal como ocorre com o texto literário, o mundo cotidiano é "despragmatizado" ao entrar nesse teatro da psique – os seus personagens e acontecimentos são separados de suas funções rotineiras e elevados para outro domínio, uma esfera simbólica na qual podem ser vistos sob a luz transfiguradora do inconsciente. Eles entram no estágio psicanalítico apenas para serem alterados (às vezes chegando a ficar irreconhecíveis) pelas exigências da sua lógica interna. Eles fornecem o conteúdo do seu projeto autossustentável, assim como as guerras, os jogos de *croquet* e as relações adúlteras são a matéria-prima necessária à ficção literária para que esta evolua de acordo com suas próprias exigências internas rigorosas. O cenário da análise é deliberadamente isolado do mundo exterior: um analista não sonharia em ir ao apartamento do seu paciente para conversar nem lhe ofereceria chá e biscoitos após a sessão, como se ele tivesse acabado de doar sangue. Conversar com alguém que está permanentemente fora do campo visual, quase sempre em silêncio, e que interromperá um paciente em plena efusão confessional com a breve instrução "Acabou o tempo!", dificilmente faz parte da vida cotidiana. Assim como a arte, o cenário da análise é bastante ritualizado. Em virtude de seus procedimentos, tanto a arte quanto a análise se encontram isoladas em relação ao mundo do trabalho. E é precisamente a distância entre a ficção e o real, as liberdades ultrajantes que ela pode levar consigo, que permite a ela revelar verdades para além do empírico; é possível fazer a mesma afirmação sobre a chamada cura pela fala, que tem uma espécie de relação oblíqua com o mundo real de um poema ou de uma peça.

Além disso, tal como uma obra literária que, submetida ao ato de desdobrar uma fábula ou assunto específico, aponta para um contexto mais amplo de significado, o discurso da cena de análise é sempre, em certo sentido, duplicado. Se for um diálogo entre dois indivíduos, será um diálogo influenciado por uma narrativa mais ampla e mais anônima de trauma, desejo, repressão e assim por diante, a qual deverá ser recontada – eis o objetivo do trabalho teórico de Freud. Tal como em uma obra literária realista, o que o paciente tem a dizer é irredutivelmente específico, embora ecoe certos tópicos "típicos", impessoais e transindividuais. Quando Freud foi informado de que seu grande rival Jung acabara de descobrir algo denominado inconsciente coletivo, ele observou sarcasticamente que, de qualquer maneira, o inconsciente é coletivo.

Em certo sentido, a psicanálise trata o corpo como um texto. Na neurose, por exemplo, o próprio corpo se torna uma espécie de roteiro, com um conjunto de sintomas ou significantes que, como no caso de algumas obras modernistas obscuras, precisam ser decifrados para revelar os significados que eles em parte revelam e em parte ocultam. A crítica inverte esse ato, tratando um texto como, entre outras coisas, um corpo material. Para o pensamento fenomenológico, como vimos, significado e materialidade nunca se encaixam perfeitamente, e a mesma constatação se verifica na psicanálise. O corpo está ao mesmo tempo parcialmente dentro e parcialmente fora do sentido. Ele não é apenas um objeto bruto no mundo, mas tampouco pode ser reduzido a uma representação. "O modo de ser do corpo", escreve Paul Ricœur, "que não é nem representação em mim nem uma coisa fora de mim, é o modelo ôntico para qualquer inconsciente concebível".[74] Na opinião de Freud, a pulsão se situa na fronteira entre o psíquico e o somático. Ela representa o corpo para a mente e, portanto, está entre a carne e o signo. A pulsão não é uma força significativa em si mesma, brotando das profundezas de nosso ser somático; todavia, ela só pode ser apreendida por meio da semântica, tal como a força de uma enunciação só pode ser apreendida por meio de seu significado.

Portanto, o inconsciente para Freud é ao mesmo tempo uma esfera de significantes e uma economia de forças, o que equivale a dizer que ele é, a uma só vez, semântico e somático. Como observa Paul Ricœur, "estamos incessantemente na junção entre o erótico e

---

[74] Ricœur, *Freud and Philosophy*, p.382.

o semântico".⁷⁵ Esses domínios gêmeos, entretanto, não podem ser claramente mapeados um em relação ao outro; e embora o desejo se apodere continuamente deste ou daquele significado, gerando, entre outras coisas, aqueles textos saturados de signos que chamamos de sonhos, ele não é significativo em si mesmo. O desejo para Freud não é uma questão de teleologia, como é, digamos, para Santo Agostinho, que encontra no anseio humano um vago prenúncio do Deus em quem sozinho ele pode repousar. O desejo, para a psicanálise, só repousa na morte – uma morte vagamente prenunciada pelo vazio em seu âmago.

O corpo, então, é escrito, traçado com significantes; contudo, ele nunca se sentirá inteiramente à vontade na linguagem, e a batalha contínua entre os dois é o ponto a partir do qual o desejo brota inexoravelmente. Por um lado, toda carne humana deve ser inserida em alguma ordem simbólica de significado, mas, por outro, isso acaba se mostrando um evento traumático que nos fará sofrer pelo resto de nossos dias. Para o próprio Freud, tal sofrimento diz respeito a uma castração simbólica, pois pagamos com nossa própria carne pelo acesso ao mundo humano. A linguagem transmuta o nosso ser em desejo e lança-nos na temporalidade, destruindo a unidade imaginária pela qual continuamos a ansiar. E o Real – o lugar onde o desejo, a Lei vingativa e a pulsão de morte se unem para constituir o núcleo monstruosamente estranho do eu – encontra-se tão fora do alcance do significante quanto o sabor dos pêssegos.

Afirma-se jocosamente às vezes que ninguém sai do consultório do psicanalista curado da dificuldade com que entrou. Isso porque o que intervém entre a entrada e a saída é um trabalho transformador, por meio do qual os conflitos da vida real são reelaborados no drama da transferência em termos da sua possível resolução. Nesse sentido, o que o analista procura desvendar não é exatamente um problema do mundo real, mas uma versão ficcional dele, na qual a negociação

---

75 Id., *The Conflict of Interpretations*, p.66.

passa por questões de imagem, narrativa, simbolismo, retórica etc. Uma vez que, ao final, o alívio resulta dessa versão reelaborada dos problemas do paciente, verifica-se que, de fato, o divã do psicanalista pouco se assemelha a um leito de hospital. No consultório do analista, o conteúdo da vida cotidiana do paciente é reorganizado e reinterpretado; isso significa que, em certo sentido, o processo de análise produz os próprios materiais sobre os quais opera. A análise participa da constituição dos problemas para os quais oferece solução. Os problemas resolvidos no consultório são, em grande parte, fabricados ali. O paralelo com a teoria do texto literário de Jameson é evidente. Quando o satírico vienense Karl Kraus observou sarcasticamente que a psicanálise representava o problema para o qual oferecia uma solução, ele teria ficado consternado se soubesse que essa era exatamente a postura de um freudiano ortodoxo.

A ideia de um subtexto tem outra influência na teoria psicanalítica. Num ensaio intitulado "O inconsciente",[76] Freud salienta que só podemos conhecer essa região submersa do eu por meio da experiência consciente; isso significa conhecê-la à luz do dia, ou seja, somente após ela ter sofrido tradução e transformação. Na realidade, o ego é um mero afloramento do inconsciente: a parte cuja tarefa nada invejável é a de lidar com o mundo "externo". Na esfera da interpretação, contudo, essa hierarquia é invertida, pois a consciência se torna uma forma de acesso às forças mais profundas que a determinam. Não se trata, certamente, da estrada principal para chegarmos ao inconsciente – esta, insiste Freud, é o sonho. Entretanto, os sonhos devem ser interpretados pela mente desperta. E o sonho, tal como o conhecemos, é um produto daquilo que Freud chama de revisão secundária, processo pelo qual o sonhador, uma vez acordado, racionaliza o seu sonho num texto cuja coerência é maior do que aquela inicialmente

---

[76] Ensaio publicado em 1915; a tradução de Paulo César de Souza se encontra no volume 12 das *Obras completas* de Freud publicadas pela Companhia das Letras. (N. T.)

constatada. Portanto, o inconsciente é sempre um subtexto elaborado pela mente consciente. Assim como a história e a ideologia que entram na obra literária como subtexto, o inconsciente nunca pode ser conhecido em estado bruto. Conhecemo-lo apenas na forma como o ego o moldou estrategicamente.

Se o cenário da análise reconstitui o problema para o qual oferece uma resposta, algo dessa mesma estrutura de pergunta e resposta pode ser encontrado na neurose. Isso ocorre porque a neurose é um ato simbólico com estrutura dupla. Na visão de Freud, ela significa um problema, mas também representa uma tentativa estratégica de resolvê-lo. Ambas as atuações podem ser encontradas no sintoma neurótico, que expressa um desejo ao mesmo tempo que registra sua repressão. O sintoma representa um impasse ou uma aporia no momento em que a força irresistível do desejo inconsciente encontra a objeção imóvel do superego censor. Nesse sentido, o sintoma neurótico é, em si mesmo, um tipo de situação de problema e resposta. Ele visa a um compromisso operacional entre o desejo e a sua proibição e, portanto, é uma resposta construtiva ao distúrbio que significa. É como se, no modelo de Jameson, o desejo inconsciente fosse o subtexto para o qual a nossa atenção é atraída apenas pelo ato estratégico de tentar dominá-lo.

O neurótico, para Freud, é alguém que, do ponto de vista simbólico, insiste em suscitar um problema a fim de dominá-lo. Ocorre que, tal como acontece com os escritores de ficção, a dominação só pode assumir uma forma imaginária. Assim que o problema for resolvido nos termos da vida real, o sintoma neurótico deverá desaparecer. Assim que os conflitos reais desaparecem, já não há necessidade de uma resolução deslocada ou simbólica deles. De modo semelhante, alguns marxistas mais otimistas defenderam que, uma vez superadas as contradições históricas, a ideologia, no sentido de uma resolução imaginária das contradições, não será mais necessária. Poderíamos igualmente prever que, com o desaparecimento total dos conflitos humanos, a literatura definharia. É pelo fato de tal condição não ser possível que ela continua. Eis um sentido em que a arte literária gera virtude a partir da necessidade.

*

Se o discurso entre paciente e analista está no ponto de encontro entre o significado e a força, ali também se encontram os sonhos sobre os quais o discurso opera. A interpretação dos sonhos para Freud envolve uma dinâmica e uma semântica que operam juntas. É preciso decifrar as representações do sonho e, ao fazê-lo, encontrar nas suas distorções, elisões e deslocamentos uma guerra de forças inconscientes. Essas forças deixam sua marca no significado, mas o fazem de maneiras tais que o significado acaba sendo violentamente alterado, afastando-se da verdade. Na economia do sonho, o significado deve chegar a um meio-termo com o poder, à medida que o superego censor intervém para suavizar, reprimir, condensar, deslocar ou disfarçar as representações do sonho. As lacunas, elisões, hesitações, evasões e saltos narrativos que resultam dessa censura fornecem então ao analista pistas vitais para as operações do inconsciente. De modo semelhante, um crítico marxista como Pierre Macherey procura lançar luz sobre as relações da obra literária com a ideologia, prestando atenção ao que ela compulsiva, loquaz e repetidamente deixa de dizer.

Se os sonhos envolvem uma dinâmica e uma semântica juntas, é claro que nem uma "energética" nem uma hermenêutica sozinhas são suficientes para lhes dar sentido.[77] A primeira é um método mecanicista demais, enquanto a segunda é excessivamente idealista. Em vez disso, precisamos de um tipo de análise que compreenda o texto onírico tanto como evento quanto como estrutura – em uma palavra, como estruturação. É isso que Freud tem em mente quando fala do "trabalho do sonho", que representa o processo dinâmico de gerar,

---

77 Uma certa corrente do pós-estruturalismo – Deleuze, o jovem Lyotard e Foucault em certos aspectos – tende a substituir uma hermenêutica por uma "energética".

condensar, reprimir, deformar, deslocar, disfarçar e transfigurar os materiais do sonho. Tudo isso pode ser visto como uma estratégia insondavelmente complexa por parte do desejo. O sonho não é exatamente uma estrutura, mas sim uma estrutura em ação. Em alguns dos seus recursos favoritos (narrativa, substituição metafórica, deslocamento metonímico, sobredeterminação das suas imagens etc.), ele tem uma notável semelhança com o texto poético.

Condensação, deslocamento, disfarce, censura, distorção: todos esses mecanismos, que pertencem ao trabalho do sonho, correspondem a outras tantas operações estratégicas sobre o "conteúdo latente" do sonho; e o resultado de seu trabalho é o que Freud chama de "conteúdo manifesto" – é o texto do sonho propriamente dito. Esse é o sonho tal como o recordamos quando estamos acordados e com o qual passamos a aborrecer os nossos amigos e familiares. Como as transformações do trabalho do sonho intervêm entre o conteúdo latente e o conteúdo manifesto, seria um erro postular correspondências diretas entre o primeiro e o segundo, assim como seria ingênuo presumir tais correspondências diretas entre uma obra de ficção e a realidade. Fazer isso seria ver a ficção como um espelho, e não como uma obra.

O papel do analista, mais ou menos como o do *Ideologiekritik* [crítico da ideologia], não é tanto revelar o significado de um texto distorcido, mas expor o significado da própria distorção do texto, desmascarando-a como um efeito de poder. A psicanálise é aquele tipo raro de hermenêutica que leva muito a sério o funcionamento do poder, o que dificilmente poderia ser dito acerca das obras de Wilhelm Dilthey, Hans-Georg Gadamer ou E. D. Hirsch. Sob o texto onírico coerente e contínuo produzido pela revisão secundária, encontra-se o texto verdadeiro do próprio sonho – texto disforme e mutilado, com suas lacunas, enigmas e absurdos surreais, suas tentativas astutas de escapar da censura e contrabandear significados escandalosos. Toda essa atividade estratégica astuta e engenhosa por parte da censura, no seu encontro com os estratagemas igualmente tortuosos do desejo, tem um objetivo cuja banalidade chega a ser embaraçosa: permitir-nos continuar a dormir em paz. Caso contrário, poderemos acordar alarmados, perturbados por um encontro demasiado chocante com o núcleo traumático do sonho. Talvez também nisso o texto do sonho tenha uma afinidade com a ideologia: ambos são atos simbólicos que representam um confronto "impossível" com o Real psíquico ou político.

Sonho, para Freud, é realização de desejo disfarçada, o que equivale a dizer que um sonho contém tanto um desejo real quanto uma realização imaginária.[78] Ele fala, em suas *Conferências introdutórias à psicanálise*,[79] sobre a *relação* do sonhador com seus desejos inconscientes, que podem ser reprimidos ou repudiados por serem desagradáveis. Nesse sentido, a relação entre desejo e realização pode ser reformulada como uma relação entre problema e solução. Ao sonhar, podemos satisfazer um desejo que seria proibido na vida desperta; isso acontece porque o desejo é processado pelo trabalho do inconsciente, moderado, disfarçado e reescrito até que possa se apresentar de forma razoavelmente civilizada. De forma semelhante, Charlotte Brontë não pode conceder a realização a Jane Eyre logo no primeiro parágrafo do romance. Se ela o fizesse, não haveria romance. Se *Jane Eyre* apresenta ao leitor uma narrativa, é em parte porque o desejo da sua heroína deve ser adiado, desviado, modulado, rejeitado, deslocado de um objeto para outro, até que possa ser concretizado em termos aceitáveis para a censura social. Assim como o sintoma neurótico, o sonho é uma formação de uma concessão. Trata-se de duas formas substitutas ou simbólicas de satisfazer um desejo proibido – desejo este que, se fosse negado abertamente, provocaria um excesso de ansiedade. Tanto o sonho quanto o sintoma são estratégias para administrar e conter forças inconscientes, bem como para dar vazão a elas.

---

[78] Para um debate sobre essa questão, bem como para uma excelente breve introdução ao pensamento de Freud, ver Wollheim, *Freud*.

[79] Ver o volume 13 das *Obras completas* de Freud publicadas pela Companhia das Letras, com tradução de Sergio Tellaroli. (N. T.)

Se tanto o sonho quanto o sintoma apresentam uma estrutura circular, provocando a existência dos próprios problemas que procuram dominar, o mesmo esquema se aplica a Freud no que diz respeito à relação entre Lei e desejo. Os decretos austeros da Lei ou do superego, ao nos lembrarem daquilo que é proibido, tendem a provocar os próprios desejos que negam, fornecendo à Lei insanamente vingativa algo para reprimir. A notícia triste, porém, é que o que temos aqui é mais uma estrutura de problema e problema do que uma estrutura de problema e solução, já que, por um lado, a Lei (ela mesma a causa de grande parte da nossa miséria) gera um desejo que também é fonte de infelicidade e, por outro lado, esse desejo incita a Lei a uma selvageria ainda mais gratuita. Para piorar ainda mais a situação, também desejamos a Lei, almejando o seu castigo a fim de expiar a nossa culpa; todavia, esse deleite masoquista em ser castigado gera, por sua vez, mais culpa, o que faz que a Lei caia alegremente mais uma vez sobre nossas cabeças. De acordo com tal concepção, não vivemos numa evolução progressiva de perguntas e respostas, mas numa dialética estagnada, lançada de uma fonte de tristeza para outra.

*

Vimos que o sonho modera um confronto temeroso com o Real; a arte também visa a esse objetivo. A arte, para Freud, é uma forma de satisfação substituta ou de realização de desejos, mas de um tipo adequadamente não neurótico – uma forma que nos permite atender às nossas fantasias sem vergonha nem autorreprovação e, assim, evitar a fúria sádica do superego. Ela modifica as nossas fantasias ilícitas para as tornar socialmente aceitáveis, chegando a um meio-termo entre o desejo e a necessidade, o princípio do prazer e o princípio da realidade. Para alguns críticos psicanalíticos, a arte é a instância que permite ao princípio do prazer ficar sob a gestão criteriosa do princípio da realidade, à medida que o ego, disfarçado de forma literária, intervém para moldar um desejo que poderia sair do controle. Tal como para alguns críticos marxistas, a forma afasta a ideologia até a distância necessária para que esta se torne novamente perceptível e, portanto, aberta a contestações, de modo que a obra literária pode ser vista como uma objetivação de fantasias inconscientes, convertendo a matéria disforme e sublimemente aterrorizante em imagens tangíveis. Uma vez objetivados dessa maneira, os conflitos podem ser confrontados, e a angústia que evocam, aliviada.[80] A forma atua, pois, como um modo de defesa psíquica e como uma espécie de domínio. Ela ameniza a culpa implicada no fato de cedermos à nossa fantasia, bem como satisfaz certa necessidade infantil de tornar as coisas completas. A arte, em suma, é uma espécie de terapia, muito mais barata, aliás, que a psicanálise. Poderíamos acrescentar que, quando alguém quer satisfazer suas próprias fantasias de maneira socialmente aceitável, há uma palavra para isso: ficção.

Esse estilo de crítica psicanalítica, por mais sugestivo que possa parecer, envolve uma dicotomia simplista entre forma e conteúdo, termos que se correlacionam aproximadamente com ego e inconsciente. A sua visão da forma como ordenadora e unificadora é mais relevante para a obra de arte clássica do que para a obra de arte (pós-)modernista. Além disso, assim como a crítica marxista vulgar não consegue compreender a forma como um meio central da ideologia, esse tipo de teoria também é incapaz de reconhecer como a forma pode ser conivente na construção da fantasia, e não apenas na defesa do ego contra os seus excessos perigosos.

Uma abordagem mais sofisticada, segundo a qual a própria forma é o meio do desejo, pode ser encontrada nas reflexões psicanalíticas de Peter Brooks sobre a natureza da narrativa. Em *Reading for the Plot*, Brooks comenta que o enredo é "talvez mais bem concebido como uma atividade, uma operação estruturante", ou seja, como uma

---

80 Ver Lesser, *Fiction and the Unconscious*, p.151-2. Ver ainda Holland, *The Dynamics of Literary Response*.

estratégia.[81] A leitura revela uma "paixão pelo significado" impulsionada pelo inconsciente. "Narrativas", escreve ele,

> [...] revelam a natureza da narração enquanto uma forma de desejo humano: a necessidade de contar como uma pulsão primária do ser humano que procura seduzir e subjugar o ouvinte, a fim de implicá-lo no impulso de um desejo que nunca consegue pronunciar o seu nome – nunca consegue chegar ao ponto –, mas que insiste em falar repetidamente sobre o seu movimento em direção a esse nome.[82]

Além disso, assim como Eros em geral constrói unidades complexas cada vez maiores (famílias, cidades, nações), o leitor da narrativa procura construir significados acachapantes cada vez maiores. O desejo narrativo é totalizante e (uma vez que só irá parar no final da narrativa) é, entre outras coisas, desejo *por* um final.

Isso, no entanto, liga a narrativa tanto a Tânatos (ou à pulsão de morte) quanto a Eros, uma vez que Tânatos está, de modo similar, numa ardente busca por seu próprio perecimento deleitoso. Dentro da própria história, tal paixão pelo encerramento, na visão de Brooks, pode ser encontrada em suas repetições, em seu contínuo circuito sobre si mesma, na paralisação do seu próprio movimento inquieto. Dessa maneira, Tânatos procura suspender o tempo, derrotar o implacável avanço de Eros e regressar a alguma condição mais primitiva e pré-histórica antes da dolorosa emergência do ego. No entanto, essas repetições textuais compulsivas – as mesmices nas diferenças nas quais a presença do demoníaco e do estranho podem ser detectadas – também servem para "ligar" as energias do texto, normalmente difusas, e, ao dominá-las desse modo, preparam-nas para a sua liberação prazerosa. Nesse sentido, então, Tânatos opera necessariamente a serviço de Eros. A serviço de Eros também no

---

81 Brooks, *Reading for the Plot*, p.37.
82 Ibid., p.61.

sentido de que o desejo anseia por sua própria consumação, porém (uma vez que essa consumação também resultará em sua extinção) a exige de uma forma que também a adia. O desejo precisa encontrar o seu próprio caminho tortuoso até o encerramento e, quando entra na narrativa, utiliza várias repetições e desvios para retardar a sua própria realização. Esse desvio ou divergência tem o nome de trama, que retarda a descarga última do desejo na quiescência de uma conclusão. Em termos não literários, tal peregrinação de almas perdidas e infelizes entre a sua origem e o seu fim é conhecida por Freud como existência humana.

"O que poderia ser mais profundamente retórico", pergunta Kenneth Burke, "do que a noção de Freud de um sonho que consegue se expressar por meio de subterfúgios estilísticos que visam escapar do controle de um censor moralista?".[83] Burke está pensando aqui na retórica como um ato político e, assim, vendo a psicanálise também em termos políticos. Assim como a política radical, trata-se de uma investigação pautada pela seguinte pergunta: por que nossa realização é roubada ou é concedida a nós somente nos termos alienantes da Lei? Se a psique é o lugar onde o significado sofre violência por parte de uma força repressiva, isso também ocorre no caso da ideologia, que é o ponto nevrálgico onde o poder impacta o discurso e o desvia da verdade. O literário por vezes tem sido visto como um antídoto para a ideologia, pois busca recuperar a rica ambiguidade da linguagem, salvando-a do monista e do manipulador. A suposição é certamente ingênua. Entretanto, o caso também envolve uma visão demasiado reducionista da própria ideologia, que é bem capaz de mobilizar para fins próprios os recursos da ambiguidade, da indeterminação, da polivalência etc.[84]

Tanto a psicanálise como a crítica política são também estudos sobre como obtemos certo prazer obsceno a partir da nossa própria

---

83 Burke, *A Rhetoric of Motives*, p.37.
84 Ver Eagleton, *Ideology: An Introduction*, p.60-1.

subjugação, num masoquismo primário que ameaça nos entregar nas mãos dos poderes dominantes. O caminho mais seguro para que qualquer poder desse tipo possa garantir para si uma vida fácil consiste em persuadir os seus cidadãos a apreciarem o processo de autoviolação do próprio poder. Em termos políticos, isso é conhecido como hegemonia; em termos psicanalíticos, trata-se do ato de internalizar a Lei. A boa notícia é que ambos os procedimentos estão repletos de perigos e provavelmente alcançarão apenas êxito parcial. Se existe em nós aquilo que deseja a Lei, existe também aquilo que se regozija ao vê-la rebaixada. Tragédia é um nome para o primeiro impulso, e comédia, para o segundo.

*

Para finalizar: e quanto à crítica política? Num ensaio intitulado "Sobre a literatura como forma ideológica", Etienne Balibar e Pierre Macherey, em termos marxistas tradicionais, referem-se às obras literárias como atos simbólicos – resoluções imaginárias de contradições reais –, porém acrescentando uma reviravolta teórica a essa noção que normalmente é familiar. "Seria inútil", declaram eles,

> procurar nos textos o discurso "nu" original dessas posições ideológicas, como eram "antes" das suas realizações "literárias", pois tais posições ideológicas só podem ser formadas na materialidade do texto literário. Ou seja, só podem aparecer numa forma que proporcione a sua resolução imaginária, ou, melhor ainda, numa forma que as desloque, substituindo-as por contradições imaginárias solúveis na prática ideológica da religião, da política, da moralidade, da estética e da psicologia.[85]

Mais uma vez, o paralelo com o modelo jamesoniano está claro. As contradições sobre as quais o texto opera não aparecem em sua

---

85 Balibar e Macherey, "On Literature as an Ideological Form", em *Untying the Text*, p.88.

forma bruta, por assim dizer, mas sob a forma de sua resolução em potencial ou sob uma aparência deslocada. Pode-se, portanto, afirmar que tais problemas foram apenas "formados na materialidade do texto literário" – fala-se deles apenas na mesma forma em que o texto os transforma em subtexto, que é também o objeto das suas operações.

Mais uma vez, a obra literária é entendida como uma solução para a questão que é ela mesma. Para a crítica política, como para tantos outros ramos da teoria literária, a obra é uma espécie de estratégia. Ao contrário de uma campanha militar, contudo, ela aborda um mundo exterior a ela de uma maneira que lhe permite moldar a si mesma. Ao assimilar o que procura resolver na sua própria substância, constrói uma relação com a realidade, estabelecendo uma relação consigo mesma. Por conseguinte, um dilema antigo – a arte é autônoma ou é referencial? – é retomado sob um novo ponto de vista.

Existem várias dificuldades com essa hipótese. Será que todas as obras literárias, de Catulo a Coetzee, são dispositivos de resolução de problemas? É claro que não se trata de como Catulo ou Coetzee viam o que estavam fazendo, assim como Shakespeare não sabia que era um semiótico sofisticado. Estamos falando de um conjunto de técnicas, e não de uma intenção autoral. No entanto, a teoria da literatura tem seus limites, assim como qualquer teoria. Será que toda obra literária é serva de uma ideologia governante, destinada a resolver conflitos da maneira que essa ideologia considera conveniente? Imaginar isso é ter uma visão muito negativa. A obra de arte, qualquer que seja a sua capacidade de conluio com formas de opressão, é um exemplo de práxis humana e, portanto, de um modo de bem viver. Nesse sentido, a crítica política deveria envolver mais do que uma hermenêutica da suspeita. Ela deve também estar atenta à imagem de boa vida de William Blake: "As artes e todas as coisas em comum".

E as obras que resistem a um poder soberano? O que dizer, também, dos textos modernistas ou pós-modernistas que evitam as seduções do encerramento, ostentando a dissonância e a contradição, em vez de excluí-las? Não estamos falando, nesses casos, de um conteúdo que se autodivide e é contido por uma unidade de forma. Trata-se, antes, de saber que tais conflitos se infiltram na linguagem e na estrutura da própria obra, dissolvendo-a em fragmentos que podem nem sequer ser suficientemente determinados para entrarem em antagonismo mútuo. Uma obra como *A terra devastada* procura resolver certos problemas da modernidade recorrendo aos ciclos de morte e renascimento da mitologia; contudo, esse subtexto centrípeto, que busca reunir o amontoado de imagens fragmentadas do poema num desenho coerente, precisa lutar arduamente contra a força centrífuga da sua superfície fragmentária.

O conceito de estratégia, contudo, não se esgota na versão de Balibar e Macherey. Ele não precisa se limitar a obras com finais de contos de fadas. Não se trata apenas de uma questão de como determinados conflitos podem ser resolvidos, mas de como podem ser deixados sem solução ou de como são tratados como um todo. Uma vantagem do conceito reside no fato de, por um lado, evitar uma visão demasiado unificada da obra de arte, ao mesmo tempo que, por outro lado, lhe dá identidade suficiente para que haja sentido em se dizer que um atributo particular dela é um atributo *desse* texto. As estratégias são arranjos frouxos e internamente diferenciados, alimentados por um conjunto de propósitos gerais, porém com partes semiautônomas, entre as quais pode haver atritos e conflitos. Se elas têm uma lógica própria e complexa, esta não pode ser reduzida nem a uma única intenção informativa nem ao funcionamento anônimo de uma estrutura. Nesse sentido, nem uma fenomenologia centrada na consciência nem um objetivismo estruturalista são suficientes para explicá-las.

Estratégias são projetos com propósito, porém não as enunciações intencionais de um único sujeito. Um exemplo não literário disso é o tipo de poder que Antonio Gramsci chama de hegemonia, que é voltado para determinados objetivos, mas que não pode ser entendido como o ato de um único sujeito (como uma classe governante). Estratégias não são objetos nem atos unitários. Se são arranjos completamente mundanos, não é por "refletirem" a realidade ou "corresponderem" a ela, mas porque, mais à maneira de uma gramática wittgensteiniana, elas organizam a realidade e dão a ela uma aparência significativa, empregando para isso certas técnicas governadas por regras.

O conceito de estratégia também nos permitiu encontrar paralelismos entre diferentes formas de teoria literária. E fazer tais conexões é sempre gratificante para a filosofia, que, como Freud observou certa vez, muito se assemelha à paranoia.[86]

---

[86] "[...] as formações delirantes dos paranoicos mostram indesejada semelhança externa e parentesco interno com os sistemas de nossos filósofos." A afirmação encontra-se no Prefácio a *Problemas de psicologia da religião* (1919), de Theodor Reik, texto aqui citado na tradução de Paulo César de Souza para o volume 14 das *Obras completas* de Freud, publicadas pela Companhia das Letras. (N. T.)

Referências bibliográficas

ADAMS, Marilyn. *William Ockham*. South Bend, Ind., 1989.
ADORNO, Theodor. *Aesthetic Theory*. Londres, 1984. [Ed. bras. *Teoria estética*. Trad. Artur Morão. São Paulo: Martins Fontes, 1982.]
AGAMBEN, Giorgio. *The Time That Remains*. Stanford, 2005. [Ed. bras. *O tempo que resta*. Trad. Davi Pessoa e Cláudio Oliveira. Belo Horizonte: Autêntica, 2016.]
ALTHUSSER, Louis. A Letter on Art in Reply to André Daspre. In: *Lenin and Philosophy*. Londres, 1971.
ALTIERI, Charles. A Procedural Definition of Literature. In: HERNADI, Paul (Ed.). *What Is Literature?* Bloomington, Ind./Londres, 1978.
_____. *Act and Quality*. Brighton, 1981.
ARMSTRONG, David M. *Universals and Scientific Realism*, v.1: *Nominalism and Realism*. Cambridge, 1978.
ARMSTRONG, Karen. *The Bible*: The Biography. Londres, 2007. [Ed. bras. *A Bíblia*: uma biografia. Trad. Maria Luiza Borges. Rio de Janeiro: Zahar, 2007.]
ATTRIDGE, Derek. *Peculiar Language*: Literature as Difference from the Renaissance to James Joyce. Londres, 1988.
_____. Singular Events: Literature, Invention, and Performance. In: BEAUMONT BISSELL, Elizabeth (Ed.). *The Question of Literature*. Manchester, 2002.

ATTRIDGE, Derek. *The Singularity of Literature*. Londres/Nova York, 2004.
AUSTIN, John L. *How to Do Things with Words*. Oxford, 1962.
_____. Performative Utterances. In: *Philosophical Papers*. Oxford, 1970.
_____. Pretending. In: *Philosophical Papers*. Oxford, 1970.
_____. *Sense and Sensibilia*. Oxford, 1962. [Ed. bras. *Sentido e percepção*. Trad. Armando Mora de Oliveira. São Paulo: Martins Fontes, 1993.]
BADIOU, Alain. *Being and Event*. Londres, 2005. [Ed. bras. *O ser e o evento*. Trad. Maria Luiza Borges. Rio de Janeiro: Jorge Zahar, 1996.]
BALIBAR, Etienne; MACHEREY, Pierre. On Literature as an Ideological Form. In: YOUNG, Robert (Ed.). *Untying the Text*. Londres, 1981.
BARTHES, Roland. *Critical Essays*. Evanston, Ill., 1972.
BEARDSLEY, Monroe. *Aesthetics*. Nova York, 1958.
_____. *Literary Theory and Structure*. New Haven, 1973.
_____. The Concept of Literature. In: BRADY, Frank; PALMER, John; PRICE, Martin (Eds.). *Literary Theory and Structure*. New Haven/Londres, 1973.
BENNETT, Tony. *Formalism and Marxism*. Londres, 1979.
BHASKAR, Roy. *Reclaiming Reality*. Londres/Nova York, 1989.
BLUMENBERG, Hans. *The Legitimacy of the Modern Age*. Cambridge, Mass./Londres, 1983.
BROCK, Stuart; MARES, Edwin. *Realism and Anti-Realism*. Londres, 2007.
BROOKS, Peter. *Reading for the Plot*. Oxford, 1984.
BROWN, Robert L.; STEINMANN JR., Martin. Native Readers of Fiction: A Speech-Act and Genre-Rule Approach to Defining Literature. In: HERNADI, Paul (Ed.). *What Is Literature?* Bloomington, Ind./Londres, 1978.
BRUNS, Gerald L. Midrash and Allegory: The Beginnings of Scriptural Interpretation. In: ALTER, Robert; KERMODE, Frank (Eds.). *The Literary Guide to the Bible*. Londres, 1978.
BULL, Malcolm. *Seeing Things Hidden*. Londres, 1999.
BURKE, Kenneth. *A Grammar of Motives*. Berkeley, 1969.
_____. *A Rhetoric of Motives*. Berkeley/Los Angeles, 1969.
_____. *Language as Symbolic Action*. Berkeley/Los Angeles, 1966.
_____.*The Philosophy of Literary Form*: Studies in Symbolic Action. Baton Rouge, 1941.
BURRI, Alex. Facts and Fiction. In: GIBSON, John; HUEMER, Wolfgang (Eds.). *The Literary Wittgenstein*. Londres/Nova York, 2004.
CARRÉ, Meyrick H. *Realists and Nominalists*. Oxford, 1946.
CARROLL, John (Ed.). *Selected Letters of Samuel Richardson*. Oxford, 1964.

CARROLL, Noel. *Beyond Aesthetics*. Cambridge, 2001.
CAVELL, Stanley. *Must We Mean What We Say?* Nova York, 1969.
_____. *The Claim of Reason*. Nova York/Oxford, 1979.
_____. *A Pitch of Philosophy*. Cambridge, Mass., 1994.
CEBIK, L. B. *Fictional Narrative and Truth*. Lanham, Md., 1984.
CERVANTES, Fernando. Phronesis vs Scepticism: An Early Modernist Perspective. *New Blackfriars*, v.91, n.1036, nov. 2010.
CLARK, David Lee (Ed.). *Shelley's Prose*. Nova York, 1988.
CLARKE, Simon. *The Foundations of Structuralism*. Brighton, 1981.
COLLINGWOOD, Robin G. *An Autobiography*. Londres, 1939.
_____. *An Essay on Metaphysics*. Londres, 1940.
COMPAGNON, Antoine. *The Five Paradoxes of Modernity*. Nova York, 1994.
CRITTENDEN, Charles. *Unreality*: The Metaphysics of Fictional Objects. Nova York, 1991.
CROWTHER, Paul. *Critical Aesthetics and Postmodernism*. Oxford, 1993.
CULLER, Jonathan. *Structuralist Poetics*. Londres/Ithaca, NY, 1975.
CUNNINGHAM, Conor. Wittgenstein after Theology. In: MILBANK, John et al. (Eds.). *Radical Orthodoxy*: A New Theology. Londres/Nova York, 1999.
CURRIE, Gregory. *The Nature of Fiction*. Cambridge, 1990.
D'ORO, Giuseppina. *Collingwood and the Metaphysics of Experience*. Londres/Nova York, 2002.
DANTO, Arthur C. Philosophy as/and/of Literature. In: CASCARDI, Anthony J. (Ed.). *Literature and the Question of Philosophy*. Baltimore, Md./Londres, 1987.
DAVIES, Stephen. *Definitions of Art*. Ithaca, NY/Londres, 1991.
DE MAN, Paul. *Allegories of Reading*. New Haven/Londres, 1979. [Ed. bras. *Alegorias da leitura*. Trad. Lenita R. Esteves. Rio de Janeiro: Imago, 1996.]
_____. *Blindness and Insight*. Nova York, 1971.
_____. The Rhetoric of Temporality. In: SINGLETON, Charles (Ed.). *Interpretation*: Theory and Practice. Baltimore, Md., 1969.
DERRIDA, Jacques. *Acts of Literature*. Nova York/Londres, 1992.
_____. *L'écriture et la différence*. Paris, 1967.
DICKIE, George. *Art and the Aesthetic*. Ithaca, NY, 1974.
DUPRÉ, John. *The Disorder of Things*. Cambridge, Mass./Londres, 1993.
EAGLETON, Terry. *After Theory*. Londres, 2003. [Ed. bras. *Depois da teoria*. Trad. Maria Lucia de Oliveira. 3.ed. Rio de Janeiro: Civilização Brasileira, 2011.]

EAGLETON, Terry. *Against the Grain*: Essays, 1975-1985. Londres, 1986.
_____. *Crazy John and the Bishop*. Cork, 1998.
_____. *Criticism and Ideology*. Londres, 1976.
_____. *Heathcliff and the Great Hunger*. Londres, 1995.
_____. *How to Read a Poem*. Oxford, 2007.
_____. *Ideology*: An Introduction. Londres, 1991. [Ed. bras. *Ideologia*: uma introdução. Trad. Luís Carlos Borges e Silvana Vieira. São Paulo: Editora Unesp/Boitempo, 2006.]
_____. *Literary Theory*: An Introduction. Oxford, 1983. [Ed. bras. *Teoria da literatura*: uma introdução. Trad. Waltensir Dutra. 6.ed. São Paulo: Martins Fontes, 2006.]
_____. *Myths of Power*: A Marxist Study of the Brontës. Londres, 1975.
_____. *Sweet Violence*: The Idea of the Tragic. Oxford, 2003. [Ed. bras. *Doce violência*: a ideia do trágico. Trad. Alzira Vieira Allegro. São Paulo: Editora Unesp, 2013.]
_____. *The Ideology of the Aesthetic*. Oxford, 1991. [Ed. bras. *A ideologia da estética*. Trad. Mauro Sá Rego Costa. Rio de Janeiro: Zahar, 1993.]
_____. *The Illusions of Postmodernism*. Oxford, 1996. [Ed. bras. *As ilusões do pós-modernismo*. Trad. Elisabeth Barbosa. Rio de Janeiro: Zahar, 1998.]
_____. *Trouble with Strangers*: A Study of Ethics. Oxford, 2009.
_____. Wittgenstein's Friends. *New Left Review*, n.135, set.-out. 1982.
ECO, Umberto. *A Theory of Semiotics*. Bloomington/Londres, 1977.
_____. *The Role of the Reader*. Londres, 1971.
ELLIS, John M. *The Theory of Literary Criticism*. Berkeley, 1974.
ERLICH, Victor. *Russian Formalism*: History and Doctrine. The Hague, 1980.
FARRELL, Frank. *Subjectivity, Realism and Postmodernism*. Cambridge, 1994.
FEIBLEMAN, James K. *An Introduction to the Philosophy of Charles Sanders Peirce*. Cambridge, Mass., 1970.
FISH, Stanley. How Ordinary Is Ordinary Language? *New Literary History*, v.5, n.1, 1973.
_____. *Is There a Text in This Class?* Cambridge, Mass., 1980.
_____. Literature in the Reader: Affective Stylistics. *New Literary History*, v.2, n.1, 1970.
_____. What Is Stylistics and Why Are They Saying Such Terrible Things about It? In: CHATMAN, Seymour (Ed.). *Approaches to Poetics*. Nova York, 1973.
_____. Why No One's Afraid of Wolfgang Iser. *Diacritics*, v.11, n.3, 1981.

FLOCH, Jean-Marie. *Semiotics, Marketing and Communication*: Behind the Signs, the Strategies. Basingstoke, 2001.

FREUD, Sigmund. *Standard Edition of the Complete Psychological Works*. v.9. Londres, 1953.

GADAMER, Hans-Georg. *Truth and Method*. Londres, 1975. [Ed. bras. *Verdade e método I*. Trad. Flávio Paulo Meurer. 7.ed. Petrópolis: Vozes, 2005.]

GALE, Richard. The Fictive Use of Language. *Philosophy*, v.46, n.178, out. 1971.

GARDNER, John. *On Moral Fiction*. Nova York, 1977.

GAUT, Berys. "Art" as a Cluster Concept. In: CARROLL, Noel (Ed.). *Theories of Art Today*. Madison, Wis., 2000.

GEACH, Peter; BLACK, Max (Eds.). *Translations from the Philosophical Writings of Gottlob Frege*. Totowa, NJ, 1980.

GENETTE, Gérard. *Figures*. Paris, 1969. [Ed. bras. *Figuras*. Trad. Ivonne Floripes Mantoanelli. São Paulo: Perspectiva, 1972.]

GOODMAN, Nelson. *Of Mind and Other Matters*. Cambridge, Mass., 1984.

GRAFF, Gerald. Literature as Assertions. In: KONIGSBERG, Ira (Ed.). *American Criticism in the Post-Structuralist Age*. Ann Arbor, Mich., 1981.

GRAY, Bennison. *The Phenomenon of Literature*. The Hague, 1975.

GREIMAS, Algirdas Julien. *Sémantique structurale*. Paris, 1966.

HACKER, Peter M. S. *Insight and Illusion*. Oxford, 1986.

HARTSHORNE, Charles; WEISS, Paul (Eds.). *Collected Papers of Charles Sanders Peirce*. v.1. Cambridge, Mass., 1982.

HAWKES, Terence. *Structuralism and Semiotics*. Londres, 2003.

HILLIS MILLER, Joseph. *On Literature*. Londres/Nova York, 2002.

_____. *The Disappearance of God*. Cambridge, Mass., 1963.

HIRSCH JR., Eric Donald. *The Aims of Interpretation*. Chicago, 1976.

_____. *Validity in Interpretation*. New Haven, 1967.

_____. What Isn't Literature?. In: HERNADI, Paul (Ed.). *What Is Literature?* Bloomington, Ind./Londres, 1978.

HJELMSLEV, Louis. *Prolegomena to a Theory of Language*. Madison, Wis., 1961.

HOBSBAWM, Eric. *How to Change the World*. Londres, 2011. [Ed. bras. *Como mudar o mundo*. Trad. Donaldson M. Garschagen. São Paulo: Companhia das Letras, 2011.]

HOLLAND, Norman N. *The Dynamics of Literary Response*. Nova York, 1968.

HOLUB, Robert C. *Reception Theory*. Londres/Nova York, 1984.

HOSPERS, John. Implied Truths in Literature. *Journal of Aesthetics and Art Criticism*, v.19, n.1, 1960.

HOWELL, Robert. Fictional Objects. *Poetics*, n.8, 1979.
HURSTHOUSE, Rosalind. *On Virtue Ethics*. Oxford, 1999.
INGARDEN, Roman. *The Cognition of the Literary Work of Art*. Evanston, Ill., 1973.
_____. *The Literary Work of Art*. Evanston, Ill., 1973.
INGHAM, Mary B.; Dreyer, Mechthild. *The Philosophical Vision of John Duns Scotus*. Washington, DC, 2004.
ISENBERG, Arnold. The Problem of Belief. In: COLEMAN, Francis J. (Ed.). *Contemporary Studies in Aesthetics*. Nova York, 1968.
ISER, Wolfgang. *Prospecting*: From Reader Response to Literary Anthropology. Baltimore, Md./Londres, 1989.
_____. *The Act of Reading*. Baltimore, Md./Londres, 1978. [Ed. bras. *O ato da leitura*. Trad. Johannes Kretschmer. São Paulo: Editora 34, 1999. 2v.]
_____. *The Implied Reader*. Baltimore, Md./Londres, 1974.
JAMESON, Fredric. *The Ideologies of Theory*. Londres, 2009.
_____. *The Modernist Papers*. Londres, 2007.
_____. *The Political Unconscious*. Londres, 1981. [Ed. bras. *O inconsciente político*. Trad. Valter Lellis Siqueira. São Paulo: Ática, 1992.]
_____. *The Prison-House of Language*. Princeton, 1972.
JAUSS, Hans Robert. *Toward an Aesthetic of Reception*. Minneapolis, 1982.
JOHNSON, Peter. *R. C. Collingwood*: An Introduction. Bristol, 1998.
JONES, Peter. *Philosophy and the Novel*. Oxford, 1975.
KERR, Fergus. *Thomas Aquinas*. Oxford, 2009.
KNAPP, Stephen; BENN MICHAELS, Walter. Against Theory. In: MITCHELL, William John Thomas (Ed.). *Against-Theory*: Literary Studies and the New Pragmatism. Berkeley, 1985.
LACOUE-LABARTHE, Philippe; NANCY, Jean-Luc. *The Literary Absolute*. Nova York, 1988.
LAMARQUE, Peter. *Fictional Points of View*. Ithaca, NY/Londres, 1996.
_____. *The Philosophy of Literature*. Oxford, 2009.
_____; OLSEN, Stein Haugom. *Truth, Fiction and Literature*. Oxford, 1994.
LEACH, Edmund. *Lévi-Strauss*. Londres, 1970.
LEFF, Gordon. *William of Ockham*. Manchester, 1975.
LEMON, Lee T.; Reis, Marion J. (Eds.). *Russian Formalist Criticism*: Four Essays. Lincoln, Nebr., 1965.
LENTRICCHIA, Frank. *Criticism and Social Change*. Chicago/Londres, 1983.
LESSER, Simon O. *Fiction and the Unconscious*. Londres, 1960.

LÉVI-STRAUSS, Claude. *Structural Anthropology*. Londres, 1972. [Ed. bras. *Antropologia estrutural*. Trad. Beatriz Perrone-Moisés. São Paulo: Cosac Naify, 2012.]

_____. *The Savage Mind*. Londres, 1962. [Ed. bras. *O pensamento selvagem*. Trad. Tânia Pellegrini. 12.ed. Campinas: Papirus, 2015.]

LEWIS, David. Truth in Fiction. *American Philosophical Quarterly*, v.15, 1978.

LEWIS, Thomas E. *Fiction and Reference*. Londres, 1986.

LOTMAN, Yury. *Analysis of the Poetic Text*. Ann Arbor, Mich., 1976.

_____. *The Structure of the Artistic Text*. Ann Arbor, Mich., 1977.

LYAS, Colin A. The Semantic Definition of Literature" *Journal of Philosophy*, v.66, n.3, 1969.

MACDONALD, Margaret. The Language of Fiction. In: MARGOLIS, Joseph (Ed.). *Philosophy Looks at the Arts*. Philadelphia, 1978.

MACHEREY, Pierre. *A Theory of Literary Production*. Londres, 1978.

MACINTYRE, Alasdair. *After Virtue*. Londres, 1981. [Ed. bras. *Depois da virtude*. Trad. Jussara Simões. Bauru: Edusc, 2001.]

_____. *Dependent Rational Animals*. Londres, 1998.

_____. *God, Philosophy, Universities*. Lanham, Md., 2009.

MACMURRAY, John. *The Self as Agent*. Londres, 1969.

MAGLIOLA, Robert. *Phenomenology and Literature*. Lafayette, Ind., 1977.

MANDELBAUM, Maurice. Family Resemblances and Generalisations Concerning the Arts. *American Philosophical Quarterly*, v.2, n.3, 1965.

MANSER, Anthony R. Games and Family Relationships. *Philosophy*, v.42, n.161, 1967.

MARGOLIS, Joseph. *Art and Philosophy*. Brighton, 1980.

MARTIN, Graham Dunstan. A New Look at Fictional Reference. *Philosophy*, n.57, 1982.

_____. *Language, Truth and Poetry*. Edimburgo, 1975.

MARTINICH, Aloysius P.; STROLL, Avrum. *Much Ado about Nonexistence*. Lanham, Md., 2007.

MATEJKA, Ladislav; POMORSKA, Krystyna (Eds.). *Readings in Russian Poetics*. Cambridge, Mass., 1971.

MCCABE, Herbert. *Law, Love and Language*. Londres, 1968.

MCCORMICK, Peter J. *Fiction, Philosophy, and the Problems of Poetics*. Ithaca, NY/Londres, 1988.

MEINONG, Alexius. The Theory of Objects. In: CHISHOLM, Roderick M. (Ed.). *Realism and the Background of Phenomenology*. Nova York, 1960.

MELLOR, David Hugh. On Literary Truth. *Ratio*, v.10, n.2, 1968.
MERLEAU-PONTY, Maurice. *The Visible and the Invisible*. Evanston, Ill., 1968. [Ed. bras. *O visível e o invisível*. Trad. José Arthur Giannotti e Armando Mora de Oliveira. 4.ed. São Paulo: Perspectiva, 2019.]
MILBANK, John. *The Future of Love*. Londres, 2009.
MUKAŘOVSKÝ, Jan. *Aesthetic Function, Norm and Value as Social Facts*. Ann Arbor, Mich., 1970.
_____. Jan. Standard Language and Poetic Language. In: GARVIN, Paul L. (Ed.). *A Prague School Reader on Esthetics, Literary Structure, and Style*. Washington, DC, 1964.
_____. *Structure, Sign, and Function*. New Haven/Londres, 1978.
_____. The Esthetics of Language. In: GARVIN, Paul L. (Ed.). *A Prague School Reader on Esthetics, Literary Structure, and Style*. Washington, DC, 1964.
MURPHY, Richard. *Collingwood and the Crisis of Western Civilisation*. Exeter, 2008.
NEW, Christopher. A Note on Truth and Fiction. *Journal of Aesthetics and Art Criticism*, v.55, n.4, 1997.
_____. *Philosophy of Literature*: An Introduction. Londres, 1999.
NOVITZ, David. *Knowledge, Fiction and Imagination*. Philadelphia, 1987.
NUSSBAUM, Martha. *Love's Knowledge*. Oxford, 1990.
O'GRADY, Paul. *Relativism*. Chesham, Bucks, 2002.
OHMANN, Richard. Speech Acts and the Definition of Literature. *Philosophy and Rhetoric*, v.4, 1971.
OLSEN, Stein Haugom. Criticism and Appreciation. In: LAMARQUE, Peter (Ed.). *Philosophy and Fiction*. Oxford, 1994.
_____. *The End of Literary Theory*. Cambridge, 1987.
_____. *The Structure of Literary Understanding*. Cambridge, 1978. [Ed. bras. *A estrutura do entendimento literário*. Trad. Waltensir Dutra. Rio de Janeiro: Zahar, 1979.]
OVERTON, Grant. *The Philosophy of Fiction*. Nova York/Londres, 1928.
PARSONS, Terence. *Nonexistent Objects*. New Haven/Londres, 1980.
PAVEL, Thomas G. *Fictional Worlds*. Cambridge, Mass., 1986.
PECKHAM, Morse. "Literature": Disjunction and Redundancy. In: HERNADI, Paul (Ed.). *What Is Literature?* Bloomington, Ind./Londres, 1978.
PETREY, Sandy. *Speech Acts and Literary Theory*. Nova York/Londres, 1990.
PICKSTOCK, Catherine. Duns Scotus: His Historical and Contemporary Significance. *Modern Theology*, v.21, n.4, out. 2005.
PLATÃO. *Phaedrus*. Oxford, 2002.

POLLOCK, Thomas C. *The Nature of Literature*. Princeton, 1942.
POULET, Georges. Phenomenology of Reading. *New Literary History*, v.1, n.1, out. 1969.
PRADO, Carlos G. *Making Believe*. Londres, 1984.
PRATT, Mary Louise. *Towards a Speech Act Theory of Literature*. Bloomington, Ind., 1977.
PUTNAM, Hilary. Reflections on Goodman's Ways of Worldmaking. *Journal of Philosophy*, v.76, n.11, 1979.
RANCIÈRE, Jacques. *La parole muette*: essai sur les contradictions de la littérature. Paris, 1998.
RAY, William. *Literary Meaning*. Oxford, 1984.
RICŒUR, Paul. *Freud and Philosophy*. New Haven/Londres, 1970.
_____. *The Conflict of Interpretations*. Evanston, Ill., 1974. [Ed. bras. *O conflito das interpretações*. Trad. Hilton Japiassu. Rio de Janeiro: Imago, 1978.]
RIEFF, Philip. *Freud*: The Mind of the Moralist. Chicago/Londres, 1959.
RIFFATERRE, Michael. *Semiotics of Poetry*. Londres, 1980.
RORTY, Richard. Is There a Problem about Fictional Discourse? In: *The Consequences of Pragmatism*. Brighton, 1982.
RYAN, Marie-Laure. Fiction, Non-Factuals, and the Principle of Minimal Departure. *Poetics*, n.9, 1980.
SCHALKWYK, David. *Literature and the Touch of the Real*. Newark, Del., 2004.
SCHLEGEL, Friedrich. *"Lucinde" and the Fragments*. Minneapolis, 1971.
SCHMIDT, Siegfried J. Towards a Pragmatic Interpretation of Fictionality. In: Van Dijk, Teun A. (Ed.). *Pragmatics of Language and Literature*. Amsterdã, 1976.
SCHMITT, Carl. *Political Romanticism*. Cambridge, Mass./Londres, 1986.
SCHWARTZ, Elias. Notes on Linguistics and Literature. *College Literature*, n.32, 1970.
SEARLE, John R. *Expression and Meaning*. Cambridge, 1979. [Ed. bras. *Expressão e significado*. Trad. Ana Cecília G. A. de Camargo e Ana Luiza Marcondes Garcia. 2.ed. São Paulo: Martins Fontes, 2002.]
SIRRIDGE, Mary. Truth from Fiction? *Philosophy and Phenomenological Research*, v.35, n.4, 1975.
SKINNER, Quentin. Meaning and Understanding in the History of Ideas. In: TULLY, James (Ed.). *Meaning and Context*: Quentin Skinner and His Critics. Cambridge, 1988.
SPARSHOTT, Francis E. On the Possibility of Saying What Literature Is. In: HERNADI, Paul (Ed.). *What Is Literature?* Bloomington, Ind./Londres, 1978.

STECKER, Robert. *Artworks*: Definition, Meaning, Value. Pennsylvania, 1997.

_____. What Is Literature? *Revue Internationale de Philosophie*, n.50, 1996.

STEVENSON, Charles L. On "What Is a Poem?". *Philosophical Review*, v.66, n.3, jul. 1957.

STIERLE, Karlheinz. The Reading of Fictional Texts. In: SULEIMAN, Susan R.; CROSMAN, Inge (Eds.). *The Reader in the Text*. Princeton, 1980.

STOLNITZ, Jerome. On the Cognitive Triviality of Art. *British Journal of Aesthetics*, v.32, n.3, 1992.

STONE, Martin. On the Old Saw, "Every Reading of a Text Is an Interpretation". In: GIBSON, John; HUEMER, Wolfgang (Eds.). *The Literary Wittgenstein*. Londres/Nova York, 2004.

STRAWSON, Peter F. On Referring. *Mind*, v.59, n.235, 1950.

STRIEDTER, Jurij. *Literary Structure, Evolution and Value*. Cambridge, Mass., 1989.

TAYLOR, Charles. *A Secular Age*. Cambridge, Mass./Londres, 2007. [Ed. bras. *Uma era secular*. Trad. Nélio Schneider e Luzia Araújo. São Leopoldo: Ed. Unisinos, 2010.]

THOMASSON, Amie L. *Fiction and Metaphysics*. Cambridge, 1999.

TURNER, Denys. *Faith, Reason and the Existence of God*. Cambridge, 2004.

URMSON, James O. Fiction. *American Philosophical Quarterly*, v.13, n.2, 1976.

VAN DIJK, Teun. *Some Aspects of Text Grammars*. The Hague, 1972.

VAN INWAGEN, Peter. Creatures of Fiction. *American Philosophical Quarterly*, v.14, 1977.

VODIČKA, Felix. The History of the Echo of Literary Works. In: GARVIN, Paul L. (Ed.). *A Prague School Reader on Esthetics, Literary Structure, and Style*. Washington, DC, 1964.

VOS, Antonie. *The Philosophy of John Duns Scotus*. Edimburgo, 2006.

WALSH, Dorothy. *Literature and Knowledge*. Middletown, Conn., 1969.

WALTON, Kendall L. *Mimesis as Make-Believe*. Cambridge, Mass., 1990.

WEINBERG, Julius R. *Ockham, Descartes, and Hume*. Madison, Wis., 1977.

WEITZ, Morris. The Role of Theory in Aesthetics. In: COLEMAN, Francis J. (Ed.). *Contemporary Studies in Aesthetics*. Nova York, 1968.

WELLEK, René; WARREN, Austin. *Theory of Literature*. Harmondsworth, 1982. [Ed. bras. *Teoria da literatura e metodologia dos estudos literários*. Trad. Luís Carlos Borges. São Paulo: Martins Fontes, 2003.]

WILLIAMS, Michael. Realism: What's Left? In: GREENOUGH, Patrick; LYNCH, Michael P. (Eds.). *Truth and Realism*. Oxford, 2006.

WILLIAMS, Raymond. *Keywords*. Londres, 1983. [Ed. bras. *Palavras-chave*. Trad. Sandra Guardini Vasconcelos. São Paulo: Boitempo, 2014.]

_____. *Marxism and Literature*. Oxford, 1977. [Ed. bras. *Marxismo e literatura*. Trad. Waltensir Dutra. Rio de Janeiro: Zahar, 1979.]

_____. *The English Novel from Dickens to Lawrence*. Londres, 1970.

WILLIAMS, Thomas (Ed.). *The Cambridge Companion to Duns Scotus*. Cambridge, 2003.

WILSON, Catherine. Literature and Knowledge. *Philosophy*, v.58, n.226, 1983.

WIMSATT, William K.; BEARDSLEY, Monroe C. The Intentional Fallacy. In: LODGE, David (Ed.). *Twentieth Century Literary Criticism*. Londres, 1973.

WITTGENSTEIN, Ludwig. *Last Writings*. v.1. Eds. Georg Henrik Von Wright e Heikki Nyman. Oxford, 1982.

_____. *Philosophical Investigations*. Oxford, 1963. [Ed. bras. *Investigações filosóficas*. Trad. Marcos G. Montagnoli. Rio de Janeiro: Vozes, 2014.]

WOLLHEIM, Richard. *Freud*. Londres, 1971.

WOLTERSTORFF, Nicholas. *Works and Worlds of Art*. Oxford, 1980.

WOODS, John. *The Logic of Fiction*. The Hague, 1974.

YOUNG, James O. *Art and Knowledge*. Londres, 2001.

Índice remissivo

Abelardo, Pedro 23, 24
abordagem institucional da literatura 73-84, 123-4
  e aprovação positiva 77-8, 81-2
  e conformidade 83-4, 68, 72-3, 79-80
  e intenção autoral 73, 147-8
  e obras revolucionárias ou experimentais 82-3
  e propriedades inerentes dos textos literários 62-3
  e reconhecimento da estética 76-80
ação e linguagem 203, 204-8
literatura como ação simbólica 219-20, 221-2, 223-4
acontecimento
  e estrutura na estruturação 255-9
  literatura como 241-2, 244-5
Adorno, Theodor 17, 126, 132-3, 208-9
Agostinho, Santo 15, 274-5
alegoria e ficção realistas 32, 118-9
Alighieri *ver* Dante Alighieri
Althusser, Louis 68, 130-1, 229, 253-4

Altieri, Charles 72-3, 82-3, 178-9, 245-6
ambiguidade semântica e ficção 190-3
amor
  e essencialismo 35
  e moralidade 88-9
  e vontade 29
Andrewes, Lancelot 97
Anselmo, Santo 24, 79-80
antifilosofia e estética 208-9
apontamento e significado e linguagem 210-1
apreciação como crítica 77-8, 120-1, 123
aprovação positiva e definição de literatura 77-8, 81-2
Aquino *ver* Tomás de Aquino, São
arbitrário em ficção e realismo 25-6, 192-3, 215-6
Aristóteles 15, 19, 38, 83-4, 91, 113-4, 206, 223, 233, 264-5, 266
  phronesis 93-4
  Poética 219-20
  virtude e práxis 262

Arnold, Matthew 85
arte
    como prática estratégica 264-5, 285-8
    desafio para definir 44
    e avaliação crítica 121-2
    e debate realismo/nominalismo 29-31
    e estrutura e acontecimento 255-6
    e função 262-3
    e liberdade 86-7, 185-8, 231-2
    e teoria da semelhança de família 39-40, 42-5
    e teoria psicanalítica 281-2
    natureza autônoma 86-7, 186-9
    natureza dupla 115-7
    respostas e significado 75-6
    unidade sujeito/objeto 267-8
    ver também estética
associação simbólica e classificação 34-5, 39-40
ato falho freudiano (parapraxia) 195-6, 223
Attridge, Derek 124-5
Austen, Jane 82-3, 143-4
    Emma 118-9
    Mansfield Park 131-2
Austin, J. L. 164-5, 172-3, 176-8, 182-3, 194
autocrítica e literatura
    falácia da 137-9
    literatura modernista 140
autodeterminação
    e arte 184-9
    e corpo humano 268-70
autorrealização
    corpo e práxis 260-6
autorreferencialidade 56-8, 182-93, 201, 212, 253-4
Ayer, Alfred Jules 40

Bacon, Francis 20, 146-7
Bacon, Roger 16-7

Badiou, Alain 181
Bakhtin, Mikhail 85, 135-6
Balibar, Étienne 285, 287
Balzac, Honoré de 56-8
Bambi (filme/livro) 93
Barthes, Roland 58-9, 101-2, 135-6, 192-3, 224-5
Bataille, Georges 129
Batman (quadrinhos) 157-8
Baudelaire, Charles 187
Beano (anuário) 46-7
Beardsley, Monroe 59-60, 89, 105, 147-8, 171, 190-1
Beckett, Samuel 32, 170-1
Beddoes, Thomas 122
Bellow, Saul 33
    As aventuras de Augie March 48-9
Benjamin, Walter 75-6, 95-6, 208-9
Bennett, Tony 32-3
Bentham, Jeremy 34, 174-5
Benveniste, Émile 183-4
Bhaskar, Roy 144-5
Bíblia 155, 179-80, 212
    ver também Novo Testamento
Binchy, Maeve 124
Bishop, Elizabeth 78-9
Blake, William 75, 88-9, 97, 137n, 233, 286
boa escrita *ver* linguagem elevada
Bohr, Niels 101
Boileau 46-7
Borges, Jorge Luis 224-5
Bossuet, Jacques-Bénigne 46-7
Boswell, James 146-7
Brecht, Bertolt 50-1, 78-9, 97, 111, 135-6
bricoleur, fabricante de mitos como 254
British Banking Act (1979) 58
Brontë, Charlotte 192, 236, 280
    Jane Eyre 215, 234-5, 236-7, 280
Brontë, Emily 145n
    O morro dos ventos uivantes 145n, 192-3, 226

Brooks, Peter 282-4
Brown, Robert L. 39-40, 147-8
Browne, Thomas 46-7
Brownjohn, Alan 102
 "Common Sense" 102
Büchner, Georg 69
Burckhardt, Jacob Christopher 79-80
Burke, Edmund 98-9, 108-9
Burke, Kenneth 177, 181, 284
 dramatismo 219-22, 270-1
 linguagem e ação 206
 sobre *Sansão agonista*, de Milton 230-1
Burton, Richard
 A anatomia da melancolia 81

Cachinhos Dourados e os três ursos (história) 117-8
Calderón, Pedro 80
capitalismo, literatura como resposta 123-4
caridade e moralidade 88-9
carnaval e valor de práticas populares 135-6
Carroll, Noël 162n, 194-5
Castiglione, Baldassare (conde)
 O cortesão 81
categorização *ver* classificação; categorização literária
categorização literária
 cinco atributos do literário 45-54
 e essencialismo 37-8
 e teoria das semelhanças de família 38-54
 não ficção como literatura 99-103, 146-7
 natureza insuficiente dos cinco atributos 47-54
 ver também fator linguístico da literatura; fator não pragmático do literário; ficção; moral (fator do literário); valor das obras literárias

Catulo 286
Cavafy, C. P. 80
Cavell, Stanley 41, 136-7, 165-6, 193-4
Celan, Paul 82-3
Cervantes, Miguel de 18n, 122
Chaucer, Geoffrey 100n
Christie, Agatha 116-7
Cícero 146-7, 151
ciência
 abstração de leis gerais 30
 escrita científica como literatura 99-103
 e realismo e universais 18, 22-3
 verdades científicas e artísticas 94-5
Clare, John 76-7
Clarendon, Edward Hyde (1º conde de) 46-7
Clarke, Arthur C. 147-8
Clarke, Simon 34, 253-4
classificação
 e associação simbólica 34-5, 40
 e estruturalismo 250
 ver também categorização literária
Clinton, Bill 166-7
Cobbett, William
 Rural Rides 146-7
códigos e leituras 245-7
Coetzee, J. M. 286
cognição
 e mito 251-4
 poderes cognitivos da arte 94-5
Coleridge, Samuel Taylor 119-20, 153
Collingwood, R. G. 227-9
comédia 284-5
 e finais felizes e realidade 224-6
 piadas e literatura 51-3
complexidade e estética literária 75-6
comunidades interpretativas 65-7
Conan Doyle, Sir Arthur 82-3
 histórias de Sherlock Holmes 143-6
conceitos e construtivismo epistemológico 67-8
Condorcet, marquês de 213-4

conhecimento subjetivo 90-1
Conrad, Joseph 96-7
Constituição norte-americana 109-10, 127-8
construtivismo epistemológico 67-8
conteúdo
    e estratégias textuais 236-7
    forma linguística e conteúdo moral 70-3, 74-5, 86, 92-7
contexto
    autoconstrução das obras literárias 185-6
    (separação do) *ver* fator não pragmático do literário
contingência e literatura 25-6
corpo humano 260-70
    como signo 265-6
    e desejo 274-5
    e divisão sujeito/objeto 268-70
    e estratégia 260-6, 267-8
    e fenomenologia 260-1, 267-8
    e mundo externo 269-70
    e psicanálise 273-4
    sentimentos e moralidade 87-9
cotidiano e linguagem literária 61, 117-8
Crace, Jim
    All That Follows 159
Criação 19, 21-2, 26-7
crianças e evolução literária 50-1
criatividade dos atos de fala 179-82
crítica
    como atividade elitista 76-7
    e valor intrínseco à literatura 77-9, 81-2, 111-2, 120-4
    imanente 139
    literatura e autocrítica 136-9, 140
    paralelos com a psicanálise 274-5
    política 284-8
    ver também hermenêutica
Crowther, Paul 121-2
Culler, Jonathan 13, 140, 146-7, 150-1, 178

cultura
    e enigma da natureza 253-4
    impacto sobre a linguagem 56-8
    sistemas culturais e valor literário 133-42
culturas tribais e estruturalismo 133-5
Currie, Gregory 121-2, 143-4, 146, 153-4, 161-2, 198-9, 201

dabhar, como palavra e ação 179-80
Dante Alighieri 96-7, 99-100, 125-6
Danto, Arthur C. 176
Darwin, Charles 101
David, Larry 159
Davies, Stephen 43-4
De la Rochefoucauld, François 146-7
De Man, Paul 22-3, 141-2, 191-2, 257*n*
definições de literatura
    apreço por definições inequívocas 49-50
    atributos definidores da ficção 149-51
    cinco atributos da literatura 45-54
    e definições de arte 44-5
    e opostos 41-2, 157-8
    e valor como literatura 121-2
    ficção como atributo definidor 149-50
    natureza insuficiente dos cinco atributos 47-54
    tentativas de definição dos teoristas 56-8
Defoe, Daniel
    Moll Flanders 81
    Robinson Crusoé 92-3
Deleuze, Gilles 24-5, 32-3, 278*n*
Derrida, Jacques 32-3, 49-50, 114-5, 129-30, 135-6, 164-5, 208-9, 250
Descartes, René 19, 269-70
desconstrução 49-50, 129-30, 139, 141-2, 177, 257-8
desejo (realização do)
    e finais felizes 224-6
    e sonhos 279-81

Índice remissivo

desejo
    e arte 281-2
    e corpo humano 274-5
    e Lei 281, 284-5
    e morte 274-5
    e narrativa 282-4
    e neurose 277-8
    e significado 270-1, 274-5
    e sonhos 278-9
desfamiliarização *ver* estranhamento
Deus
    e essencialismo 19-20, 21-2
    e hecceidade 17
    e jogo de linguagem 212
    e nominalismo 26, 27-8
    e realismo 18-9, 26-7
    em *Paraíso perdido*, de Milton 232-4
    natureza de Deus 26-9
Dickens, Charles
    A casa soturna 98-9, 225-6
    As aventuras do sr. Pickwick 144-5
    Um conto de duas cidades 167
didatismo em literatura 97-9
diferença
    culto pós-estruturalista da diferença 38-9, 103
Dilthey, Wilhelm 279-80
discurso 21, 141-2
Disraeli, Benjamin 96-7
dominicana (teoria do significado) 266
Donne, John 46-7
Donoghue, Denis 59-60
Dos Passos, John 136-7
doutrina
    e literatura 98-9
    e teoria da recepção 127-8
dramatismo 42-3, 53, 95-6, 108-9, 154, 160-1, 177, 219-20, 226-7, 270-1
Duns Escoto, João 16-7, 24-5, 26-7, 28-9, 30n
dupla leitura da literatura 114-20, 142

Eagleton, Terry
    As ilusões do pós-modernismo 41
    Criticism and Ideology 131-2, 222n
    Teoria literária: uma introdução 37-8
Eco, Umberto 132-3, 189-90, 206, 212-3, 245-8, 250-1
Édipo (mito de) 220-1, 230
ego e inconsciente 276-7
Eliot, George 87, 227
Eliot, T. S. 82, 158n
    A terra devastada 76-7, 286-7
Ellis, John M. 104-5, 107-12, 185-6
Emerson, Ralph Waldo 146-7
empatia/falácia empática 87, 88, 89-90
empirismo e realismo 18, 19-20, 22-3
Empson, William 85
energética 278-9
Engels, Friedrich
    Manifesto comunista 146-7
Erlich, Victor 71
Ernst, Max 129
Eros e narrativa 283-4
erros na ficção 171-2
escrita e abordagem não pragmática 105-8
especificidade *ver* particularidade
Ésquilo
    Oresteia 52n, 227
essencialismo
    e amor 35
    e Deus 19-20, 21-2
    e literatura 24-5, 30-1, 38
    modernidade e antiessencialismo 22
    pós-modernidade e antiessencialismo 34
    versões suave e dura 41
    voluntarismo e antiessencialismo 22
estética 18, 181, 251-2
    e abordagem institucional da literatura 76-82
    e antifilosofia 208-9

e arte em geral 94-5
e avaliação crítica 77-8, 81-2, 121-2
e essencialismo 25-6
e função autorrealizadora da arte 262
e moralidade 86
e teoria da recepção 125-6
e universais 33
função estética e literatura 79-80
ver também arte
estranhamento
   e carnaval de Bakhtin 135-6
   e teoria da recepção 125-32
   formalismo e produção do estranho 55, 124-5, 131-2, 244
   ideologia e produção literária 131-2
   visão estruturalista e literatura 133, 244-5
estratégias e obras literárias 219-88
   e corpo humano 260-70
   e crítica política 284-5, 286-8
   e estruturalismo 248-59
   e fenomenologia 258-62
   e psicanálise 259-85
   leitura como empreendimento estratégico 238-42, 245-9, 259-60
   modelo problema e solução 224-31, 234, 236-7, 285-6
estruturação 255-9
estruturalismo
   e linguagem literária 54-8
   e literatura como estratégia 247-59
   e literatura como objeto 243, 250
   e valor da literatura 132-5
   inconsciente e teoria literária 218-9
eu e antiessencialismo 22-3
eucaristia e signo 179-80
exemplar (natureza da literatura) 113-9
existencialismo 32-3, 61-2, 208-9
expectativas e literatura 125-6
experiência

e ato de leitura 89-90, 238-9
e ficção 213-4
falácia empática 87, 88, 89-90
ver também realidade; sensação e realidade
expressionismo 128, 226-7

falácia intencional 105
família (teoria das semelhanças de) 38-54
   cinco atributos da literatura 45-54
   e teoria literária 218-9
   limitações 42-4, 47-8
fantasia e realização do desejo 224-5, 279-81
Farrell, Frank 26
fato
   como compatível com a ficção 151, 154, 157-61
   ficção tomada como fato 147-9
   ver também não ficção; verdade
fator linguístico da literatura 45-6, 48-9, 50, 54-84
   e abordagem institucional da literatura 61-4, 72-84
   e conteúdo moral 69-73, 74-5, 86-7, 92-7
   e formalismo 54-6, 69-70
   e interpretação 63-9, 73-8
   e senso não pragmático da literatura 107-9
   impacto cultural 56
   palavra e estrutura e acontecimento 258
   propriedades inerentes e interpretação 62-3, 67-8, 72-3, 79-80
fator não pragmático do literário 45-6, 48-9, 100-1, 103-20
Faulkner, William 45*n*
faz de conta
   e realidade 153-4, 157-63, 166-7, 175-6
   ver também ficção; fingimento

Índice remissivo

feminista (teoria literária) 218-9
fenomenologia 18, 119-20, 124-5, 129, 208-9
   crítica literária e inconsciente 219
   dualidade da arte 115-6
   e corpo como estratégia 260-1, 267-8
   e literatura como estratégia 259-61
ficção 143-216
   atributos definidores 149-52
   autorreferencialidade 182-93, 201, 211-2, 253-4
   banalidades e enigmas sobre 143-6
   como categoria ontológica 150-1
   como distinta da literatura 146-7, 149-50
   como fator do literário 45-9
   como prática social 201
   compatibilidade entre fato e 151, 153-5, 157-60
   confusão com o factual 147-9
   duplicidade e teoria dos atos de fala 173
   e (atos) performativos 175-84
   e ambiguidade semântica 190-3
   e aparência moral 169-72, 192
   e categorização 37-8, 149-50, 157-8
   e definição de literatura 149-50
   e gramática na teoria de Wittgenstein 203-11
   e intenção autoral 147-9, 194-7, 200
   e literatura não pragmática 107
   e psicanálise 285
   e teoria dos atos de fala 170, 172-203
   erros na 171-2
   formas não literárias 51
   limitação 215-6
   linguagem e relação com realidade 191-2, 203-16, 223
   popular 42, 107, 116-7, 122, 149-50
   pragmática 109-10
   referência e significado 210-4
   relação com a verdade 151-7, 166-72, 173-5
   ver também ficção realista
ficção realista
   como prática moral 86-7, 96-7, 191-3
   e autenticidade modernista 191-2
   e teoria dos atos de fala 55-6, 199-200
   e teoria dos jogos de linguagem de Wittgenstein 207-11
   e verdades gerais 32-3, 119
Fielding, Henry
   Tom Jones 192
finais
   e desejo narrativo 282-4
   "finais felizes" e realidade 224-6
fingimento 153-4, 161-2, 163-7, 199-200, 201
   e teoria dos atos de fala 173
   ver também faz de conta; mimese
Fish, Stanley 28-9, 38, 61-70, 72-3, 76, 137-9, 177, 229-30, 242, 247-8
   e conteúdo moral da obra literária 69-70
   e interpretação da literatura 63-9, 242
   essencialismo e obra de ficção como categoria 38
   linguagem literária e cotidiana 61
   sobre falácia da autocrítica 137-9
   sobre propriedades inerentes dos textos literários 61-3, 69, 72-3
Fitzgerald, F. Scott 225-6
forma
   e estratégias textuais 236-7
   e ideologia 281-2
   e moralidade 70-2, 86-7, 92-7
   e teoria psicanalítica 281-2
formalismo 183
   e literatura como objeto 243-4

e valor da literatura 126, 129
forma linguística e conteúdo moral 70-2, 86-7, 92-7
linguagem e literariedade 54-6, 69-70
produzir o estranho 55, 124-5, 130-1, 244
formas de vida 208-9
Forster, E. M. 174-5
Foucault, Michel 9-10, 32-3, 35, 102-3, 111, 229, 245*n*, 278*n*
Frege, Gottlob 11, 40, 173, 174-5, 228*n*
Freud, Sigmund 9-10, 11, 110-1, 195-6, 208-9, 223, 224-6, 254, 265-6, 270-1, 273-85, 288
   autores e intenções inconscientes 195-7
   e corpo como signo 265-6
   e neurose 277-8
   interpretação dos sonhos 276-81
   realização do desejo e finais felizes 224-6
   ver também inconsciente
Frye, Northrop 250
função
   arte como autorrealização 262, 264-5
   estruturalismo e texto como estratégia 248-9
   ver também fator não pragmático do literário
fundacionalismo 21

Gadamer, Hans-Georg 126-7, 209, 227-8, 260, 279-80
Gale, Richard 82-3, 93, 116-7, 155, 155-6, 199, 202
Ganso, ganso, ganso (cantiga de roda) 73-4
Gaskell (senhora) 96-7
Gaut, Berys 82-3
Genebra (Escola de) 259-60
generalização

resistência do literário à generalização 91-2, 94
significado e natureza exemplar da literatura 112-9
ver também universais
gênero
   como prática 219-20
   e intencionalidade 194-7
   e questões de literatura 226-7
Genette, Gérard 167, 250
Giacometti, Alberto 116
Ginsberg, Allen
   "América" 98
Gissing, George 56-8
Goethe, Johann Wolfgang von 81, 198-9, 207, 214-5
Goodman, Nelson 153
Goosey Goosey Gander (cantiga) 73-4
Graff, Gerald 117-8
Grahame, Kenneth 109*n*
   O vento nos salgueiros 109-10
gramática e ficção 203-11
Gramsci, Antonio 287-8
Gray, Bennison 56-8, 151
Greimas, A. J. 250
Guardian, The 196-7

Habermas, Jürgen 40
Hacker, P. M. S. 203-4, 207-8
Hardy, Thomas 226
Hartman, Geoffrey 254-5*n*
Hawkes, Terence 183
Hazlitt, William 81
   The Spirit of the Age 146-7
Healy, Dermot
   A Goat's Song 114
Heaney, Seamus 50
hecceidade ("isto-idade") 16-7, 24-5, 206
Hegel, G. W. F. 18, 25-6, 95-6, 164-5, 264-5
hegemonia 284-5, 287-8

Heidegger, Martin 93-4, 115-6, 164-5, 208-9
  Ser e tempo 40, 263
Heine, Heinrich 79
Hemingway, Ernest 58-60, 101-2
Herder, Johann Gottfried 46-7
hermenêutica
  e perguntas e respostas 227-31
  e psicanálise 278-80
  prática do *midrash* 105-6, 203
hierarquia na arte 187
Hillis Miller, J. 209-10, 259-60
Hirsch, E. D. 38, 77-8, 101, 181-2, 279-80
história
  distância histórica e valor literário 99-101
  e mito 255-6
  e obra literária como estratégia 220
  fazer de conta e realidade histórica 163
  ficção e verdade histórica 151-7, 159-60, 166-7
  lições do passado 134-5, 156-7
  momento histórico e valor literário 107-8, 110-1, 126-8
história e texto como estratégia 244-5
Hjelmslev, Louis 70-1
Hobsbawm, Eric 146-7, 151-2
Hofmannsthal, Hugo von 61-3
Hölderlin, Johann Christian Friedrich 109-10, 173
Holiday, Billie 97
Holmes, Sherlock *ver* Conan Doyle, Sir Arthur
Holub, Robert C. 64
Homero
  Odisseia 48n
Hooker, Richard 46-7
Hopkins, Gerard Manley 16-7, 58n, 60-1, 199
Horácio 125-6
Hough, Graham 30n

Howell, Robert 144-5
humanismo 141-2
  de culturas tribais 133-4
Hume, David 69-70, 228n
Husserl, Edmund 79-80, 119-20, 124-5

Ibsen, Henrik 52n
  Os pilares da comunidade 97
ideologia
  e forma 130-1, 281-2
  e intenção autoral 196-7
  e produção literária 130-2, 252-3, 285, 286
  e retórica 284
  e texto e realidade 220-2
  e textos oníricos 278-80
  obra literária como mercadoria 243
  resolução e fim da ideologia 277-8
  ver também teoria marxista
ilocucionária (força) 108, 173, 190-1, 194, 195-6
imaginação
  e moralidade 86-91
  e política radical 119-20
  faz de conta como prática social 161
  literatura como resposta política 122-3
  restrições da ficção 215-6
  ver também faz de conta
implicação e literatura 59-60
  e verdades morais 93-4
inconsciente
  e *bricoleur* (bricolagem) 254
  e mito 250-2
  e significado 274-5
  e subtexto 276-7
  e teoria literária 218-9
  intenções inconscientes 195-7
  interpretação de sonhos 275-7, 278-81
  ver também psicanálise
indeterminação e natureza humana 49-50

individualidade
    Duns Escoto e o particular 16-7
    e universal no materialismo marxista 23-4
    individualismo possessivo 29-30
    ver também particularidade
Ingarden, Roman 260
instrumentalismo 80, 261-2
    ver também fator não pragmático do literário
intenção autoral 73-5, 147-9, 194-7, 199-200
intenção
    e ficção 147-9, 193-7, 199-200
    e texto como literatura 73-4
interpretação e literatura
    e fator linguístico da literatura 63-9, 73-4
    e leitura 240-1
    e prática do *midrash* 105-6, 203
    e senso não pragmático da literatura 103-20
    e transferência 271-2
    e valor literário 120-1
    semiótica e leitura 245-9
    ver também significado; leitura
intertextualidade e mito 250-2
inventividade verbal *ver* fator linguístico da literatura
Inwagen, Peter van 144
ironia 11-2, 34, 66, 71, 162, 196-8
Isenberg, Arnold 171-2
Iser, Wolfgang 129-33, 239-42, 248-51, 260
Isócrates 151
isto-idade 16-7
    ver também hecceidade

Jakobson, Roman 69-70, 243-4
James, Henry 48, 71-2, 85, 87, 96-7, 209-10
James, P. D. 122
Jameson, Fredric 60-1, 150-1, 183, 227-9, 247-8, 277
    revelação do subtexto 219-23, 241-2, 250-1, 269-70, 275-6, 285-6
Jauss, Hans Robert 125-8, 260
Jefferson, Thomas 88-9
jogos de linguagem e ficção 213-6
Johns, capitão W. E. 131*n*
    Biggles in the Orient 131-2
Johnson, Samuel 32, 113-4, 162, 170-1, 192-3
Joyce, James 12, 83*n*, 238-9
    Finnegans Wake 82-3, 118, 198-9, 238-9
    Ulisses 32, 77, 226
judaísmo
    dabhar como palavra e ação 179-80
    prática do *midrash* 105-6, 203
Jung, Carl Gustav 273-4
juramentos como atos performativos 183-4
justiça poética 192

Kant, Immanuel 64, 67-8, 85, 91, 151-2, 186-7, 228*n*, 265
Keats, John 60-1, 150-1, 199, 203*n*
Kerr, Fergus 29, 170
Kierkegaard, Søren 40, 95-6, 208-9
Kingsley, Charles 96-7
kitsch (objetos) 75-6
Kleist, Heinrich von 61-3
Knowles, Sheridan 77-8
Kraus, Karl 275-6

Lacan, Jacques 209, 213, 240-1, 259-60
Lacoue-Labarthe, Philippe 57-8
Lamarque, Peter 169
    abordagem institucional da literatura 72-3, 75-6, 77-8, 79, 81-2

Índice remissivo

conhecimento subjetivo 90-1
e valor da literatura 111-2, 122, 171
literatura e semelhanças de família 39-40, 42-3
resistência literária à generalização 91-2, 94
significado abrangente de literatura 114
sobre didatismo em literatura 97
sobre ficção 143-4, 182-3, 199-200, 201
sobre forma linguística e conteúdo moral 71-2
sobre teoria dos atos de fala 197-8
Lawrence, D. H. 236
 A serpente emplumada 77-8
 O arco-íris 58-9
Le Carré, John 46-7
Leavis, F. R. 56n, 60, 82, 85-6, 94-5
Lecky, William Edward Hartpole 69-70
Lei e desejo 281
Leibniz, Gottfried Wilhelm 101
leitura
 como empreendimento estratégico 236-45, 245-9, 259-60
 e experiência 89-91, 238-9
 e interpretação 65-7, 245-9
Lênin, Vladimir Ilyich 31
Lérmontov, Mikhail Yurevich 110-1
Lessing, Gotthold Ephraim 146-7
Lévi-Strauss, Claude 113-4, 218-9, 230
 admiração pelo humanismo tribal 133-4
 classificação e associação simbólica 34-5
 e texto como estratégia 250-4, 255-6
Lewis, David 144-6
Lewis, Thomas 209
liberalismo
 e moralismo literário 97-9
 humanismo liberal 140

natureza liberal de escritores criativos 50-1
liberdade
 e antiessencialismo 22
 e arte 86-7, 185-8, 231-2
linguagem elevada 58-9, 108, 190-1
 ver também poesia
linguagem
 e relação com a realidade 203-16, 223-4
 uso de linguagem elevada em literatura 58-9, 108, 190-1
 ver também fator linguístico da literatura
literatura ruim e crítica 77-8, 121-2
literatura
 como atitude perante um texto 82-3
 como distinta da ficção 146-7, 149-51
 e teoria dos atos de fala 55-6, 172-3
 evolução do termo 122-4
 não ficção como literatura 99-102, 146-7, 149-50
 obras literárias como estratégias 219-88
 uso abrangente do termo 46-7
 ver também abordagem institucional da literatura; categorização literária; definições de literatura; estratégias e obras literárias; ficção; teoria literária
Locke, John 81
Lotman, Yury 245-6
Lucrécio
 Sobre a natureza das coisas 99-100
Lukács, Georg 25-6, 113-4
Lyas, Colin A. 39-40, 121-2

Macaulay, Thomas 146-7
Macdonald, Margaret 143-4
Macherey, Pierre 127n, 130-1, 184-5, 189, 209, 278, 285, 287

MacIntyre, Alasdair 157, 262n
Magna Carta 109-10
Mahler, Gustav 87-8
Mailer, Norman
　A canção do carrasco 154
Mallarmé, Stéphane 109-10
Mann, Thomas 169
Margolis, Joseph 146, 150-1, 161-2, 197-8
Martin, Graham Dunstan 156n
Martinich, A. P. 144-5, 156n, 166-7
Marx, Karl 20, 23-4, 91, 163-4, 187, 206-7, 208-9, 229, 231-2, 262, 264-5
　e universais 23-4
　Manifesto comunista 146-7, 151-2
　marxismo 9, 30n, 126-7, 130-1, 184, 217, 218-9, 226, 231-2, 278, 281-2
Masefield, John 82
McCormick, Peter 154-5
McCourt, Frank
　Angela's Ashes 149, 154
McGuckian, Medbh 124
Meinong, Alexius 144-5
Melville, Herman
　Moby Dick 58-9, 212
mentira 51, 162, 171-2, 178, 212-3, 268-9
mercadoria e literatura como objeto 243
Merleau-Ponty, Maurice 115-6, 260-1
Middlemarch 225-6, 227
Middleton, Thomas 48n
　The Changeling 48-9
midrash (prática do) 105-6, 203
Milbank, John 29-30
Mill, John Stuart 46-7, 110-1, 154-5
Miller, Arthur
　As bruxas de Salem 97
Milton, John 60-1, 96-7, 98-9, 232-4
　"Avenge, O Lord, Thy Slaughter'd Saints" 109
　Paraíso perdido 58-9, 174, 232, 234
　Sansão agonista 230-1
mimese 164-5
　e criatividade 50-1
　ver também fingimento
Mitchell, Adrian
　"Tell Me Lies about Vietnam" 109
mito
　e Outro 133
　e perguntas e respostas 229-31
　e texto como estratégia 250-6
modernidade
　e antiessencialismo 22
　e fator linguístico do literário 60-1
　e nominalismo 26, 27-8
　e regra da vontade 27-8
　ver também modernista (literatura)
modernista (literatura)
　como estratégia de resolução de problemas 224-5, 225-6, 286-7
　e autenticidade autorreferencial 191-2, 253-4
　e autocrítica 140
　e leitura como ato estratégico 238-42
　e realidade 191-2, 224-5
　e signo e referente 60-1
　significado e materialidade 268-9
Moore, Marianne 167-8
moral (conteúdo) e forma linguística 69-72, 74-5, 86, 92-6
moral (fator do literário) 45-6, 48-9, 85-103, 108
　aparência moral e ficção 168-71, 191
　e teoria dos atos de fala 191-2
　imaginação e moralidade 87-90
　não ficção e obras não morais 99-103
　natureza exemplar 113-8
moralidade 85
morte e desejo 275
Mozart, Wolfgang Amadeus 64-5, 94n

Mukařovský, Jan 55-8, 132-3, 212, 258-9
Mundo Antigo
   visão da ficção 150-1
"mundo exterior"
   e corpo humano 268-70
   e ego 276-7
Murdoch, Iris 31-2, 87, 157-8
Musil, Robert 131-2

Nabokov, Vladimir 98-9
Naipaul, V. S. 224-5
Nancy, Jean-Luc 57-8
não ficção
   como literatura 99-101, 146-7, 149-50
   e teoria dos atos de fala 190
   ficção como oposto da 157-61
   ficção e verdade 154-5, 175-6
   fronteiras indeterminadas com a pragmática 109-10
   ver também fator não pragmático do literário
narrador e teoria dos atos de fala 199-200
narrativa
   como substituta da ficção 150-1
   e teoria psicanalítica 283-4
National Enquirer (revista) 153-4
naturalismo 226-7
natureza
   autônoma da arte e da literatura 56, 86-7, 186
   conservadora como bloqueio à criatividade 50-1
   e enigma da cultura 253-4
   exemplar da família 113-9
neurose 274, 277
New, Christopher 39-40, 101, 110-1, 121-2, 144, 157-8, 201
Newman, John Henry 46-7, 223
Newton, Isaac 81
New York Times, The 196-7

Nietzsche, Friedrich 40, 206-7, 207-9
   A gaia ciência 229
Nightingale, Florence 118-9, 156-7
nominalismo 15-35
   Duns Escoto e o particular 16-7, 24-5
   e Deus 26-7, 28-9
   e individualismo possessivo 29-30
   e modernidade 26-7, 28-9
   e pós-modernismo 17, 24-5, 32-4
   e sensação 24
   e teoria literária 31-3, 37-8
   ver também individualidade; particularidade
normativo (fator do literário) *ver* valor das obras literárias
nouveau roman 101-2
Nova Crítica norte-americana 54, 242
Novalis 46-7
Novitz, David 92-3, 144-5
Novo Testamento 19-20, 105-6, 227
   ver também Bíblia
Nussbaum, Martha 96
Nuts (revista) 61-3

O'Grady, Paul 13, 210-1
objeto
   corpo humano como 265-6, 267-8, 268-70
   kitsch 75-6
   literatura como 240-5, 250
   unidade sujeito/objeto na arte 267-8
Ockham, Guilherme de 16-7, 22-3, 24-5, 28-9, 29-30
Ohmann, Richard 82, 108, 172-3, 175
Olsen, Stein Haugom
   abordagem institucional da literatura 72-3, 75-8, 79, 81-2, 148
   conhecimento subjetivo 90-1
   e teoria das semelhanças de família 42
   e valor da literatura 111-2, 120-1, 122

sobre ficção 143-4, 149-50, 182-3, 199-200, 201
opostos e definições de literatura 41-2, 157-8
Orwell, George 156-7
  A fazenda dos animais 97
  O caminho para Wigan Pier 201
Outro 133, 209
Overton, Grant 58, 143-4

palavra e estrutura e acontecimento 257-8
parapraxia 195-6, 223
Parmênides 98
particularidade
  e Duns Escoto 16-7, 24-5
  gosto literário pela 30-3
  particular e geral em literatura 91-2, 113-4
  resistência literária à generalização 91-2, 93-4
  ver também individualidade
Pascal, Blaise 46-7
Pater, Walter 85
Pavel, Thomas 113n, 143-4, 201-2
Peckham, Morse 146-7
Peirce, Charles Sanders 17
percepção e realidade 19-20
performativos (atos) 175-82
  autorreferencialidade 183-4
  e intencionalidade 197
  e psicanálise 270-1
  e verdade ficcional 175-9
  signo e referente 178-80
perguntas e respostas
  e psicanálise 275-6, 277-8, 281-2
  problema e solução (modelo) 224-30, 234, 237, 285-7
Petrey, Sandy 176
Petrogrado
  reencenação da tomada do Palácio de Inverno 163
phronesis 18, 93-4

piadas 51-3, 95-6, 149-50, 151-2, 164-5, 173
Platão 15, 24, 40, 86, 95-6, 106-7, 153, 161-2, 223
poesia
  afastamento do contexto 105
  autorrealização 264-5
  e conteúdo moral 70-1, 74-5, 101-3
  e piadas 51-2
  e sonhos 278-9
  e supressão da contingência 25-6
  e teoria dos atos de fala 190-2, 199-200
  imaginação e moralidade 86, 88
  poetas e erotismo oral 49-50
  texto como estratégia 231-3
Pol Pot 88-9
política
  didatismo e literatura 97-9
  política radical e valor literário 127-8
  ver também ideologia
polivalência e ficção 190-1
Pollock, Thomas C. 56-8
Pope, Alexander
  Ensaio sobre o homem 99-100
pós-estruturalismo
  e culto da diferença 38-9, 103
  e estrutura e evento 257n
  e nominalismo 32-3
  e sistemas e resíduo 129-30
  e valor literário 129-30, 135-9, 142
  inconsciente e teoria literária 218-9
pós-modernismo
  e interpretação 67-8
  e nominalismo 17, 24-5, 32-4
  razão e vontade 28-9
  significado e materialidade 268-9
  suspeita de continuidades 48-9, 103
possessivo (individualismo) 29-30
Poulet, Georges 186, 259-60

Praga (estruturalistas de) 54, 55-6, 125*n*, 243-4
Pratt, Mary Louise 154-5
práxis 91, 188, 262, 286
prazer (princípio do) 224-5, 281-2
pressuposições 227-9
problema e solução (modelo) 173-231, 233-4, 237, 285-6
    e psicanálise 275-8, 280-1
propaganda na literatura 98-9
proposições
    e perguntas e respostas 227-31
    pseudoproposições 170, 174, 201
propriedades inerentes dos textos literários 61-3, 67-9, 72-3, 79-80
Proust, Marcel 71-2, 94-5, 143-4, 165-6
Prynne, Jeremy 82-3
pseudoproposições 170, 174, 201
psicanálise 218-9, 223, 224-5, 270-85
    cenário da análise 272-8
    ver também inconsciente
pulsão
    de morte e narrativa 283-4
    e corpo na teoria freudiana 274-5
Pushkin, Alexander 46-7, 64*n*
Putnam, Hilary 93
Pynchon, Thomas 100

Quintiliano 151

raciocínio abstrato
    e realismo 24
    e teoria literária 30-1, 217-8
racionalismo 23, 24-5, 34, 138, 253-4
Rancière, Jacques 56-8
Rankin, Ian 122
Ray, William 79, 257*n*
razão e vontade 28-9
Real e sonhos 279-80, 281-2
realidade
    e faz de conta 153, 159, 161-3, 166-7, 175-6
    e linguagem 203-16
    e literatura como ação simbólica 223
    e subtexto 221, 222-3, 269-70, 276-7
    ficção e teoria dos atos de fala 173, 190-1, 193-4
    mundo exterior e corpo 269-70
    na ficção 157-60, 211-4
    psicanálise e mundo real 272
realismo 15-35
    e Deus 18-9, 26-7
    e empirismo 19-20
    e raciocínio abstrato 24
    estratégias de *Jane Eyre* 234-5, 237
    literatura modernista como resposta ao realismo 224-7
    mito e estratégia 253-4
    realismo literário 32, 192-3
    realismo qualificado 16-7
recepção (teoria da) 124-33, 140, 219, 250-1
    e leitura como empreendimento estratégico 238-42, 245-6, 260
referência
    e afirmações ficcionais 155-6
    e significado e linguagem 210-5
    ver também autorreferencialidade
republicanismo da arte 186-7
respostas para a arte e significado 75-6
respostas *ver* perguntas e respostas
retórica 46, 58-9, 71, 98, 146-7, 151, 155-6, 159-60, 171, 182-3, 191-2, 193-4, 197, 219-20, 232-3, 244, 250, 271-2, 275-6, 284
revisão secundária e sonhos 276-7
revolução
    e faz de conta 163
    leitura como alternativa 89-90
Richard, Jean-Pierre 259-60
Richards, I. A. 87
Richardson, Samuel 162
    Clarissa 119, 200, 226

Ricœur, Paul 219-20, 255-8, 274-5
Rieff, Philip 270-1
Riffaterre, Michael 245-6
Rilke, Rainer Maria 131-2, 215
Rimbaud, Arthur 52*n*
Robbe-Grillet, Alain 59-60
romance
    como gênero de ficção 149-51
    finais felizes e realidade 224-6
    Wittgenstein e forma romanesca 95-6
    ver também ficção realista
romantismo 17, 25, 44, 57-8, 86, 181
Rorty, Richard 132, 145*n*, 178-9
Roth, Philip 49
Rousseau, Jean-Jacques 159, 186-7
Rowley, William
    The Changeling 48-9
Rupert Annual 131-2
Ruskin, John 85
Russell, Bertrand 98, 153, 228*n*

sacramentos como atos de fala 179-80
sarcástica 197, 205-6, 273-4, 275-6
Sartre, Jean-Paul
    O ser e o nada 161-2
Schalkwyk, David 136-7, 213
Schiller, Friedrich von
    Maria Stuart 103
Schlegel, Friedrich 186-7
Schmitt, Carl 19-20
Schopenhauer, Arthur 110-1
Searle, John R. 39-40, 91, 147-8, 155, 156-7, 167-8
Sebald, W. G. 170
semiótica 9, 25-6, 132-3, 184-5, 189, 217, 219, 245-8, 250-1, 259-60, 266
    ver também signo e referente
Sêneca 46-7
sensação e realidade 19-20, 24, 223
    e corpo humano 266-7, 267-8
sentimentos
    e experiência da ficção 213-4
    e moralidade 88, 223
Sévigné, Madame de 46-7
Shaftesbury, 3º conde de 81
Shakespeare, William 51-2, 60-1, 64*n*, 97, 150-1, 286
    A tempestade 225-6
    A tragédia do rei Ricardo II 179-80
    Hamlet 220-1
    Macbeth 154-5
    Otelo 45-6, 165-6
    Rei Lear 169
    Timão de Atenas 89
    Troilo e Créssida 94-5
Shelley, Percy Bysshe 46, 87
    A máscara da anarquia 98-9
    Uma defesa da poesia 88-9, 154
Shklovsky, Viktor 140, 146*n*
Sholokhov, Mikhail Aleksandrovich 136-7
Sidney, Sir Philip 151-2
significado
    como prática social 205-6
    e corpo humano 266-70
    e desejo 270-1, 274-5
    e exemplar (natureza da literatura) 113-9
    e materialidade 263-4, 267-70
    e psicanálise 273-5, 278-9, 282-3
    e resposta para a arte 75-6
    e semiótica e decodificação do significado 245-8
    e sentimentos e experiência 213-4
    e sonhos 278-9
    e teoria dos atos de fala 179-80, 193-4
    e texto literário como estratégia 248-9
    ficção e ambiguidade semântica 190-3
    implicação e literatura 59-60, 92-4
    referência e significado e linguagem 210-4

ver também interpretação e literatura
signo e referente
  corpo humano como signo 265-6
  e ficção 190-1, 210-1
  e literatura 59-61, 69-71, 108, 190-1
  linguagem e não pragmático 107-8
  significado e linguagem 210-3
  teoria dos atos de fala e (atos) performativos 178-80
  ver também semiótica
simbólico e literatura 230-2
  literatura como ação simbólica 219-21, 221-2, 223-5
  mitos como estratégias 250-6
Sir Gawain e o cavaleiro verde 157-8
sistemas de crença e autocrítica 137-9
Skinner, Quentin 194-6
Sófocles
  Édipo Rei 220-1
sonho (trabalho do) 278-9
sonhos
  e literatura 53
  e psicanálise 276-7, 278-81
Southey, Robert 122
Sparshott, F. E. 61
Spenser, Edmund 96-7
Stecker, Robert 114
Steinbeck, John
  As vinhas da ira 97
Steinmann, Martin 39-40, 147-8
Stendhal
  A cartuxa de Parma 103
  O vermelho e o negro 211-2
Sterne, Laurence 201
  Tristram Shandy 52-3
Stevenson, Charles L. 39-40, 121-2
Stierle, Karlheinz 107, 182-3
Stolnitz, Jerome 94-6
Stowe, Harriet Beecher
  A cabana do pai Tomás 97
Strawson, P. F. 178-9

Strindberg, August 225-6
Stroll, Avrum 144-5, 156n, 166-7
subjetividade
  fenomenologia e leitura 259-60
subtextos 220-3, 247-8, 250-1, 285-6
  e inconsciente 276-7
  e realidade 220-1, 269-70
superego e desejo 280
Super-Homem (quadrinhos) 46-7
suspensão da descrença e ficção 153, 214-5
Swift, Jonathan 59-60
  Modesta proposta 97
  Viagens de Gulliver 148

Tácito 69-70, 146-7, 151
Tânatos e narrativa 283-4
Taylor, A. J. P. 141
Taylor, Charles 17
teoria
  dominicana 266
  feminista 218-9
  semelhanças de família 38-54
teoria dos atos de fala 172-203
  e criatividade 179-80
  e ficção realista 55-6, 199-200
  e sutilezas da literatura 197-8
  e verdade 175-9, 201
  limitações como relato de literatura 197-203
  pseudoproposições 170, 173-4, 201
teoria literária
  e nominalismo 31-3, 37-8
  semelhanças das teorias literárias 217-20
  tentativas de definir literatura 56-8
  ver também estratégias e obras literárias
teoria marxista 130-1, 218-9, 226, 277-8, 281-2, 285
  ver também ideologia
Thatcher, Margaret 29-30

Thompson, E. P. 69-70, 129
Tolstoi, Leon
    Anna Kariênina 146, 167-8
    Guerra e paz 159
    Ressurreição 97
tomada do Palácio de Inverno 163
Tomás de Aquino, São
    e construtivismo epistemológico 68
    e corpo e práxis 263-4
    e Criação 19, 26
    e essências 38, 46-7
    e existência de essências 38
    e natureza de Deus 26-7
    e vontade 29
    metáfora e verdade 267
    phronesis 18
    realismo e natureza dos universais 16-7
    universais como pré-requisito para o pensamento 23
Torá e prática do *midrash* 105-6, 203
trabalho como produtor de sentido 221, 222, 231-2
tragédia 32-3, 80, 109-10, 122, 219-20, 226-7, 284-5
trama e estratégia 244-5, 283-4
transferência 270-2, 275-6
Trilling, Lionel 85
Trollope, Anthony
    Barchester Towers 131-2
Trovão tropical (filme) 160-1
Turguêniev, Ivan
    A véspera 194-5, 195-6
Turner, Denys 193-4
Twain, Mark
    Tom Sawyer 159-60

unidade sujeito/objeto na arte 267-8
universais
    classificação não opressiva 34-5, 39-40
    como pré-requisito do pensamento 22-3
    debate realismo/nominalismo 15-8, 22-3
    na literatura 32-3
Urmson, J. O. 155
utopismo
    da arte 188
    e forma da literatura 86, 254-5

Valéry, Paul 25-6
vale-tudo 53-4
valor das obras literárias (fator normativo) 45-6, 61-3, 99-100, 120-42
    crítica e valor intrínseco 77-9, 81-2, 111-2, 120-4
    e autocrítica 137-9, 140
    e fator não pragmático 112
    e modelo de semelhança de família 42-3
    interpretação e resposta 73-6
    literatura ruim e avaliação crítica 77-8, 121-2
    ver também moral (fator do literário)
verdade
    como execução em teoria psicanalítica 270-1
    e ficção 151-7, 165-72, 174-5
    e linguagem 203-8
    e moralidade das obras literárias 91-7, 119, 156-7
    fato como compatível com a ficção 151, 154, 157-61
    verdade ficcional e teoria dos atos de fala 175-9, 201-2
    verdades gerais da literatura 113-20
    ver também fato
verdades constativas e ficcionais 176-9, 182-3, 197, 271-2
Virgílio 81
    Geórgicas 81, 99-100

virtude como práxis 262
virtude ética e moralidade literária 91
vitoriana (literatura)
   e controle social 89-90
   e finais felizes 224-5, 225-6
Vodička, Felix 125*n*
voluntarismo
   e antiessencialismo 22
   e individualismo possessivo 29-30
   ver também vontade
vontade 26-9

Walsh, Dorothy 58-9
Walton, Kendall L. 146, 159-61, 163, 167, 170, 199
Warren, Austin 54, 79
Weitz, Morris 39-40
Wellek, René 54, 79
Wilde, Oscar 85, 159
Williams, Raymond 85, 122-4, 129, 146, 224-5, 237
Wilson, Catherine 89

Wimsatt, W. K. 105
Wittgenstein, Ludwig 19, 135-6, 162, 183, 245-6
   e fingimento 165-6
   e forma romanesca 95-6
   e interpretação 64-5
   gramática e ficção 203-10, 213-5
   indeterminação 49-50
   investigação literária e gramatical 136-7
   mundo exterior 269-70
   sobre a leitura 238-9
   teoria das semelhanças de família 38-41, 218-9
Wolterstorff, Nicholas 168-9
Wordsworth, William 75, 77-8, 113-4, 199-200, 254-5*n*

Yeats, William Butler 171-2, 203

Zola, Émile 56-8, 187

SOBRE O LIVRO

Formato: 13,7 x 21 cm
Mancha: 24,5 x 38,7 paicas
Tipologia: Iowan Old Style 10/14
Papel: Off-White 80 g/m² (miolo)
Cartão Triplex 250 g/m² (capa)

1ª edição Editora Unesp: 2024

EQUIPE DE REALIZAÇÃO

Edição de texto
Giuliana Gramani (Copidesque)
Jennifer Rangel de França (Revisão)

Editoração eletrônica
Sergio Gzeschnik

Capa
Marcelo Girard

Assistente de produção
Erick Abreu

Assistência editorial
Alberto Bononi
Gabriel Joppert

Impressão e Acabamento
assahi
gráfica e editora ltda.